新
思
THINKR

有思想和智识的生活

17 世纪的乱世
与现代世界观的创立

THE SEVENTEENTH CENTURY AND
THE BIRTH OF THE MODERN MIND

[英] A.C. 格雷林（A. C. Grayling）_ 著
吴万伟 肖志清 _ 译

天才时代

中信出版集团 | 北京

图书在版编目（CIP）数据

天才时代：17 世纪的乱世与现代世界观的创立 /（英）A. C. 格雷林著；吴万伟，肖志清译 . -- 北京：中信出版社，2019. 12

书名原文：The Age of Genius: The Seventeenth Century and the Birth of the Modern Mind

ISBN 978-7-5217-0724-3

Ⅰ . ①天… Ⅱ . ① A… ②吴… ③肖… Ⅲ . ①欧洲—历史— 17 世纪 Ⅳ . ① K503

中国版本图书馆 CIP 数据核字 (2019) 第 117434 号

天才时代：17世纪的乱世与现代世界观的创立

著　　者：［英］A. C. 格雷林
译　　者：吴万伟　肖志清
出版发行：中信出版集团股份有限公司
（北京市朝阳区惠新东街甲4号富盛大厦2座　邮编　100029）
承 印 者：北京通州皇家印刷厂

开　　本：880mm × 1230mm　1/32　　印　　张：12.5　　字　　数：284千字
版　　次：2019年12月第1版　　印　　次：2019年12月第1次印刷
京权图字：01-2018-2932　　广告经营许可证：京朝工商广字第8087号
书　　号：ISBN 978-7-5217-0724-3
定　　价：58.00元

献给

伦敦人文新学院首届毕业生：

人文之乐（*anima cultura gaudere*）

历史是用例子讲解的哲学。

——修昔底德（Thucydides）

从地球到星星的旅程是容易的（Non est ad astra mollis e terris via）。

——塞涅卡（Seneca）

目　录

第一部分

绪　论

01

观察宇宙

在温暖晴朗的晚上走出屋门抬头仰望夜空，你会看到什么呢？想象一下，400 年前的人们会怎样回答这个问题？当时的人们在凝视星空时，会看到什么？应该说他们看到的事物与我们今天看到的并无二致，但他们看到的宇宙完全不同。无论就宇宙本身而言，还是对他们的个人生活来说，这片星空都拥有完全不同的意义。这说明一个意义显著的事实：在 17 世纪初，受到最好教育的先辈，那些思想最深刻的人的心智——其心态和世界观——与远古的和中世纪的祖先在根本上仍具连续性；但是到了 17 世纪末，人们的心智已经变成“现代的”了。这个显著的事实意味着，17 世纪是人类历史上非常特殊的阶段。事实上，它是人类思想史上的新纪元。在接下来的篇幅中，我将证明我的这个主张。

17 世纪是历史研究中探索最为深入的时期之一，因此，进入这个领域时，我要先做一个免责声明。我在本书中的兴趣，用最笼统的说法是，这个世纪最有学识的人是如何在这么短暂和动荡的时间内完成了从中世纪到现代的转变。在一本书中要做到这一点就意味着选择、抽样和概览，根本不可能面面俱到。但是，观察重大思想运动的模式就像从高空俯瞰下面的风景一样，人们要寻找更大的轮廓。因为解释 17 世纪的主要议题是科学、哲学和观念，那是适宜哲学家和思想史专家去探索的领域。

这里需要提出一个争论。历史研究的持续发展需要周期性的修正主义，这总体上是好事，因为它能使辩论保持生命力，并对我们有关历史的理解提出新挑战，因而也是对我们如何理解当下的挑战。对 17 世纪是现代社会的大熔炉这个观点的修正之一是，它不是现代社会的大熔炉："科学革命和启蒙运动不再被认为是科学理性取得进展的关键阶段，这种发展不再被视为超自然信仰衰落的标志或世界'祛魅'的源头。"一位评论家在一篇书评中如是写道，该书论述了神秘主义信仰如何延续到 18 世纪。[1] 无论评论家还是此书作者或任何不再认为这个阶段很重要的人都没能抓住一个关键点：没错，迷信和古老的观念当然还在持续——它们在很多地方仍然存在，但是 17 世纪发生的世界观革命已经使其在功能上处于边缘地位；这些曾经在所有人的心中处于中心和支配地位的世界观，在更多退入个人生活的私人空间的同时，在形而上学与道德观、政治和国际关系中也开始走向边缘。

我对 17 世纪思想史的兴趣由来已久。在过去的 25 年中，在对乔治·贝克莱（1685—1753）的思想进行学术考察的过程中，在阅读勒内·笛卡儿（1598—1650）的传记和一本关于 16—17 世纪辩论良知和探索自由过程中所产生的自由概念的书时，以及大量阅读有关洛克、科学革命和随后的启蒙运动的论文之后，我逐渐认识到 17 世纪具有特别显著的意义。我认为它是人类思想发展过程中的新纪元。[2] 当然还有其他的时期——事实上数量不少——但是没有哪个时期像 17 世纪这样剧烈地改变了人类的宇宙观。因为这个转变发生在欧洲陷入持续纷争、缺乏安全感和遭受压迫的时期，也是令人眼花缭乱的新思想体系挑战传统信条的时期，这种变革景象不仅非常有趣而且引人入胜。就像很多重要历史事件那样，人们从中能够了解到自身所处时代和环境的很多东西。

17 世纪的奥秘在于，混乱时代如何产生了人类思想史上的最伟大变革？或者对这个奥秘的解答本身也是奥秘？考察这个纷争不断、天才频出的时代目标之一就是提供一个答案。

一个时代的思想是那个时代的领袖人物的思想混合体，体现在他们的辩论、观点和发现之中。17 世纪思想的故事因而是领袖人物的思想及其互动的故事，也是对促使思想交流与互动变得可能且往往非常紧迫的因素的研究。为了方便起见，我们对那个时期做了主观的分类，并忽略了一些重要的细节。我们现在谈论科学革命，并且用不同方式讨论同一时期的哲学并形成了后来有关认识论、形而上学和政治理论的辩论，因而我们的举动似乎表明科学革命和哲学革命不是一回事，或者确切地说，它们是一个更大事物的组成部分。但是，它们事实上相互依存不分彼此，共同构成了那个时代更伟大的思想革命。

而且，如果思想观念不能自由传播（至少要比人民更自由）的话，这场革命是不可能发生的。所以，要理解这一时期的思想发展，我们需要了解一些像邮政服务这样看似平淡无奇的东西。重要的是，有少数人可以说扮演了因特网服务器的角色，他们将欧洲各地的学者相互联系起来，为他们之间的信息流动和观念交流提供了方便。马林·梅森（Marin Mersenne）就是这样一个人。他个人丰富多彩的著作代表了这个时代思想革命的标志性特征，即努力将真正富有成效的探索与神秘主义、超自然力量、魔法和玫瑰十字会的纠缠分开，当然也与宗教的禁令分开——宗教权威备受质疑而面临威胁，故而对世俗知识的增长和文化水平的提高抱有敌意。

17 世纪的其他评论者将本地语言出版物的快速增长和新教派别的蓬勃发展作为此阶段的变革性特征，这是很好的观点。某些新教派别热衷于积累物质财富的成功（“新教伦理和资本主义的兴起”将这个领域的两个著名主题结合起来）。不过，重要的是，我们要将其置于更宏大的背景下。人们对物质生活条件的态度受观念变化的影响，如什么是最重要的；读书识字水平的提高和本地语言出版物（尤其是传单、讽刺作品、政治性小册子和新闻报道等）的广泛传播是主要原因。它们反过来成为民众观念传播的载体——观念是变革的推动者。

要详细考察所有这些人的思想、著作和他们之间的相互关系并得到满意的结果，需要广博的学识。但是，我希望本书的概述足以证明 17 世纪是真正的历史大变革时期，其变化之深刻使得之前的一切宛如隔世，而 17 世纪以降才是我们生活的世界。[3]

在本书第二部分，我将考察三十年战争以及英荷海战，后者的论述会更简练。后面章节中关于三十年战争的描述是重复性的和非结论性的，这是战争的本质使然。但我认为，这恰好说明那场破坏性冲突久拖不决没有意义。不过，对三十年战争穷根究底地跟踪描述仍然很重要：它毕竟是历史变化的基础。在第三部分，我描述了这个世纪的思想革命的知识背景，不仅仅是寻求神秘知识途径的那些神秘术士的野心。第四部分讲述了更严谨的思考和调查方法的兴起。第五部分描述了这些方法在社会中的应用。第六部分是简短的结论，我对 17 世纪创造现代世界的方式和理由阐述了自己的观点。

02

人类历史纪元

数万年以来，正如幼儿通常的看法一样，大部分人认为世界是宇宙的中心，人又是中心的中心。但是，这个观点在仅仅400年前的欧洲发生了引人注目的巨大转变，我们应当考虑这个转变是如何发生以及为何会发生等问题。当然有一个答案——虽然正确却无多大帮助——所有历史都会指向那个点。但是，这个正确答案的关键部分是，这种变化本质上是理论的，是90度的视角转换，把全新的世界图景——我们当今世界的图景——展现在眼前，而且这种变化速度惊人。变化过程中存在一个临界点和随之而来的后续影响，这在很多人类事务中屡见不鲜。不过，这绝非普通的临界点。

现在在关于这场思想革命的评说或专著中，似乎这是一个不可避免的事件，其核心特征已经成为我们的思维方式中司空见惯的东西。但是，这种想法会让我们错过一些东西的重要意义，它们对造成这种改变的人以及见证这种改变的更多人来说利害攸关，虽然这些东西有时候令人警惕且让人感到不舒服。其他的思想传统长期以来一直宣称的其他变革时刻，通常是宗教思想的变化——人民摆脱奴隶制的桎梏、山顶上的启示、救世主的诞生、先知的诵读——但是，这些事件或假设的事件都是人类思想还处于幼稚时期的产物。更好的候选人或许是古典时代的天才们，罗马人或中国唐朝统治下的世界其他成熟国家的天才。不过，受过教育的、有思想的普通人看待世界的方式以及这种方式背后的理由在 17 世纪之前是一回事，到了 17 世纪之后则完全是另一回事了。

这种变化对很多其他事情产生了重大的影响，因为社会、道德、教育，甚至千百万人日常生活的安排都受到前现代思想的控制，几千年来人类生存及其世界观基本维持原样。在革命发生后的 400 年中，世界已经与从前的历史截然不同。这就是衡量标准，即为什么这个阶段成为人类事务的新纪元。

如果这个主张似乎有些夸张，那就请考虑下面两个例子。1606 年，《麦克白》首次公演。莎士比亚能够凭借在白厅宴会厅观看首次公演的观众的信念来描绘杀害国王是颠覆自然秩序的行为，甚至出现了马吃马、猫头鹰在半空中扑杀游隼的情形。仅仅一代人之后的 1649 年，就在伦敦白厅，国王在众人面前被公开处决。《麦克白》首次公演的某些观众或许就见证了查理一世被砍头的场面。《麦克白》中国王神圣不可侵犯性的观念到了英国内战时期已经被抛弃，人们更赞同关于自然的新观念和政治权威的实施，虽然还要经过一代人的时间才能将这些观点充分转变为永久性解决方案的实践（至少在英国——在 1688 年的“光荣革命”中，议会废黜了国王，并按自己的选择推举新国王），但差别已经能觉察到了。

那是一个国家的世界观发生某种变化的例子，考虑到以它为代表的新兴政治意识形态向全球蔓延的规模，其对世界其他很多地方产生的影响不可小觑。下面一个例子来自更温暖的地区，从中可以看出影响更深远的变化。

在1615年，天主教加尔默罗会修士保罗·安东尼奥·福斯卡里尼（Paolo Antonio Foscarini）送给梵蒂冈的枢机主教贝拉明（Cardinal Bellarmino）一份备忘录，宣称哥白尼的日心说与《圣经》吻合。贝拉明用冷冰冰的嘲讽口吻回答说："如果真有证据证明太阳是宇宙的中心，地球是第三天堂，太阳并不是围绕地球转而是地球围绕太阳转，那么我们应该非常谨慎小心地解释《圣经》中似乎截然相反的篇章了。"在之前的信中，贝拉明曾经提醒过福斯卡里尼：

> 你应该清楚，特伦托宗教会议（Council of Trent）禁止有人对《圣经》做出与教皇们的普遍观点截然相反的解释。如果尊敬的阁下不仅阅读神父而且阅读现代评论者对《创世记》《诗篇》《传道书》《约书亚记》的论述，您就会发现所有人都同意从字面意义上去解释，宣称太阳在天空中围绕地球高速运转，地球远离天空，处于宇宙的中心，是静止不动的。然后，请您谨慎地考虑教会能否容忍《圣经》遭到如此荒谬的解释，它们与教皇和拉丁语、希腊语的所有现代评论家的论述格格不入。

贝拉明的警告已经把"谨慎"之意说得再清楚不过了。就在这次书信往来的16年前，乔尔丹诺·布鲁诺已经在罗马的鲜花广场被绑在火刑柱上烧死——原因之一就是鼓吹哥白尼的学说，而在这次书信往来的16年后，伽利略因为同样的理由被抓起来审判。若不是公开认错悔罪，伽利略也可能被处死。在这之间的1619年，朱利奥·瓦尼尼（Giulio Vanini）因为认同自然主义世界观在法国图卢兹被绑在火刑柱上烧死。公开支持这样的观点会有丧命的危险。

现在我们再来看伽利略被审判仅仅50多年后的1686年，笛卡儿主义哲学家和天才作家贝尔纳·勒博维耶·德·丰特奈尔（Bernard le Bovier de Fontenelle）的《关于多重世界的对话》（*Conversations on the Plurality of Worlds*）得以出版，此书读来令人愉快，且印象深刻。在与一位匿名贵族妇女的系列晚间谈话的伪装下，丰特奈尔介绍和解释了17世纪“新哲学”认识的宇宙的本质，并将其与地心说对比，还指出了这种观点对人类的自我理解产生的隐含意义。他描述哥白尼观点的目的是以此作为其论证的绪论，因为所有星星都是恒星，还可能有围绕这些恒星旋转的众多行星，而这些行星上面可能也有生命——这个观点最近又获得了新的支持，不仅来自统计学，而且来自对我们所在地球之外的行星和行星系的实际观察。

丰特奈尔写道：

> 宇宙不过是更大规模的钟表而已，它的运动取决于亘古不变的法则和各个部件之间的相互关系。现在我们确定无疑地知道金星和水星是围绕太阳转动的，而不是围绕地球转动的，在此问题上，古老的认知体系完全瓦解了。在一个名叫哥白尼的德国人看来，天文学变得更为简单，他破坏了所有不必要的圆周，打碎了水晶天球。受哲学热情的鼓励，他把地球从以前认定的中心位置移开，以太阳取而代之，因为太阳更值得拥有这个非凡的地位。行星不再被认为是围绕以地球为中心的轨道旋转，而是都围绕着太阳转，地球本身也不例外。

如果丰特奈尔早出生 70 年，在贝拉明写信给福斯卡里尼的时期，或者早 50 年，在伽利略被逮捕的时期，他就不可能自由地发表这些观点，必然要考虑可能遭受惩罚或者遭驱逐的问题。50 年在人类历史上不过是短暂的瞬间，但是在人类事务上未必如此。在那 50 年里，世界的确已经大踏步地前进了。

人们能够举出更多例子说明 17 世纪初几乎人人都拥有的世界观和这个世纪末至少是那些受过教育者普遍接受的世界观之间的不同，还有世纪初离经叛道的思想带来的风险和世纪末这些风险几乎彻底消失的明显对比。或许可以指出的是，在有记载的人类历史长河中，每个世纪都会因为其产生的观点而显得生动有趣，而欧洲的 17 世纪尤其如此——毫无疑问，欧洲当时天才辈出。

战争、内部纷争和宗教改革运动之后教派冲突持续不断所产生的颠覆性与破坏性在欧洲历史上都前所未有，但就在如此动荡的世纪，却人才辈出，彬彬济济。这是一个谜，或者应该算是个谜。人们如何解释在如此动荡的时代天才云集、英贤踵接的奇迹？是这个世纪的动荡一定程度上解释了天才和那些变化的出现或者引起了这些变化，还是说假如这个世纪是和平时代，会出现更大的革新？人类历史的新纪元在这种背景下出现难道只是一个谜？或者当人们考虑其隐含意义的话，更加令人担忧的是，莫非需要灾难才能推动人类的巨大进步？

不仅仅是从我们的视角看，17 世纪是革命的时代。丰特奈尔的例子显示，它将自身的原貌呈现给了自己的居民。想想杰里迈亚·霍罗克斯（Jeremiah Horrocks）和他的朋友威廉·克拉布特里（William Crabtree）在 1639 年 11 月 24 日是何等兴奋，当时他们在克拉布特里的阁楼里做出了引人注目的重大科学发现：金星凌日，即他们观测到了金星在太阳前面经过的场景。霍罗克斯通过研究开普勒 12 年前出版的关于行星运动的《鲁道夫天文表》成功计算出金星凌日的日期。这是依靠观察来验证理论的经典案例。想象一下这两位业余爱好者在等待验证哥白尼体系的可重复证据时的感受，显然，他们看到的宇宙与传统观念描述的宇宙有巨大的不同。他们看到了期待已久的东西，但是几乎不敢承认亲眼所见：金星的黑点一点点地穿过太阳投射在克拉布特里阁楼上的卡片上的明亮影像。霍罗克斯描述他的朋友长时间站在那里“全神贯注，欣喜若狂”，一动不动，“狂喜得几乎不敢相信自己的眼睛”。他和克拉布特里感受到的激动和兴奋在科学界并不陌生，那是亲眼见证理论得到实证的狂喜。[1]

霍罗克斯和克拉布特里当然知道他们的发现并非新发现。哥白尼的著作和伽利略的望远镜已经驳斥了贝拉明写信给福斯卡里尼时引用的《诗篇》104 首第 5 节的内容：“将地立在根基上，使地永不动摇。”新颖之处在于霍罗克斯和克拉布特里对他们观测结果的解释——一颗行星在地球和太阳之间的内侧轨道上运行。按照这个描述，宇宙的结构与先辈的描述完全不同，伴随着这个差别的是对人类思想、希望和渴望相信的一切所拥有的一整套不同的隐含意义。

这种差别的剧烈程度只有在我们牢记这个观点被推翻的更多细节时才变得清晰可见。人类自古以来就对恒星和天空“漫游者”（漫游者的希腊语就是行星这个词的源头）[2] 充满崇拜。当时人们认为行星共有七个：太阳、月亮、水星、金星、火星、木星和土星。系统性天文学的最早记录是在尼罗河源头发现的具有2.5万年历史的遗骸——伊尚戈骨（Ishango bone），上面的刻痕对应着不同的月相。2.2万年后的巴比伦星图则翔实丰富得多，记录了多个世纪来人们观测天象和一丝不苟做注解的努力。美索不达米亚星图更加详细是因为它们构成了天文学占卜术的基础，但是当公元前6世纪的泰勒斯和500年之后来自亚历山大的天文学家克罗狄斯·托勒密使用那些星图中的信息时，目的是新兴的真正科学研究而非用于占卜。像很多世纪后的霍罗克斯一样，泰勒斯运用这些数据做了预言，他预测公元前585年5月28日在小亚细亚可以看见日食。[3]这一次日食令哈里斯河战役中的双方都惊恐不已，当天交战的米底亚军队和吕底亚军队都放下了武器，同意休战（希罗多德描述了这些）。[4]他们认为这是神传达的威胁信息。泰勒斯认为月亮在太阳和世界之间运行，投射了阴影。泰勒斯的想法几乎总是对的。

再过2500年后，哥白尼和开普勒的学说开始在人类的自我认识中引起真正伟大的现代革命，不仅确定无疑地排除了地球作为宇宙中心的地位，而且对行星位置做了正确的排序，首先是行星围绕太阳运行的正确顺序，继而确定了各自的椭圆形轨道。达尔文在三个世纪之后对人类的自我中心观念进行了调整，将人类从造物的顶峰位置移开。因此，在哥白尼和达尔文两个时代之间的观念变化可谓是沧桑巨变——人类从宇宙的中心和造物的顶峰降为数十亿个星系中的普通银河系外围的一块小石头上的生物，并且处于这块石头上的生物学群体队列中靠后的位置上。这是一个令人惊叹的重新定位。的确，即使到了今天仍然有数千万人并没有完成这个观念转变，对其隐含意义的了解就更少了。但是，这仅限于宗教原教旨主义者。

愚昧无知以前是官方正统思想，如今则是衡量差异的量度。

当霍罗克斯和克拉布特里观察金星黑点爬过太阳表面的时候，望远镜已经问世，但是正如有人注意到的那样，他们并没有依赖望远镜。在使用开普勒的算法时，他们依靠的是人类诞生之初就拥有的两个工具：裸眼和理性，前者可以说是人类的第一个天文工具，后者则是人类第一个，至今仍然是最伟大的科学工具。在17世纪，人类又能够自由使用理性这一工具而不受限制，之前则常常受到宗教正统思想的危险限制。正统意味着“正确信念”：人类的问题在于，无论当时还是现在仍然倾向于认为信念越古老，真理性就越强。[5]

要强调这个视角变化是多么巨大，请思考17世纪思想革命对当今的科学世界观产生的深远影响。这最好地体现在下面两个例子中——在从人类无知的远古历史中继承下来的有限的人类中心主义画面中，这是不可思议的，甚至是无从想象的。这种无知曾经制造了神造人的传说和大量传奇性宗教信仰故事。

第一个例子是太阳系中所谓的“后期重轰炸期”事件。在将近40亿年之前，太阳系内部受到了流星和小行星的密集冲击。许多流星和小行星与月球发生撞击，以至于月球的表面都熔化了。水星受到的撞击尤其严重，像卡洛里盆地那样的巨大陨石坑周围环绕着撞击形成的火山。冲击波还在水星的背面形成了形状怪异的山丘。地球也处在这次灾难性的陨石雨落入太阳的路径上，因此也遭受了这种冲击。后期重轰炸期在月球表面形成了1700多个直径超过20千米的陨石坑，因此，考虑到地球的体积更大，有人估计地球上形成的陨石坑数量比月球的多十倍。在加拿大和格陵兰的深层沉积物中包含了大量地球外的同位素，这是支持大轰炸假说的实证性证据；

此外，根据化石记载，大轰炸理论说明，要么地球上更早出现的生命受撞击而灭绝，但不久之后又重新出现，要么地球上的生命是由与地球相撞的巨石带来的。

这个引人入胜的假说使正统世界观——世界是6000年前被神秘地创造的——看来完全是胡说八道，因为正统世界观认为宇宙是以人类为中心的小地方。在17世纪初人们不仅信仰这种世界观，而且很多时候是被强制信仰此观点（极端的情况是用死亡的痛苦来威胁）。

第二个例子是发现系外行星——我们地球之外围绕恒星旋转的行星，这一发现隐含的意义更大。丰特奈尔能够在理性基础上假设它们的存在，复兴了古代人如伊壁鸠鲁、梅特罗多勒斯、厄琉西斯的芝诺、阿那克西美尼、阿那克西曼德、德谟克利特、毕达哥拉斯学派和其他人凭空猜想的那些观念。但是，系外行星直到1992年波兰裔美国宇航员亚历山大·沃尔兹森（Aleksander Wolszczan）在测量脉冲星的旋转时才首次真正被发现。脉冲在时间上轻微但规律性的变化使他推断，这是由于被围绕它旋转的三颗在轨行星向前或向后推拉造成的。

更像地球的系外行星是日内瓦天文台的天文学家发现的，方法也是通过测量一个木星大小的绕轨行星的引力对恒星的微扰。要理解这样的微扰如何被发现，我们就必须注意到，太阳系的行星围绕太阳沿着轨道运行的说法并不很准确，实际上是太阳系的所有成员包括太阳本身都是绕着这个系统的质心沿轨道运行，只是它碰巧就在太阳内部，因为太阳比附近的任何天体都庞大得多。这有助于天文学家知道在其他恒星中寻找什么，换句话说他们要寻找通过光谱分析能够探测到的抖动或者摆动。这些微扰必定属于这样一种情况，它们不可能由形成二元系统的另一个恒星的存在而引起（其中不太可能出现行星，因为8字形轨道具有不稳定的趋势，会导致行星最终从系统中弹出。但是也有观察表明，如果行星的轨道位于两颗恒星的交互轨道之外，则这样的系统确实可以存在）。[6]

日内瓦天文学家使用这种技术发现，在沃尔兹森观察的八个月内，恒星飞马座51周围有个庞大的行星，它以每四天一圈、令人眩晕的速度绕飞马座51运行。飞马座51是我们的邻居，位于离地球45光年的地方。为了寻找比木星小得多，并且对其恒星的引力影响小到难以侦测的类地行星，人们一直在寻找“闪烁的”恒星，它被在前面通过的行星稍微遮暗了一些——就像霍罗克斯和克拉布特里观察到的那种金星凌日现象。本书初稿成形之际，科学家发现的最像地球的行星是COROT-Exo-7b（以发现此行星的法国空间卫星Corot命名），该行星比地球略大，每20小时绕恒星旋转一周，因此非常接近恒星，以至于几乎可以肯定其表面是超过一千摄氏度的熔岩。但是，就在初稿交付印刷之际传来了开普勒452b的消息，这是一个非常像地球的行星，像地球围绕太阳公转一样，开普勒452b也以同样的距离围绕其恒星公转，公转一圈需要385天。这个“地球2.0版”在1400光年远的地方，是美国宇航局的开普勒空间望远镜观察到的行星之一，这些发现显示，我们能够期待在“金发区”发现数量众多的行星——“金发区”指的是围绕恒星的适居区：这些区域恰好适合生命存在——统计学上很多其他的恒星系也可能存在适居的行星。

意识到其他世界的存在，以及宇宙远比前现代的世界观所认为的更为庞大复杂，会导致对重大思想革命的潜在要求。“革命”这个词几乎无法充分展现这一点。那是横跨整个探索领域的思想革命，它要求思想解放，允许人们在没有任何恐惧和成见的情况下进行不同方式的思考。

这场革命持续时间超过了17世纪的范围，即16世纪和18世纪之间：在16世纪以宗教改革和哥白尼的学说为代表事件，在18世纪末则以法国大革命的人权宣言为结束标志。在此，我们要重述这一谜题是如何发生的。因为思想革命发生的背景，让革命具备可能性以及后来使其成为现实的问题越发引人入胜。17世纪上半叶的欧洲经历了20世纪之前的历史上最血腥的战争阶段，当时思想革命正处于全力酝酿之中。中欧说德语的国家在1648年处于遭到严重破坏的状态，那一年三十年战争正式终结，就像德国在1945年第二次世界大战终结的时候一样。这场大战的影响和代价极其巨大，其中还包括连续一个世纪的内战和双边战争，如法国和西班牙、英国和荷兰、法国和荷兰等，这只是其中一部分。人们会再问：产生现代世界的天才为什么会在这个动荡的年代密集出现？或许一定程度上正是因为这个动荡的年代才产生了天才辈出的局面？

这个问题显示，将17世纪描述为“改变世界的不稳定性”阶段是恰当的。[7]这里指的不仅是这个大洲及其西部岛屿的政治和军事动荡，而且更重要的是这个阶段的心理——不仅仅是思想动荡，之所以说动荡是因为这种心态源自探索带来的变化将这一阶段民众的世界观整个颠倒了过来。上文引用的天文学例子已经指出了这一点。但是，思想的改变不仅限于知识分子。我们可以再次考虑有关1606年观看《麦克白》首次公演的观众和1649年在白厅前见证查理一世被处决的民众的问题：在这 43 年里潜意识中形而上学世界观发生了什么变化，让白厅前的民众不再像莎士比亚期待中《麦克白》的观众那样相信或至少部分相信，弑君是会遭到天谴的即破坏神圣自然秩序的观念呢？

考虑到这些变化的关键在于领袖人物的思想，我们关注的焦点必须集中在 17 世纪思想背景的本质上。当时欧洲受过教育的人常常被非常直观地描述为文学界*，意味着超越国家的、非宗派的、非正式的学院式结构。文学界思想交流之所以成为可能，主要通过博学好问的男男女女之间的书信往来（是的，包括女性；对于某些女性而言，这是一个充满机会的时期），他们有共同的兴趣和类似的世界观。思想和技术可以自由地传递，因为他们对古典语言、哲学和神学知识等方面有着共同的背景，相互之间理解没有障碍。这绝不是一种田园诗般的关系，在兄弟般的感情和合作中进行，实际上信仰和观点的差别常常导致争端，有时候严重到引发骚乱甚至谋杀，这个群体经常陷入争论中。[8] 但是，冲突本身也是新观点的来源，是信息和影响的活跃交流的来源。

在随后的篇幅中，我将以这个思想世界为样本，不是面面俱到，而是有所选择地阐明它是如何集天才时代和动荡时代于一身的。

从历史尤其是思想史的故事中提取深刻见解的渴望，解释了我们为什么如此渴望（或许过于急切）给时代或者运动贴上种种标签："文艺复兴""宗教改革运动""启蒙运动"。我们这样做是对重要趋势做出方便的总结，这些趋势体现了这个时期的特征，并对后续

---

* republic of letters，字面意思是书信共和国。——译者注

时期产生了重要影响。就这个方面而言，它们是非常有帮助的。但同样有帮助的是，我们要记住明显的一点：标签是事后贴上去的。生活在某一特定时代的人未必注意到或看重自己时代的那些特征，虽然它们可能塑造或者直接影响了后来的时代，若从事后回顾的视角看，我们往往会强调这些特征。16 世纪佛罗伦萨的思想家和艺术家知道他们生活在“文艺复兴”时代吗？“文艺复兴”是后代人用来指代这个时代的一个词，这是一个多元的和无所不包的大词。答案既是肯定的（在某种意义上）也是否定的，正是在时代经验的自我意识和自我无意识中，我们找到了答案。

当然——这的确是非常有趣的事情——这些事件的某些同代人也的确认识到了它们的重要意义。彼特拉克和康德就是这样的例子，他们各自为自己时代创造了标签，就彼特拉克而言，他为他之前的时代创造了一个标签。彼特拉克将他之前的时代命名为“中世纪”，以标记古典时代与自己时代之间的中间阶段。他所处的时代重新发现了古典文明的兴趣和价值观。18 世纪的康德使用“启蒙运动”（Aufklärung）来表达他那个时代的独特追求。他并不认为他的时代是开明时代，如他所说，启蒙是黎明时刻——只有在人们通过抛弃历史强加在个人信念和自主性上的限制，而敢于运用自己的理性（dare to know）时，才能真正看到黎明的曙光。[9]

不过，我们当然也知道标签和简明的阶段划分与其说是提供信息，倒不如说是扭曲信息，因为它们常常带来夸大的描述，历史比我们所倾向认为的更加混乱。但我们还是会允许自己贴标签，因为我们在寻找主题，寻找线索，寻找运动和潮流，它们拥有解释的功用，它们自身为探究工作提供了若干种启发。

如果我们允许自己暂时使用这些熟悉的标签来粗略指代，我们会注意到在16世纪的宗教改革和18世纪的启蒙运动之间的这个非同寻常的世纪，带有某种笼统性的唯一标签是“晚期北部文艺复兴”，这个标签主要用来指这个世纪的上半叶。这种描述的确有一定的意义，因为它描述了欧洲北部在艺术、文学和科学上的繁荣，我们会将此与莎士比亚、莫里哀、伽利略和牛顿联系起来。但是，彼时的“北部文艺复兴”也在逐渐演变，变成某种更含糊和复杂的东西，其中，北欧和西欧发挥了领导作用。为此，这一阶段无疑需要显著独有的标签，如果人们认识到其天才和动荡混合体的特征，并思考在此过程中欧洲思想跨越的距离（无论是字面意义还是比喻意义上），人们就会吃惊地发现它显然应当被视为20世纪之前两千年中最突出的时代，只有20世纪才能与其相提并论。

与思想冲突相比，17世纪的身体冲突本身也具有改变世界的威力。据估计，每三个说德语的人中就有一个因为三十年战争而过早死亡。其破坏性的影响削弱了欧洲中部和南部国家的实力，以至于在某些国家需要花费一到两个世纪才得以完全恢复。

在英国，内战为巨变开辟了道路，这些变化不仅在后来的世纪里影响了英国，而且影响了世界大部分地区，因为英国政治机构的核心理念随着全球帝国的建立而被带到了全世界。

奥斯曼帝国迄今为止不断将版图扩张到欧洲的努力，最终随着在解除1686年维也纳之围和1697年森塔战役（Battle of Zenta）中奥斯曼帝国军队战败而终止。这一事实常常被忽略。但是，之前在17世纪的大部分时间，它都是神圣罗马帝国的一个威胁，给国境绵延过长、形势复杂的神圣罗马帝国施加了压力，后者也同样面临着边界危机和国内问题的困扰。

事实上，从斯堪的纳维亚到波兰，从俄罗斯到土耳其，从克里特岛到意大利，从西班牙到荷兰，从英格兰到爱尔兰，甚至到北美的东部边缘，那里美洲原住民抵抗英国殖民者侵略其领土（保厄坦战争），这个世纪很少有哪一年是没有战争的。这还没算上这个世纪德意志从莱茵河到易北河和多瑙河的广大地区所带来的战争破坏。整个17世纪，法国、西班牙、瑞典、荷兰、俄国、英格兰、土耳其、神圣罗马帝国和大部分德意志诸侯国都陷入了几乎没有中断过的战争状态，在陆地和海上进行周期性的战争。

现在回顾一下会惊讶地发现，当时哪些国家是大玩家，以及它们影响力的本质是什么。它们是尼德兰联合省、瑞典和被称为神圣罗马帝国的独立实体。三十年战争以1648年《威斯特伐利亚和约》的签订而终结，该和约是一场糟糕的妥协，让欧洲陷入了新的、有时候更加可怕的问题中，并且延续至今。但和约并没有终止战争。这个阶段的政治和冲突对我们现在理解自身处境至关重要。

不过，在破坏和动荡的历史背景下，一大批天才人物相继出现，这让任何一个历史时期都相形见绌。这里我们仅提及若干例子：在文学界有塞万提斯、莎士比亚、琼森（Jonson）、邓恩（Donne）、弥尔顿、德莱顿（Dryden）、皮普斯（Pepys）、拉辛（Racine）、莫里哀、高乃依（Corneille）、西哈诺·德·贝热拉克（Cyrano de Bergerac）、斯卡龙（Scarron）、马勒布（Malherbe）、拉封丹（La Fontaine）、阿尔科福拉多（Alcoforado）、格里美豪森（Grimmelshausen）、格吕菲乌斯（Gryphius）、冯·洛恩斯泰因（von Lohenstein）；在哲学界有笛卡儿、培根、格劳秀斯（Grotius）、霍布斯、斯宾诺莎（Spinoza）、洛克、莱布尼茨、马勒伯朗士（Mlebranche）、培尔（Bayle）；在科学界有梅森、帕斯卡尔、伽利略、伽桑狄（Gassendi）、惠更斯（Huygens）、开普勒、范·列文虎克（van Leeuwenhoek）、胡克（Hooke）、雷恩（Wren）、玻意耳（Boyle）、罗奇（Roche）、牛顿（Newton）、特雷斯坎特（Tradescant）、莱特（Lyte）；在艺术界——限于篇幅，我只能提及这些名字——普桑（Poussin）、卡拉瓦乔（Caravaggio）、鲁本斯（Rubens）、埃尔·格列柯（El Greco）、伦勃朗、哈尔斯（Hals）、特布鲁根（Terbrugghen）、勒伊斯达尔（Ruysdael）、阿维坎普（Avercamp）、列文斯（Lievens）、克伊普（Cuyp）、扬·斯腾（Jan Steen）、维米尔（Vermeer）、霍贝玛（Hobbema），但是在输入这些名字的时候，我意识到光一个国家杰出艺术家的名单就可以延伸很长，这个国家就是黄金时期的荷兰：该时代的700多名荷兰艺术家都有作品收藏于主要的画廊，我甚至还没有开始适当地列出其他地方的重要艺术家。在音乐方面，大部分名家如维瓦尔第（Vivaldi）、巴赫、亨德尔（Handel）在17世纪结束时的确都还很年轻，但这一时期有布克斯泰乌德（Buxtehude）、蒙特威尔第（Monteverdi）、柏塞尔（Purcell）、威尔比（Wilbye）等人——这个世纪并不是完全无声的。

这一连串对艺术、文学、思想、政治和科学做出巨大贡献的光荣名字本身并不能展现我们这个世纪的全貌，17世纪的创造热情远远不止于此。文艺复兴高潮时期的意大利城市一直是伟大创造力的发生地，差别在于17世纪的创造性反映并且激发了人们看待自己和世界的方式的显著变化，从而明确地改变了世界进程的走向。试将16世纪90年代的法国和英国与18世纪前十年的法国和英国做下对比，就会发现这种反差要比之前和之后的所有阶段都大得多。我认为在对比 1606 年观看《麦克白》的观众和 1649 年观看查理一世被处决的民众中能够提出的一个看法是，前者包括前现代人，后者包括现代人，或者最起码是那些快速创造现代世界的人——这个变化到了 17 世纪中叶已变得清晰可辨。

第二部分

战争时期

03

战争的起源

人们可以通过观察一个历史时期留下的遗产而对它有个大体的认识。就 17 世纪而言，除了中国和日本之外，它简直就是我们当今了解的世界。

在 17 世纪，伽利略、牛顿等人奠定了现代科学的基础；笛卡儿、斯宾诺莎改变了哲学史的走向；胡果・格劳秀斯创立了国际法；霍布斯和洛克确立了现代政治理论的概念。独立而中央集权的欧洲国家既争夺海外帝国殖民地，又在欧洲本土相互厮杀。纷繁复杂的战争几乎持续不断，付出的代价也越来越高昂，这就要求军事技术的快速发展——这些发展同时使欧洲列强处于优势地位，将其在亚洲、非洲和美洲的殖民地民族甩在后面。

17 世纪见证了西班牙帝国的衰落和法兰西的崛起。西班牙的强大国力源于 16 世纪的海外殖民，彼时大西洋对岸殖民地的金银财宝像潮水般流入。到了 17 世纪末，法国成为新的超级大国，法语成为国际性语言，法国文化占据支配地位，甚至两个世纪后，欧洲贵族精英在外交和政治生活中仍然使用法语。

但是，法国的强权一部分源于欧洲德语区在三十年战争中遭到破坏，另一部分则由于17世纪后半叶路易十四国王的个人统治和影响力。当时，法国联合欧洲其他力量与西班牙帝国抗衡，推动了欧洲经济和政治权力中心的西移过程。不过，该转变的主要受益者是尼德兰联合省和英国。英国的财富积累开辟了后来若干世纪农业和工业革命的道路，从而使英国成为比路易十四的法国更强大的超级大国。

17世纪的很多改造和革新可以用一些重要事实来解释，其中之一就是战争，尤其是位于欧洲核心地区的三十年战争，以及此后被很多人统称为荷兰战争的冲突。其中，荷兰与英国的冲突几乎全都发生在波涛汹涌的大海上，两个列强的目的是保护海外殖民地的利益。最终，这两个国家结为同盟，其中英国获得的利益更大，虽然在之前的实际战争中，英国很难被称为军事上的胜利者。

所有这些冲突十分复杂，简直就是一团乱麻。不过，对此尤其是三十年战争做一个清晰的概括非常重要，我们要认清它的起源、历程和后果，那是一系列极具破坏性的灾难，令人触目惊心。在越来越疯狂的欧洲拉锯战中，数百万人死于战争、饥荒、疾病和劫掠。各个对立的集团互有胜负，难分伯仲，无法形成确定的结果。大批军队在欧洲大陆横冲直撞，毁坏庄稼，焚毁城市，奸污和杀害平民，那是漫长的、令人疲惫和骇人听闻的30年浩劫。[1]

欧洲16世纪的宗教改革运动使得三十年战争几乎不可避免。这场战争是欧洲（至少迄今为止）最后一次完全国际性的宗教冲突。与此相反，这个世纪之后虽然频繁发生战争，但战争的目标和持续时间都更为有限。譬如英国和荷兰争夺海上霸权的战争，为了控制海外贸易和财富，双方尤其是英国揭开了在海外不断扩张的序幕。

这些冲突，连同英国内战以及欧洲各个角落持续不断的战争，改造了欧洲人的思想和性格。这种改造有时候是在不经意间完成的，动荡时期经常如此。

三十年战争是欧洲最后一次重大的宗教纷争，C.V. 韦奇伍德（C.V.wedgwood）对此种论断的表达非常精辟。他说，当战争在1648年以签订《威斯特伐利亚条约》而终结之时，人们最终“明白了将思想信念交由干戈来决定注定是徒劳的。相反，他们不再为宗教而战，而为别的目标而战”。[2] 这一观点适用于欧洲以及受此影响的世界其他地区。当然，三十年战争不仅关乎宗教，事实上还有王朝更迭和经济因素在起作用，更不必说人口和气候等因素。神圣罗马帝国皇帝斐迪南二世信奉罗马天主教，在耶稣会告解神父威廉·拉莫麦尼（Wilhelm Lamormaini）的极力怂恿下，他企图从新教手中夺回失去的教产。斐迪南二世的欲望与战争紧密结合，战争中结盟与否的主要标准就是按教派分别。只有一个国家是例外，那就是法国。法国虽是个天主教国家，却不愿意看到哈布斯堡王朝的影响力渐增，从而在这场宗教战争中站在了新教一边，哪怕并非为了新教徒而战。

这一观点与研究三十年战争的著名历史学家彼得·威尔逊（Peter H. Wilson）的观点相左。彼得·威尔逊声称，三十年战争本质上不是宗教纷争。[3] 为了解释这一论点，他对战争进行了详尽和权威的论述。我们充分尊重他的专业学识，同时也承认战争还涉及其他重要因素，但很难认同他的说法。说明原因的例子很多，仅举三例（前两个例子即将讨论，第三个贯穿全书）：布拉格掷出窗外事件（Defenestration of Prague），这是战争的直接导火索；《归还敕令》(Edict of Restitution)，这一事件致使战争久拖不决；宏观的社会背景，这体现在欧洲思想摆脱宗教正统要求、寻求自身解放的斗争。只有通过当时宗教分歧的局面，才能理解这场战争。战争的所有亲历者以及几乎所有历史学家都是用这种方式看问题的。尤其是对前者而言，感知即是现实。

三十年战争分为两个截然不同的阶段。1618 年波希米亚起义触发了第一阶段，著名的"布拉格掷出窗外事件"是其关键时刻。此后 10 年，战争按照哈布斯堡王朝主导的方式进行，并最终促使皇帝斐迪南二世和拉莫麦尼犯下重大政策错误。这就是 1629 年 3 月 6 日颁布的《归还敕令》。该敕令要求，自 1555 年《奥格斯堡和约》以来被新教徒扣押的原属天主教会的财产应归还为天主教所有。若按此和约规定的追溯性采取措施，则意味着要改变对不来梅、马格德堡等十几个主教区以及分布在德意志各邦逾百所宗教房产的控制权。敕令虽未被充分执行，但其直接影响是成千上万的新教徒纷纷逃离新领主，前往新教各国，因为新领主热衷于推行正统天主教。该敕令让两位最强大的新教选帝侯心生不满，一位是勃兰登堡的格奥尔格·威廉（Georg-Wilhelm），另一位是萨克森的约翰·格奥尔格（Johann-Georg），他们拒绝参加 1630 年斐迪南召集的帝国会议。斐迪南意欲通过此次会议，使其儿子的"罗马人的国王"称号得到承认（按照传统，据此成为神圣罗马帝国宝座的继承人）。

《归还敕令》引发的紧张局势使瑞典国王古斯塔夫·阿道夫(Gustavus Adolphus)看到了机会。他可以在出兵相助、承担拯救新教的责任时，借机扩大领地并因此（在达成和解之后）增加国家收入。1630年，他入侵北欧的波美拉尼亚，由此改变了战争的进程——不是增强新教的优势，而是削弱了组织更为完善的天主教的锐气。从某种意义上说，他的干预将战争又延长了十八年，不过由于哈布斯堡王朝—耶稣会意欲在欧洲恢复天主教的计划最终失败，这使得他的干预并非没有价值。

这些事件表明，战争源于一个和平条约，即在1555年9月早就签订的《奥格斯堡和约》。在当时的皇帝斐迪南一世（他刚刚接替了他的兄弟查理五世）看来，这个协议并不牢靠，只是结束宗教改革中各大教派分裂产生的争端的权宜之计。在当时的萨克森选帝侯领导下的路德派并不这样看，他们认为《奥格斯堡和约》可以永久解决路德派在帝国的存在问题。这是多年来矛盾不断升级的结果，是各地宗教改革运动带来的影响的缩影。

为了消除天主教和路德派之间的紧张关系，查理五世早在1548年就制定了一个临时解决方案，即我们所知的《奥格斯堡临时敕令》，他希望给对立的宗教派别一些时间来解决分歧以实现团结。但是，临时敕令允许牧师结婚和在圣餐礼中吃饼喝酒，这实际上加深了宗教派别之间的分歧，而不是为消除分歧铺平道路。因为路德派教徒认为，虽然临时敕令在牧师婚姻和圣餐礼上做出了妥协，颇显开明，但他们仍认为敕令偏向天主教一方。

17年前，神圣罗马帝国信奉新教的诸侯国君主在黑森和萨克森选帝侯的领导下组成了一个旨在维护宗教改革利益的防御联盟，时称施马尔卡尔登联盟（Schmalkaldic League）。在接下来的几年里，联盟成员没收了众多天主教财产，并驱逐了许多天主教神职人员，这些做法成功地促进了路德派在德意志北部的扩张。查理五世因长期与法国和奥斯曼帝国交恶而无法顾及，施马尔卡尔登联盟乘机得以不受任何羁绊地传播路德派教义。可是，查理五世与两大宿敌结束战争并缔结条约后，他又能把注意力转向联盟，在战争中击败联盟，并迫使联盟成员接受《奥格斯堡临时敕令》。

临时敕令的平息效果只是昙花一现。在不到几年的时间里，不满导致施马尔卡尔登联盟公开反对国王查理五世。这一次查理五世不得不接受对自己不利的条款，首先是1552年的《帕绍和约》（Peace of Passau）——从很多方面来说这是一个投降条约，是在众多前线进行了30年令人疲惫不堪的战争所致——然后是1555年签订的《奥格斯堡和约》。

《奥格斯堡和约》的签署具有重大的历史意义，因为该和约正式承认了路德派在神圣罗马帝国的合法地位，并确立了“教随国定”（*cuius regio, eius religio*）的原则——即统治者的宗教就是臣民的宗教。注意是“只承认路德派”，当时尚未出现信奉加尔文派的诸侯，后来随着加尔文派诸侯的出现，加尔文派教徒和路德派教徒之间的关系变得紧张起来，紧张程度有时不亚于新教徒和天主教徒之间的关系。

然而，最让人受不了的地方在于《奥格斯堡和约》中被称为“教会保留”（Ecclesiastical Reservation）的条款。该条款规定，从奥格斯堡召开的帝国议会接受和约之日起，天主教土地不再交由新教徒控制。这一条款很快被人钻了空子，与其说是在遵守还不如说是在违反，因为当诸侯国君主改信路德派后，他们就利用教随国定原则使其财产符合自己的宗教信仰。这样的结果是三十年战争爆发之初，“教会保留”只是一纸空文而已。这种做法的危害性显而易见——

在 1608 年雷根斯堡议会上，帝国要求归还以前属于天主教的财产，新教诸侯对此要求重新确认奥格斯堡原则，当这一要求被拒后，他们愤而离会。在 1613 年帝国议会上他们再次上演了这一幕，而下一次帝国议会直到 1630 年才召开。三十年战争中哈布斯堡王朝在头十年的胜利，令斐迪南二世和拉莫麦尼的自信心极端膨胀，他们企图通过颁布前述的归还教产敕令，单方面实施具有追溯力的“教会保留”政策。

从长远来看，《归还敕令》对哈布斯堡王朝以及天主教事业而言是灾难性的。财富和地产回到天主教手中；在一个世纪里不受帝国直接控制的地区任命总督；在新教徒中推行天主教以致新教徒心怀不满，纷纷逃往新教国家；以前中立的诸侯选择站在新教联盟一边；法国决定更积极地反对实力上升的哈布斯堡王朝；最主要的是瑞典国王古斯塔夫·阿道夫受人鼓动入侵波美拉尼亚，所有这些因素决定了哈布斯堡王朝最终无法打赢这场战争。形势因此发生了转变，尽管人们在接下来 20 年里还要遭受诸多苦难，战争才会结束。

虽然《归还敕令》在整个战争进程中是一个转折点，但是另一种更加贴切的观点是，16 世纪（1555 年）签订的《奥格斯堡和约》是导致战争的主要因素。

1606 年，莱茵河畔路德派小城多瑙沃特（Donauwörth）发生了一件事。该市议会颁布了一项法令，禁止该城的少数天主教徒公开表达宗教信仰。天主教徒举行了示威，并演变成暴乱。当时的皇帝鲁道夫二世采取了惩罚行动，他撤销了城市的特权，清除了市议会中的路德派议员，空缺由天主教议员取代。这直接违反了《奥格斯堡和约》中的“教随国定”条款。

然后，鲁道夫二世将多瑙沃特从“施瓦本行政圈”（Swabian Circle，即帝国的十个行政区）中移除，将其划入“巴伐利亚行政圈”（Bavarian Circle）。施瓦本行政圈的领导者是路德派教徒，而巴伐利亚行政圈的领导者是维护皇权和天主教的巴伐利亚马克西米利安公爵（Duke Maximilian）。

鲁道夫的措施不仅震惊和激怒了多瑙沃特市民，而且还激怒了帝国所有的新教诸侯和新教各族人民。无论诸侯们在观点、教义或政治问题上有何其他差异，他们开始联合起来反对践踏奥格斯堡原则的行径。他们决定组成一个新的保护性联盟——“福音派联盟”。福音派联盟于 1608 年正式成立，联盟领袖是普法尔茨选帝侯腓特烈五世。

表面看来，腓特烈五世是这个角色的自然之选，他既是选帝侯，也是决心抵制天主教侵犯的加尔文主义者。但事实上，腓特烈并非很好的选择。他犹豫不决，胆小怕事，不太聪明，且严重依赖别人的意见，尤其是他的首席顾问安哈尔特的克里斯蒂安（Christian of Anhalt）。一般来说，能力不足的君主如果有幸得一明智顾问辅佐，他尽可以将事务交由其处理。这样的安排其实很好，因为幕后顾问可更高效地行动，就像站在埃阿斯（Ajax）的盾牌后面的神箭手透克洛斯（Teucer）一样。但是，克里斯蒂安不如腓特烈那么有政治头脑，虽然他很有个人魅力，充满自信，却无法应对当时的复杂形势，事实上他因为野心太大而使情况变得更糟。

萨克森或勃兰登堡选帝侯也许是福音派联盟更好的领袖选择，但问题是，萨克森选帝侯是路德派，而勃兰登堡选帝侯是个加尔文主义者，他们对彼此都没有好感，就如他们厌恶天主教一样——萨克森选帝侯约翰·格奥尔格对加尔文主义者的厌恶尤其如此。此外，他们两人都认为天主教觊觎新教徒的土地与特权的威胁并非像腓特烈五世和其他人描述的那么严重。

1608 年法国国王亨利四世同意担任福音派联盟的赞助人，不是因为他恢复之前的新教信仰［他原来一直属于胡格诺派，后来皈依天主教纯粹是权宜之计——他加冕为法国国王时曾说过“巴黎值得一场弥撒”（Paris is worth a Mass）］，而是因为他看到了法国可以利用福音派联盟来制约哈布斯堡王朝。这样一来赌注自然就更大了。作为应对之策，神圣罗马帝国的天主教诸侯也建立了自己的联盟，即“天主教联盟”，并选择这一职位的当然人选——巴伐利亚公爵马克西米利安担任他们的领袖。鲁道夫二世的表弟西班牙国王腓力三世是天主教联盟的官方赞助人。在鲁道夫二世对多瑙沃特采取惩罚行动，令新教臣民不满之前，鲁道夫表面上在帝国的教派纷争中一直保持中立，不想让臣民的情绪进一步两极化。战略的改变对这种不稳定的平衡构成了威胁。但是，当时并没有触发全面战争，因为愈发狂热和失控的鲁道夫二世已失去了对帝国的完全控制。他的弟弟马蒂亚斯正一步一步排挤鲁道夫，并最终于 1612 年取代他成为神圣罗马帝国皇帝。

但是，建立在宗教分歧基础上的两个对立联盟，其不可避免的结果就是两极对立更加严重。这种危险最直接的例证出现在 1609 年，于利希-克里维斯公爵（Duke of Jülich and Cleves）在当年去世。当时两个联盟争论不休的不仅是哪个王公，而且是哪个宗教应该继承领土。已故的于利希-克里维斯公爵是天主教徒，但他两位最亲近的血统继承人——勃兰登堡选帝侯和诺伊贝格的腓力·路德维希

（Philip Ludwig）都是新教徒。更糟糕的是，于利希-克里维斯公爵的领地跨越了西班牙在意大利和低地国家领地之间的陆路，这条路线被称为“西班牙之路”（Spanish Road）。这对哈布斯堡王朝来说是一笔重要的财产，因为通过它可以将军队和物资输送到西属尼德兰。因此，哈布斯堡家族极不愿意看到其领地落入新教徒手中。

在这种严峻形势下，天主教联盟寻求西班牙国王腓力三世的支持，而福音派联盟则向法国的亨利四世寻求支持，战争一触即发。就在此关键时刻，亨利四世被一个狂热的耶稣会士刺杀了——此事件极具讽刺意味，因为与他的前任将耶稣教士驱逐出法国不同，他允许耶稣教士们回到法国，甚至将他出生地拉弗莱什宫（La Flèche）改为教会学校以培养更多的天主教徒。（勒内·笛卡儿就是这所名校的毕业生，而且亲眼目睹了亨利的心脏被送回那里安葬的情景。马林·梅森也是该校学生。）

亨利遇刺身亡后，遗孀玛丽·德·美第奇成为摄政，因为他们的儿子路易十三尚未成年。很快玛丽与西班牙达成和解，福音派联盟一下子失去了首要支持者。缺了法国的支持，福音派联盟无心继续在军事上对抗天主教联盟，即使选择战争实际上胜算也不大。

但是，形势很快发生了转变：有了亨利四世的先例，诺伊贝格的腓力·路德维希也决定皈依天主教，而且他主动提出与马克西米利安公爵的女儿联姻使这个转变板上钉钉。这恰好给妥协创造了一种可能性：在1614年签署的《克桑滕条约》中，于利希-克里维斯公爵领地被一分为二，一部分分给了刚皈依天主教的腓力·路德维希，另一部分分给了依然笃信新教的勃兰登堡选帝侯，路德维希为儿子接收了于利希领地，而勃兰登堡则分到克里维斯领地。

这一系列危险事件的结果并没有避免战争，仅仅是推迟了战争的到来。全面冲突的爆发还需要一些事件来激发。一方面是彼时的选帝侯腓特烈五世和顾问安哈尔特的克里斯蒂安在普法尔茨韬光养晦等待时机，他们当时正在阅读一位新教拯救者关于欧洲的玫瑰十字会预言以及腓特烈对自己的伟业即将实现的占星术预测。正如他们所见，所有这些迹象使他们更愿意相信克里斯蒂安的情报人员报告，即马蒂亚斯皇帝一去世，神圣罗马帝国就会瓦解。克里斯蒂安之所以笃信这一点是因为自 1612 年开始，马蒂亚斯皇帝一直试图解决帝国内部的分裂和紧张态势，但一直没有解决，实际上连妥善管控都没做到。扫视一下帝国当时的版图似乎能看出端倪：不同的地区有各自不同的信仰、文化和语言，帝国领地分布也极为分散，不仅包括德意志选帝侯和公爵的领地，还包括奥地利，以及卡林西亚、卡尼奥拉（Carniola）、蒂罗尔、施蒂里亚、波希米亚、匈牙利和特兰西瓦尼亚的一部分。当时，匈牙利的大部分在奥斯曼帝国手中，其余部分则形成了一个几乎完全独立的封地，由马扎尔贵族拥有。

但是，最复杂的问题当属波希米亚。波希米亚及其三个附属省摩拉维亚、卢萨蒂亚和西里西亚各有自己的首府，四个首府各自都有独立的议会。四个地区的人口主要是斯拉夫人和新教徒，还混有一些信仰新教和天主教的日耳曼人。令哈布斯堡家族愤怒不已的是，波希米亚的君主由选举产生，这意味着哈布斯堡家族要想保住波希米亚的王冠就必须密切关注当地的传统。在此之前，哈布斯堡家族基本上都还算成功，现在帝国面临的重重压力使波希米亚人和其他人不太确定哈布斯堡家族是否会一如从前遵循先例和习俗。

在 1618 年前的几十年中，没有一个皇帝能够一统多样化的神圣罗马帝国，也没能在任何一块自治领地实施真正的管辖。他们时而采取铁腕手段，时而又妥协让步，每一种手段都导致了一系列不希望看到的后果。鲁道夫二世在多瑙沃特采用的是铁腕镇压，而他对波希米亚议会又选择了让步，他给波希米亚议会签署了一份“皇家诏令”（Letter of Majesty）确认其独立地位。这两种选择都使帝国元气大伤。因此，当马蒂亚斯从皇帝宝座上被推翻时，克里斯蒂安和腓特烈认为对他们有利的时代已经到来。可是，他们两人都错了，他们完全误判了 1617 年接替马蒂亚斯加冕称帝的这个人。此人就是施蒂里亚的斐迪南大公，他很快正式加冕为皇帝斐迪南二世。他行事专一，不愿让步，而且深受雄心勃勃的耶稣会告解神父威廉·拉莫麦尼的影响。

在神圣罗马帝国看来，斐迪南上台之际正值波希米亚形势失控，这给战争提供了导火索。马蒂亚斯任命天主教徒担任布拉格摄政委员会的领导职位，这一举措激怒了他的波希米亚臣民。摄政委员会的第一个行动就是揭开长期以来形成的旧伤疤，他们命令所有宗教团体必须恢复初创时设立的条件。这也预示着十年之后《归还敕令》的颁布，但敕令并未取得更好的平息效果。这意味着新教所有的教堂，以及他们的捐赠和地产，要归由天主教控制。波希米亚立刻爆发了起义。1618 年 5 月 22 日，一群人在受马蒂亚斯·图尔恩伯爵（Count Matthias Thurn）指令的“防御者”带领下前往布拉格城堡。他们抓住两个领头的摄政者，把他们从窗口扔了出去。这就是著名的“布拉格掷出窗外事件”。惊慌失措的摄政者落入窗口下面二十米处的垃圾堆里，对他们而言，尊严的伤害比身体伤害更大。（此后天主教宣扬说，他们在半空被天使和圣母马利亚接住，轻轻地落在了垃圾堆上。宣传中只是没有解释为什么他们落在垃圾堆上这一细节。）

波希米亚遭受的损失远远大于摄政者所受到的伤害。神圣的外交法则和帝国代表受到质疑，帝国权威也遭到直接的侮辱。波希米亚人意识到他们已经没有后路可退，只能对抗到底。他们组成了一个代表会议来管理波希米亚，呼吁其他三省加入，并且招募了自己的军队。他们致信皇帝马蒂亚斯，要求四省从此实行自治，并且只有新教徒才能担任官职。这些要求皇帝不太可能答应，更不用说即将登基的斐迪南了。

马蒂亚斯在 1619 年 3 月去世，斐迪南的选举过程随后开始。不管是程序上还是名义上，以前的做法是需要所有七张选票才能赢得帝国宝座。斐迪南相信自己稳操胜券。他肯定已将三个大主教选帝侯收入囊中，1617 年他当选波希米亚国王，因此又多了一个选举权。萨克森、勃兰登堡和普法尔茨三个新教选帝侯历来彼此不和，也无法找到可替代斐迪南的人选。总之，斐迪南是不二人选。

但是，斐迪南这种过于自信的期望被波希米亚贵族所打乱，他们正在重新考虑与斐迪南的关系。掷出窗外事件导致的新形势为他们提供了争取独立的机会，并选择新教徒做他们的国王。他们投票废黜斐迪南，选出普法尔茨选帝侯腓特烈五世为波希米亚国王。

腓特烈询问他的岳父即英国的詹姆士一世是否应该接受这个王位。他还就此事向福音派联盟成员寻求建议，也咨询了自己的议会。他们的回答非常坚定和明确：劝他不要接受。腓特烈应该明智地听取这样一致的声音。但是，他更多地受到另外两个亲信的观点影响：他的妻子伊丽莎白·斯图亚特（Elizabeth Stuart），即英国詹姆士一世的女儿，以及他的大臣安哈尔特的克里斯蒂安。他们提及腓特烈信奉新教的虔诚，并引用他们在神秘研究中偶然得到的伟大预言，以此敦促腓特烈接受波希米亚人的邀请。因此，他接受了邀请，并夸张地宣布他感受到神的召唤，神要他领导新教事业，他不得不服从这种召唤。

波希米亚对帝国权威的挑战变得干脆彻底，三十年战争也由此揭开了序幕。斐迪南二世宣布，腓特烈因为背叛，其选帝侯资格被废黜，普法尔茨领地被没收。斐迪南把选帝侯资格和上普法尔茨领地转封给了巴伐利亚马克西米利安公爵，承诺将莱茵河以西的下普法尔茨领地封给他的西班牙哈布斯堡皇亲，从这块领地进出西班牙之路非常便利。他还提出把卢萨蒂亚分给邻近的诸侯萨克森的约翰·格奥尔格，从而分裂了新教阵营。这样马克西米利安、西班牙和萨克森的军队都可以为他所用。

腓特烈五世兴冲冲抵达布拉格去就任国王时，这些军队也正在聚集。与腓特烈随行的是一队德意志加尔文派教徒。波希米亚的路德派教徒对到来的加尔文派教徒立即表示出强烈的憎恨，因为路德派和加尔文派之间存在着尖锐的教义分歧。作为一种反对斐迪南二世的方式，瑞典、威尼斯、丹麦和尼德兰联合省几个国家都承认腓特烈是波希米亚国王，但没有一个国家愿意出兵永保他的宝座。他的岳父英王詹姆士一世也抛弃了他。腓特烈的胆怯和犹豫，他的加尔文信条，志趣不同的德意志大臣以及缺乏国际支持，这一切都让波希米亚人幡然醒悟：选择他做国王其实是犯了一个严重的错误。

腓特烈被称为“冬王”，因为他的国王生涯非常短暂，从 1619 年的冬天到 1620 年的秋天，之后驱逐他的行动就开始了。他的普法尔茨领地在西班牙和马克西米利安公爵军队的劫掠中不战而降。萨克森的约翰·格奥尔格也不费吹灰之力吞并了卢萨蒂亚，心满意足。1620 年 11 月 8 日早晨，在布拉格郊外的白山（White Mountain）上，天主教联盟盟主马克西米利安的 2 万大军在蒂利伯爵的指挥下彻底击溃了安哈尔特的克里斯蒂安的 15000 名士兵。只过了两个小时，腓特烈和克里斯蒂安就不光彩地惨败，这两个小时是波希米亚最后的抵抗。

腓特烈流亡荷兰，试图在荷兰人的帮助下夺回普法尔茨。马克西米利安在腓特烈丢下的波希米亚和摩拉维亚野蛮镇压新教徒，惩罚他们的叛逆罪行。波希米亚叛军领袖在布拉格的主广场被处死，在处死那些亵渎神和反叛的人之前，他们的舌头被钉在绞刑架上。新教神职人员被宣布为非法，教堂也遭到毁坏。天主教徒随着大军蜂拥而至，控制了众多学校和大学。整个王国在武力之下又回到了天主教的怀抱。哲学家笛卡儿当时正在比夸伯爵（comte de Bucquoy）率领的帝国军队当中，帝国军队占领并摧毁了摩拉维亚城镇拉蒂希（Hradisch），拉蒂希同其他城镇的遭遇一样：到处可见恐怖和镇压，强奸和屠杀司空见惯，任何抵抗哈布斯堡王朝复兴天主教的行动都屡遭打压。

这些事件表面上看起来似乎是斐迪南二世和天主教的胜利，但事实上这种胜利的代价太大。不管是西边的法国，还是北欧的新兴大国瑞典，都不能对哈布斯堡王朝实力渐增坐视不管。瑞典国王雄心勃勃，对哈布斯堡新教徒受到迫害深感不安。如前所述，他同时在这种危机中看到了有利于自己和瑞典的时机。斐迪南二世的胜利来得太早太容易，反而捅了马蜂窝，害了自己。他没有为欧洲恢复天主教的统治地位指明方向，而是幕后主导了一些事件，这些事件将在接下来的 30 年给天主教事业造成永久性的损失。

1618—1620 年这些事件在欧洲心脏地带上演之时，同样重大的事件也在世界各地发生，只不过在欧洲人的意识里不是世界主流而已。1619 年 5 月，荷兰东印度公司的军队攻陷雅加达，将其焚为白地，驱逐当地居民，从而开始了对整个东印度群岛的控制。

荷兰人在 25 年前就抵达了东印度群岛，意欲在香料贸易中找到立足点。荷兰人与该地区的英国贸易商以及芝利翁河沿岸雅加达港的统治者之间的紧张局势导致了军事行动。荷兰人在雅加达的废墟上建起新的城镇和贸易站，并将该城命名为巴达维亚（Batavia），以纪念古代的日耳曼巴达维（Batavi）部落——荷兰人自称是巴达维部落的后代。巴达维亚这个新的名字在后来一直沿用了 300 年。

与此同时，在世界另一端的西印度群岛，越来越多的非洲奴隶被贩卖至此，在甘蔗种植园里劳作。最早被西班牙定居者奴役的原住民几乎被赶尽杀绝，取而代之的非洲黑奴大量死亡，黑奴补给跟不上死亡速度。英国和法国从 1612 年开始在加勒比建立殖民地，为了满足欧洲市场的产品需求，热带农业在西印度群岛迅速发展，导致奴隶需求不断扩大。

也许这一时期最有意义但在当时又少有人注意的事件，就是清教徒在位于北美东海岸的南马萨诸塞湾首次建立定居点。这群清教徒把他们的新家称作普利茅斯聚居区（Plymouth Colony），刚开始面临严重的困难，非常艰苦。直到 1630 年“温思罗普舰队”到达安角（Cape Ann）和塞勒姆（Salem）并建立起更有组织的定居点，他们才在新英格兰站稳脚跟。但是，无论是马萨诸塞州的印第安阿尔冈昆族人，还是欧洲钩心斗角的各派政党，在当时都不太可能预见后来发生的一连串事情。

在欧洲，关于宗教信仰的战争仍然在枪林弹雨中持续。1619 年 2 月，卢西利奥·瓦尼尼（又名朱利奥·切萨雷·瓦尼尼）在图卢兹因“无神论者和亵渎者”罪名被处死。他的舌头被人割掉，随后在萨林广场被处以绞刑并被烧尸。他是教会无法容忍挑战正统教义观点的牺牲品。本书会更详细地讲述他的故事。

04

普法尔茨领地的丧失

在决定命运的白山战役之后，不幸的冬王被驱逐出波希米亚，他选择的流亡地是理所当然的。他逃到尼德兰联合省，因为那里是加尔文派所在地，而且与西班牙哈布斯堡王朝有矛盾，他们在上一个世纪曾反抗这个王朝。西班牙等待着哈布斯堡王朝侵占腓特烈的莱茵河领土而坐收渔翁之利。如果目的得逞，西班牙就可以继续牢牢掌握通往低地国家的陆路通道——西班牙之路。这也成了荷兰支持腓特烈的另外一个理由，荷兰希望腓特烈能够收复他的普法尔茨领地。

荷兰与西班牙的冲突其实早在50年前就开始了。1579年1月，尼德兰北部的七个新教省份荷兰省、泽兰省、乌得勒支省、海尔德兰省、艾瑟尔省、弗里斯兰省和格罗宁根省农村地区组成了乌得勒支同盟，作为对南方天主教省份组成的阿拉斯联盟的回应。阿拉斯联盟重申了南部各省对西班牙国王和天主教信仰的忠诚，而这本身也是对荷兰人中天主教和加尔文派之间关系日益紧张的一种回应。这种紧张关系是西班牙腓力二世对宗教改革派的赤裸裸敌意造成的直接结果。他希望看到天主教重新收复北部省份，而且已经准备好采取严苛手段来达到目的。而北部省份的新教徒则对西班牙的意图疑虑重重，甚至可以说是非常恐惧。他们看到了西班牙在新世界施行的残忍野蛮行为，以及西班牙宗教裁判所对犹太人和摩尔人的持续迫害——甚至不放过那些已经皈依基督教的人或者从其祖辈开始已皈依基督教的人。这种恐惧的源头显然不是没有理由的。

这种恐惧的合理性，毫无疑问可以从1566年8月20日的“雕像风暴”（Beeldenstorm）事件看出，当时的安特卫普圣母大教堂（Cathedral of Our Lady）里的艺术品和偶像遭到破坏。腓力二世对荷兰下令严格执行天主教礼仪，愤怒的加尔文派教众闯入安特卫普的大教堂抗议，开始破坏这幢漂亮建筑物里的雕像和艺术品，甚至包括石柱和墙壁上的装饰性石雕。教堂储存的圣饼被拿来喂牲畜，圣餐酒被人喝掉，绘画和挂毯被撕碎，窗户上的彩色玻璃被砸烂。骚乱第一天大教堂中唯一没有遭到破坏的部分是哈布斯堡王朝小教堂的骑士勋章，即金羊毛骑士勋章。但是，在第三天，在神像破坏者闯入安特卫普其他小教堂进行一番破坏和焚烧后，他们又返回到圣母大教堂继续完成破坏行动。一群全副武装的金羊毛骑士前来捍卫自己的教堂，杀死了若干骚乱者，其中有些是被吊在大教堂外绞死的，在受害者垂死挣扎的时候还被人用利剑和长矛砍杀刺戳。

对该地区的西班牙政府来说，这样的事件和两个宗教阵营此后的结盟并不是好兆头。在1581年乌得勒支同盟成立不足两年后，其成员就以弃绝之誓（Oath of Abjuration）宣布从西班牙获得独立，漫长和艰苦的战争就开始了。腓力派遣阿尔瓦公爵率领军队前往叛乱省份，但是乌得勒支同盟的顽强抵抗加上西班牙的国库问题挽救了他们。

于是乌得勒支同盟变成了联合省，成为整个17世纪不断发展壮大的新独立国家，这是战时成功、海外贸易加上东方殖民帝国的综合结果。由此获得的财富促进了文化的繁荣。那是荷兰绘画的鼎盛时期——作为当时欧洲最自由和最宽容的国家，荷兰吸引了大量思想家、科学家、作家和政治流亡者前来定居。荷兰历史上的这一时期被称为“荷兰黄金时代”，这一短语非常恰当，既适用于字面意义，也适用于隐喻意义。

与此相反，尼德兰其他地区的大部分仍然在西班牙的统治下，从而成为一个天主教国家，最终演变成为比利时。低地国家长期以来就是西班牙帝国的最富裕地区之一，此地丧失一半自然加快了世界大国西班牙的衰落。

腓力二世试图重新收复尼德兰联合省，但是西班牙的国力日渐衰微，尽管过程缓慢，他还是很快意识到这种努力是心有余而力不足。在1590年后期，他逐渐认识到这一点，因为此时联合省已经沿着马斯河和瓦尔河构建了强大的防御屏障，并开始了与东印度群岛、西属美洲殖民地和地中海的利润丰厚的独立贸易。腓力希望至少能够遏制联合省的发展，他给予女儿伊莎贝拉及其丈夫奥地利的阿尔贝大公（Archduke Albert，也是她的堂兄，这是哈布斯堡王朝的做法）管理的西属尼德兰一定程度的自治。阿尔贝大公已经在布鲁塞尔担任好多年的总督了。这对夫妻后来被称为“大公”，虽然总是臣服于西班牙国王的统治，但他们也逐渐变得更独立（不过从未完全独立）。

大公雇用安布罗焦·斯皮诺拉（Ambrogio Spinola）领导他们的军队——这个选择令人振奋之余，也从一开始不免让人觉得明显不合常规，因为斯皮诺拉只是热那亚的一位银行家，没有任何从军经历。当时关于他的一则常见的笑话是他是先当将军再当士兵。但是，如果他先当士兵后当将军的话，他就不会表现出惊人的军事天才了，他不仅给联合省的加尔文主义者增添了不少麻烦，在经过了10年的战争后还帮助大公和联合省达成为期12年的停战协定。该协定签订于1609年，事实上等于承认联合省的独立。

这个停战协定令西班牙的腓力三世（腓力二世的继任者）火冒三丈，他不愿意与任何加尔文主义者进行和平谈判，更不愿意与荷兰的加尔文派叛乱分子和谈。但是，他没有办法干涉，因为他的王国陷入破产的境地，没有办法谋取更多贷款，而且即将和威尼斯开战——真是祸不单行。腓力三世没有花费多长时间就接受了这个观点：低地国家10多年的和平协议或许能帮助西班牙重振财政。无论如何，大公和斯皮诺拉向他保证，一旦停战协议结束，以西班牙所处的优势地位，即便开战的话，也能轻易击败荷兰。

到了1618年三十年战争开始，即这个停战协定即将终结之时，联合省已经进入了某种政治动荡时期。几年的外部和平环境已经给人破坏国内和平的机会，正如通常会出现的情况那样。这部分是因为联合省自治方式产生的结果。离国家元首只有一步之遥的是拿骚的莫里斯（Maurice of Nassau）亲王，他之前是拿骚的伯爵，1618年刚刚继承奥兰治亲王称号。他的权威来自这个事实：他是联邦军队的总司令，在所有七个省中，他是五省的执政（荷兰省督），其余两省的执政是他的堂弟威廉·路易斯（William-Louis）。某种省际政府机构已经产生：统一货币的铸币厂、国家军事委员会、海事法庭和审计委员会。但是，各省都有自己的议会，每个议会都派代表参加名为联邦议会（States-General）的荷兰议会。这个小机构的成员通常不超过12个人，他们必须将所有决策提交给各自的省议会讨论，有时候还要进行合理化论证。这种会议非常耗时，且常常争吵不休。各省议会还要咨询人口多的城镇的管理者和乡村庄园贵族的意见，因而会更加麻烦，做出任何最终决策都非常困难。

如果不是最富裕的荷兰省经常鼎力相助的话，这种议会结构将造成管理瘫痪和更多分裂，因为荷兰省贡献了联合省三分之二的税收，而伴随着金钱而来的便是权力。事实上，在1609年讨论与大公的停战协定期间，就是荷兰省坚持反对其他省的不妥协立场而强行通过协议，那些省的死硬加尔文派牧师像西班牙的腓力三世国王本人一样反对停战协定。

联合省的政府管理运转良好的另外一个理由是，很多年来他们是在荷兰议会的首席执政官约翰·范·奥登巴恩维尔特（Johan van Oldenbarnevelt）精明和巧妙的管理下，事实上相当于联合省的总理。在深受信任的常务委员会的帮助下，奥登巴恩维尔特设定荷兰议会的议程，不过是在经过协商、哄骗、劝说和拳脚相向之后，他才行动，这运用了孙子的绝佳建议——只有在稳操胜券的时候才参加战斗*。奥登巴恩维尔特也主持会议，这是更进一步的帮助。

但是，在诸多破坏联合省内部团结的潜在麻烦中，肯定存在某些诱因——人们不愿意但又不可避免地会猜想是宗教提供了这一诱因。1605年，莱顿大学的两位神学家就得救预定论的问题发生了争论。其中之一是严格而热情的加尔文主义者弗朗西斯·戈马罗

---

* 胜兵先胜而后求战，败兵先战而后求胜（《孙子兵法·军形篇》）。——译者注

（Francis Gomarus），另一位是自由思想的改革派神学家雅各·亚米纽斯（Jacob Arminius）。戈马罗坚持加尔文的不妥协路线：每个人是得救还是受惩罚从一开始就预定了，得救者的总人数相对较少。亚米纽斯则认为人拥有自由意志。教师和学生都选边站，后来连莱顿的织布工人也是如此。无论是师生还是织布工人，在捍卫自己认定的宗教真理时，最终都免不了相互扔石头砸对方的脑壳。

随着动乱越来越严重，奥登巴恩维尔特开始担忧起来。为了平息事件，他召集全国的牧师领袖开会讨论应该如何修改归正宗的信条。牧师坚决拒绝考虑这样的事情，他们认为宗教信条神圣不可侵犯，并言辞激烈地告诉奥登巴恩维尔特，政府当局根本就不应该干预教义问题。

这些事件占据了17世纪前10年的最后几年，就在这个10年结束时，亚米纽斯去世。但是，他的追随者决心继续进行斗争。他们向荷兰议会呈交了“抗议书”，呼吁修改信条，重申切实遵守政教分离的原则。戈马罗派的人则提出“反抗议书”来回击，里面还包括了其他要求，即应该把亚米纽斯派从教学和传教岗位上开除出去。亚米纽斯派寻求奥登巴恩维尔特的帮助，他们已经得到了伟大的法学家胡果·格劳秀斯的支持，当时格劳秀斯担任鹿特丹的首席执法官。格劳秀斯批评戈马罗派威胁国家安全、教会统一以及良心自由原则，这在他看来是最恶劣的部分。

如果对教义知识缺乏了解，这种激烈争论的背后原因就可能被忽略。议题中争论最激烈之处是，亚米纽斯派的立场接近罗马天主教关于自由意志的观点——天主教徒和亚米纽斯派都相信自由意志，但加尔文主义者则不。从戈马罗派的观点来看，这使得亚米纽斯派像天主教徒一样恶劣，同属异端分子。戈马罗派反对意见的要点是，信徒无论做什么都能得到拯救，正如加尔文主义者确信的那样，他们从一开始就因为是加尔文主义者而得到拯救，进入天堂所需要的不是辛苦的工作，而是拥有自由意志并按照神的要求度过一生。被迫劳碌是令人极为恼怒的，因为它引入了一种不确定性和义务，这令人感到不舒服。在戈马罗派看来，当亚米纽斯派告诉他们没有得到拯救，要想得到拯救就需要像天主教徒那样努力工作，这是在侮辱他们，在威胁他们。亚米纽斯派则极度讨厌这样的责难或诋毁：神创造大部分人为的是毁灭他们，无论他们多么好，却只拯救那些硬脖子的傲慢自大的戈马罗派加尔文主义者，这些家伙自封为神的选民。

无论如何，加尔文路线很难与福音书中的救赎信息相协调，其中基督的受难被描述为通过赎罪使亚当的后裔——所有人或者所有信徒——与上帝重聚。事实上，圣保罗甚至给予那些没有听到这个信息但仍然善良的人以希望，让神的律法铭刻在他们心中。亚米纽斯派问道，这怎么能与加尔文主义者的教义吻合呢？

在当时的社会氛围里，这种观点极端对立的后果就不可避免了。亚米纽斯派牧师及其教会遭到戈马罗派暴徒的袭击。分歧加剧，暴乱频发，而且越来越频繁，并逐渐蔓延到其他事情上，比如在1616年的代尔夫特（Delft），持续多天的暴乱就是因为玉米税提高引起的。在奥登巴恩维尔特看来，这些骚乱还有一些特别令人担忧的特征：街上筑起了路障，富裕公民的家遭到石块袭击，这些形势暗示着更普遍的秩序失控即将出现。

拿骚的莫里斯在冲突中并不站在奥登巴恩维尔特和格劳秀斯一

边。他是戈马罗派教徒。他开始对朋友说，他并不认为冲突可以通过内战之外的方式解决。不仅在议题本身上，他与奥登巴恩维尔特有不同意见，而且在如何处理越来越令人担忧的局势方面，他也有不同的看法。最终两人爆发了激烈的争吵，这场争吵让这两个国家最重要的人之间的分歧大白于天下。结果，戈马罗派的事业在莫里斯支持下开始占上风。在只有一个亚米纽斯牧师的一些城镇，民众在星期天浩浩荡荡前往戈马罗派牧师那里听布道。亚米纽斯派牧师和支持者受到骚扰的情形逐渐增多，莫里斯下令军队不要干预，这事实上等于剥夺了对亚米纽斯派的保护。

在局势越来越恶化的情况下，奥登巴恩维尔特为了维持公共秩序的利益，不得不决定采取行动。他说服荷兰议会允许该省的每个城镇可以组织瓦得尔得人（*Waardgelder*）* 的民兵连，如果他们觉得形势需要的话。瓦得尔得人要宣誓效忠于城镇，而不是对省或者国家或者执政官忠诚。荷兰省议会在公告中犯下的错误是，它宣称联邦军队的士兵应该首先效忠荷兰省而不是整个联合省，因为他们的军饷是荷兰省支付的。

这让莫里斯大为恼火，他认为这是对他本人的冒犯和对其权威的挑战。他要求联合省议会签发命令解散瓦得尔得人的民兵组织，议会以 5：2 的投票结果通过了这个议案，他立刻将此命令付诸实施。1618 年 7 月，他率领大批军队开往乌得勒支，解除了瓦得尔得人的武装，将市政厅里的亚米纽斯派全部清除，用戈马罗派教徒取而代之。到了 8 月份，荷兰省所有城镇都臣服于莫里斯，所到之处

---

* 瓦得尔得人是指当时荷兰雇佣的职业士兵，荷兰语字面意思为“值钱者”。——编者注

他都如法炮制，用戈马罗派教徒取代亚米纽斯派教徒，与此同时还逮捕了奥登巴恩维尔特和胡果·格劳秀斯。

整个欧洲密切关注着这些事件的进展。此时，其他任何地方都没有发生如此严重的宗教冲突，也没有发生对宗教改革运动和反宗教改革运动的命运如此重要的事件。因为这是在新教徒内部的争吵——不是加尔文派和路德派（如上所述两派相互厌恶，这不是新鲜事）之间的冲突，而是加尔文派内部的冲突。

无论是政治特征还是宗教特征方面，莫里斯亲王的下一拨行动决定了荷兰历史的未来走向，因而也帮助塑造了欧洲历史的走向。他召集加尔文派牧师和神学家，其中包括来自英国、瑞士、德意志的成员，在多德雷赫特［Dordrecht，当时被称为多特（Dort）］举行宗教会议。经过六个月的辩论，多特会议谴责亚米纽斯教派及其支持者，称后者是异教徒，是破坏教会和国家和平的叛乱分子。很快，200位亚米纽斯派牧师被教会驱逐，其中一半人被迫流亡。莫里斯清洗了所有七个省份中担任官职的奥登巴恩维尔特的追随者，用没有经验的人取而代之。这样做明显不利，但对莫里斯来说又是一个主要优势，即他的手中拥有了更多更直接的权力。胡果·格劳秀斯被判处终身监禁（幸运的是两年后逃脱），而奥登巴恩维尔特被判处死刑。第二天，即1619年5月13日，他不失尊严地走上了断头台。他已经72岁高龄，毕生大部分时间忠心耿耿地为联合省服务。

因为欧洲其他地方心情复杂地密切关注这些事件，莫里斯启动了他的宣传机器。他们将奥登巴恩维尔特和亚米纽斯派描绘成企图发动政变的叛乱分子，这就是将年迈的政治家处死并将亚米纽斯派牧师革职的理由。欧洲总体上接受了这种说法。在某种程度上，他的说法并不算离谱，因为考虑到奥登巴恩维尔特一直是莫里斯收紧对联合省的控制并进一步实现他加冕称王的个人野心的障碍，可以说这其实是一场权力之争。在另外一方面，荷兰人追求共和的本能继续推动了奥登巴恩维尔特一直在做的工作；1688 年，英国议会邀请奥兰治亲王做国王。但是，荷兰画家将瓦得尔得人的投降描述成莫里斯的巨大军事胜利。在短短几个月之内，英国剧作家弗莱彻和马辛杰就将他们的《约翰·范·奥登巴恩维尔特爵士》搬上伦敦舞台，反映了人们对这件事的普遍兴趣。

莫里斯不是唯一从奥登巴恩维尔特倒台中受益的人。英国和欧洲其他地方的商人——甚至在联合省的某些其他地方的商人——对他的离去也很高兴，因为他谨慎而精明的做法服务于商人的利益，尤其是荷兰省商人的利益，却损害了其他人的利益。任何地方的加尔文主义者现在都认为莫里斯是基督教观点新的支持者，并相信加尔文主义注定会取得胜利。腓特烈五世和他被驱逐的家人在从波希米亚逃离之后就投奔了莫里斯。

但是，随着奥登巴恩维尔特及其治国艺术和外交手腕的消失，不那么精明的莫里斯掌舵联合省，任何对这个老人倒台感到心满意足的人都可能高兴得太早了点，而且有些不合时宜。因为其真正的意义是，西班牙和笼统意义上的哈布斯堡王朝已经获得了收回国际主动权的绝佳机会。三十年战争真正开始了。

05

雇佣军上尉

在这个关键时刻，介绍三十年战争中发挥核心作用的三位人物是非常切题的。蒂利伯爵约翰·采克拉斯（Johann Tserclaes，1559—1632）、恩斯特·格拉夫·冯·曼斯费尔特（Ernst Graf von Mansfeldt，1580—1626），还有出身贫寒，最后却成为弗里德兰和梅克伦堡公爵的阿尔布雷希特·文策尔·欧西比乌斯·冯·华伦斯坦（Albrecht Wenzel Eusebius von Wallenstein，1583—1634）。这些人是将军——受雇的将军，自由职业者将军，雇佣军领袖——各诸侯国支付佣金委托他们招募军队进行战争，后两位还要求君王和国家支付工资。事实上他们是意大利人所说的雇佣军首领（condittiero），其字面意思就是“承包商”，但逐渐拥有了专门的军事含义，因为在意大利文艺复兴时期的战争中，它被用在了费代里戈·达·蒙泰费尔特罗（Federigo da Montefeltro）和西吉斯蒙多·马拉泰斯塔（Sigismondo Malatesta）等人身上。在意大利，他们还有一个名称叫 capitani di venture，意思是“冒险上尉”，英国人称他们为“雇佣军上尉”（Mercenary Captains）。蒂利伯爵和曼斯费尔特是以伯爵（德语中的“graf”意思是伯爵）身份开始参与三十年战争的，华伦斯坦（弗雷德里希·席勒创作了有关他的衰落和死亡的戏剧三部曲而令他永垂不朽）因为功勋卓著而被神圣罗马皇帝提升为公爵，地位仅次于皇帝本人。这的确令人吃惊，因此他也成为他人嫉恨和反对的对象，虽然他们本来应该成为盟友的。

曼斯费尔特是新教徒一边的将军。他本来出生于天主教家庭，曾经在帝国军队服役一段时间，但是逐渐对自己在于利希叙任权战争中在斐迪南二世的儿子利奥波德大公（Archduke Leopold）那里受到的待遇感到愤愤不平，因而反过来支持新教徒的事业。

蒂利伯爵是斐迪南二世的得力干将，也是战争中天主教联盟的功臣。他出生于瓦隆-布拉班特省（Walloon Brabant），在耶稣会受教育，并在功效显著的西班牙战争模式中学到军事技能。这模式就是西班牙大方阵，其中步兵团由三分之一的长矛兵、三分之一的短剑兵和三分之一的火枪手组成。比这些步兵团的组成更重要的是这样一个事实：经验丰富的士兵被鼓励留在军队中，结果让军人成为一种职业。在 17 世纪中叶之前取得很大成功的西班牙大方阵是在 15 世纪末由伟大的西班牙将军贡萨洛·德·科尔多瓦（Gonzalo de Córdoba）发明的，他还推行了枪刺与射击方阵（colunella），英文单词“colonel”（上校）就源自这个词，指的就是该方阵的领袖。

蒂利伯爵是个令人敬畏的将军，与华伦斯坦一起主宰了三十年战争的前 14 年。但是，他也是有争议的人物：在 1630 年的马格德堡，是他下令屠杀吗？他鼓励了屠杀，还是根本就没有反对屠杀？屠杀的事实就是其声誉的污点。

不管如何衡量，华伦斯坦都是一个奇才。他出生于波希米亚一个贫困的新教徒家庭，但是在奥洛莫乌茨大学（Olomouc University）

读书期间在耶稣会士的影响下皈依天主教。在获得了引人注目的名誉、头衔和财富之后，他曾经两次被皇帝下令告老还乡回到波希米亚庄园。但是，局势迫使皇帝在第一次解职后重新起用他，但华伦斯坦的竞争者出于嫉妒而向皇帝进谗言，使斐迪南二世最终认识到他已经引狼入室。华伦斯坦带着军队退役，这让斐迪南二世怀疑他背叛。事实上，正如席勒在三部曲中描述的那样，华伦斯坦的确在图谋叛国，他在与皇帝的敌人瑞典谈判，以期加入瑞典军队。1634 年 2 月 25 日夜晚，他被暗杀，这是在皇帝知情和许可的情况下进行的。这让人想起英格兰的国王亨利二世和贝克特，皇帝肯定至少对适当的人大声说出过“谁愿意帮助我除掉这位叛将？”之类的话。

席勒在 1799 年写完了有关这个伟大将军的戏剧三部曲。该剧大致是根据华伦斯坦生命最后几个月发生的故事写成的。这是关于忠诚与背叛的故事，考察了一个人从默默无闻到战功赫赫的跌宕命运，故事还描述了另一位与他类似者的故事，此人有类似的功勋但更谨慎克制，因而保住了所获得的东西——此人就是最终成为亲王的奥克塔维奥·皮科洛米尼（Octavio Piccolomini），就是他策划了华伦斯坦谋杀案。

蒂利伯爵在白山战役的胜利和腓特烈五世的败走，标志着三十年战争波希米亚阶段的结束和普法尔茨阶段的开始，腓特烈试图在荷兰的资金支持和曼斯费尔特创建的军队帮助下守卫祖先的领地。

就在腓特烈从布拉格逃窜的时候，他一方面试图联合摩拉维亚人、卢日支人（Lusatians）、西里西亚人等加入他的事业，另一方面又同时与斐迪南二世协商谈判，试图避免进一步的军事行动，以及保留其在莱茵兰的称号。但是，这两个努力都失败了，就在向西逃窜时，他向勃兰登堡选帝侯寻求帮助。勃兰登堡选帝侯说如果英格兰的詹姆士一世愿意帮助的话，他也愿意提供帮助，但詹姆士拒绝了，所以腓特烈不得不求助于联合省奥兰治亲戚的庇护。斐迪南二世签署了对腓特烈的驱逐令，使他沦为帝国的被放逐者。这让新教徒联盟内其他地区的领袖——腓特烈是名义上的联盟领袖——犹豫不决。1620 年秋天，在沃尔姆斯（Worms）举行的领导人会议上和 1621 年 2 月在海尔布隆（Heilbronn）的会议上，很多人不愿意给予他要求的军事支持。

在腓特烈到处寻求帮助时，上普法尔茨地区不战而降落入蒂利伯爵手中，只有 1621—1622 年冬天的来临才防止了下普法尔茨也落入敌手。腓特烈的将军曼斯费尔特没有与蒂利伯爵正面交战，而是解除了西班牙大军对弗兰肯塔尔（Frankenthal）的包围，接着率军驻扎到位于阿尔萨斯的冬季营地。

1622 年，腓特烈集结了三支军队——曼斯费尔特的军队、巴登-杜尔拉赫藩侯格奥尔格的军队和不伦瑞克的克里斯蒂安的军队，再次启动了战争机器。格奥尔格和克里斯蒂安这两位新教诸侯都觉得他们的命运与腓特烈纠缠太深，因而不得不支持他。克里斯蒂安的军队在威斯特伐利亚洗劫明斯特（Münster）和帕德博恩（Paderborn）两个主教辖区之时，曼斯费尔特与格奥尔格的军队于 1622 年 4 月在维斯洛赫（Wiesloch）联合起来，并在此打败了组织严密的西班牙军队。接着他们分头向北挺进，与克里斯蒂安的军队会合。格奥尔格的军队在试图跨过内卡河时遭到帝国军队和西班牙军队的突然袭击，溃不成军，克里斯蒂安的军队在与曼斯费尔特的军队会合之前在美因河岸几乎遭遇同样的命运。

虽然以前的城市有好几个仍然效忠于腓特烈，其中包括海德堡、曼海姆和弗兰肯塔尔都在继续抵抗，[1]但格奥尔格军队的失败似乎是压垮腓特烈的最后一根稻草，到了1622年7月，他宣布将解散自己的军队，不再进行抵抗。这使得曼斯费尔特的军队和克里斯蒂安的军队群龙无首，也无为之奋斗的事业，所以他们决定直接为联合省服务。而对联合省来说，防止莱茵兰地区落入天主教之手仍然利害攸关。曼斯费尔特的军队和克里斯蒂安的军队在弗勒吕斯（Fleurus）突破西班牙人的包围，解除了西班牙对贝亨奥普佐姆（Bergen-op-Zoom）的包围，但伤亡惨重，克里斯蒂安本人的一条胳膊也留在了战场。因此，联合省热烈欢迎他们以表达感谢之情。

在此关键时刻，新教徒事业的唯一希望似乎就落在了英格兰国王詹姆士一世的身上。但是，詹姆士已经设想了一个宏大的计划，要儿子查理娶西班牙的公主，热切渴望用外交手段从腓特烈的波希米亚冒险造成的溃败中摆脱出来。虽然伦敦和马德里的协商谈判在1623年持续进行，但是在西班牙统治下的荷兰却不太平，皇帝采取了单边行动：他宣布没收腓特烈在普法尔茨的土地，转而赐给巴伐利亚的马克西米利安。

但是，该行动再次强烈刺激了新教徒。曼斯费尔特和独臂的克里斯蒂安现在与波希米亚的图尔恩伯爵、特兰西瓦尼亚亲王兼匈牙利国王（短暂在位）拜特伦·加博尔（Bethlen Gábor）组成了联盟。这四支军队从北、东、南三个方向朝着波希米亚前进，使斐迪南在各个方向面临严峻挑战。但是，他们不是诡计多端的蒂利伯爵的对手。蒂利伯爵调动军队在不伦瑞克人（Brunswicker）克里斯蒂安与盟军会合之前将其堵截在半路上，训练有素的蒂利军队轻易打败了克里斯蒂安的雇佣军，将他们追赶到施塔特洛恩（Stadtlohn）之后一举歼灭。这标志着战争的普法尔茨阶段血腥而决定性的终结。

当忧心忡忡的欧洲关注着腓特烈的命运逐步展开时，水手和大海却又一次在迅速地改变远方的历史。几年之前发生的事件现在正加速其他地区的变化和冲突。加勒比海就是这样一个地方。一队遭遇海难的英国水手在1609年被吹到了百慕大的海滩，当他们对此地的报告传回英国后，英国人决定对这个岛进行殖民，1612年一群定居者抵达这里。这是英国在加勒比海的第一个据点，其中最大的岛——古巴、伊斯帕尼奥拉岛和圣萨尔瓦多岛已经落入西班牙人手中一个世纪之久了。

30年后，百慕大殖民地内部的宗教冲突导致一些殖民者离开，并定居巴哈马。当时的巴哈马已无人居住，因为西班牙早就把所有原住民（阿拉瓦克人）转移到伊斯帕尼奥拉岛的煤矿当奴隶了。

但是，在此之前，加勒比海还有未被殖民的岛屿这一事实引发英国人和法国人争先恐后地抢占殖民地。1623年，英国占据了圣基茨，1627年占据巴巴多斯，到了1636年，他们已经拥有安提瓜、尼维斯和蒙特塞拉特。与此同时，法国在1627年在圣基茨的另一片海滩成功登陆，他们在1632年占据多米尼克，并在1635年占据马提尼克和瓜德罗普。

殖民这些岛屿的过程是累积性的，在某岛上拥有港口就可以以此为基地，为下一步的占领做准备。不仅如此，它还提供了掠夺西班牙现有财富的途径：1655 年，英国从西班牙手中抢走了牙买加，1664 年法国从西班牙手中抢走了伊斯帕尼奥拉岛的一半，这一半如今被称为海地。

西班牙人曾经渴望在占领的加勒比海地区开采金矿，但是，岛屿上的收获与从墨西哥和秘鲁可掠夺的巨额财富相比要少得多，所以这些岛屿成为他们大帆船的停泊港口而非经济活动本身的中心。英国和法国的收获情况大为不同：定居者从事农业生产，刚开始种植烟叶，很快转变为利润丰厚的蔗糖产业。因为原住民被当作奴隶劳动力而消耗殆尽（也因为他们对欧洲人的疾病没有免疫力），需要大量非洲奴隶，到了 17 世纪中叶，牙买加已经成为西印度群岛最大的奴隶市场。

几个大国在该地区虎视眈眈争夺霸权机会，这里很快成为连绵不断的战争剧场也就不足为奇了。几十年来，它早已经成为海盗行为的中心。英国海盗早就瞄准了西班牙运输金条的大型帆船，自伊丽莎白时代以来，这种行为就得到英国政府的批准。加勒比海冲突一直持续到一个半世纪之后的拿破仑战争，但是，就像在东方出现的不那么频繁的冲突一样，他们可以承担这种代价，因为无论是西印度群岛还是东印度群岛，都为英国、荷兰和法国提供了利润丰厚的资源，这些国家的水手和商人自然要抓住一切机会。

回到欧洲本土，腓特烈和荷兰资助的军队在抗衡哈布斯堡王朝时的失败，以及后者随后对帝国北部和整个新教徒群体的处置方式，使战争增加了更多参与者。感到担忧的不仅仅是新教徒，枢机主教黎塞留在 1624 年 4 月被任命为法国国王内阁成员，他一直激烈反对哈布斯堡王朝影响力的进一步扩张。詹姆士一世最终放弃了与西班牙结盟的打算，与荷兰和法国一起加入了反对西班牙的联盟。詹姆士委托曼斯费尔特组建一支新的军队，并邀请他到伦敦，给予他英雄般的欢迎。但是，这个新联盟对如何使用军队产生了分歧，是像英国人渴望的那样收复下普法尔茨地区？还是如荷兰人渴望的那样解除对布雷达（Breda）的包围？黎塞留拒绝让军队通过——如果不能在法国领土上借道穿越，它能做什么呢？这些分歧导致军队最后因为缺乏供给和行动而解体，士兵们直接回家。

而组织反对力量抵抗帝国的需要仍然很紧迫，所以詹姆士一世与勃兰登堡选帝侯一致决定把丹麦人和瑞典人拉进来，这个想法最初有些不靠谱，因为这两个北方国家相互敌视，宿怨很深。瑞典的古斯塔夫·阿道夫同意参加联盟，如果满足他提出的条件的话：他将筹组五万人的军队，但其中三分之一的费用必须由英国支付，这是供应前线的军费，还要将波罗的海沿岸一个港口和北海沿岸一个港口割让给瑞典国王。

这种漫天要价使得英国和其他盟友转而求助于丹麦，其国王克里斯蒂安提出的条件不那么苛刻。瑞典的古斯塔夫·阿道夫很快拒绝进一步参与，相反开始准备对波兰发动战争。

克里斯蒂安四世不仅是丹麦国王，而且是荷尔斯泰因公爵和德意志北部其他地区的统治者，所以他极力阻止皇帝的权力继续向北扩张。丹麦财力雄厚，收入主要来自对波罗的海商船征收过路费。因此，克里斯蒂安不仅有动机而且有手段。在他利益范围内的下萨克森圈国家的统治者站在他这一边——只有两个公爵和汉萨同盟城镇在斐迪南二世的劝说下保持中立。

作为对克里斯蒂安麾下军队聚集的回应，巴伐利亚的马克西米利安委托华伦斯坦组建军队，并要求蒂利伯爵率军加入华伦斯坦的军队。就在蒂利伯爵的军队朝着西北的下萨克森行政圈（Lower Saxon Circle）挺进时，身后留下了大面积的破坏，预示了几年后马格德堡劫掠的恐怖景象。

1625年与1626年相交之际，在华伦斯坦和蒂利伯爵安排军队在冬季营地进行休整期间，英国、荷兰和丹麦签订了海牙协定。其条款是克里斯蒂安四世要维持三万人的步兵团和八千人的骑兵团，英国和荷兰每月为其提供补贴，分别是30万和50万弗罗林*（就英国来说，新登上王位的查理一世本来就与议会不合，根本就没有为克里斯蒂安提供所承诺的资金）。作为最后一招，克里斯蒂安四世同意拜特伦·加博尔的意见，其特兰西瓦尼亚军队将发起对西里西亚和摩拉维亚的牵制性攻击。

无论这些部署多么提升反哈布斯堡王朝联盟的士气，但是，它们都没有真正实现，1626年这一年的战事结果很糟糕。曼斯费尔特在德绍大桥（Dessau Bridge）战役中被华伦斯坦打得大败，克里斯蒂安四世在巴伦山麓卢特（Lutter am Barenberge）战役中被蒂利伯爵打得更惨，遭到决定性的失败。拜特伦·加博尔的牵制性攻击帮助曼斯费尔特得到暂时的喘息机会，曼斯费尔特成功地组织剩余部队与加博尔会师，他们合力占领了西里西亚。但是，这个胜利只是昙花一现。加博尔的金主是奥斯曼帝国，此刻奥斯曼军队在巴格达郊外的战争中刚刚被波斯人打败，不再能够为他提供资金了。曼斯费

---

* 弗罗林，金币名，1252年首先在佛罗伦萨铸造，后来被欧洲若干国家仿造。——译者注

尔特则在寻求威尼斯的资金支持的途中患病，并死在了萨拉热窝。

结果，新教徒联盟陷入了混乱境地。华伦斯坦一直在追击加博尔和曼斯费尔特的联军，但是因为他们现在一个群龙无首，加上两军都没有金钱支持，士兵纷纷逃离，华伦斯坦已经找不到打仗的对手。在法国，枢机主教黎塞留正与胡格诺派做交易，英国陷入内部麻烦而无暇顾及，荷兰还没有做好赔上老本的准备，所以克里斯蒂安四世的处境岌岌可危。华伦斯坦和蒂利伯爵的军队联手，在1627年9月在格罗森布罗德（Grossenbrode）战役中取得大捷，重创了他的军队。克里斯蒂安一路逃至丹麦所属的群岛，他知道斐迪南二世没有海军，因而不可能到追到那里。但是，克里斯蒂安四世也不能为新教徒反对皇帝和天主教联盟的事业提供任何支持了。

新教徒的事业现在看来没有任何希望了。华伦斯坦已经达到了他的权势和名望的最高峰。他拥有一支庞大的军队——他声称多达10万人，他和他的士兵无论到哪里，无论干什么，都能“蹂躏四野以自养”。他已经获得了一人之下万人之上的显赫地位。皇帝给予他尊贵的贵族头衔，封他为格洛高亲王以及梅克伦堡公爵（事实上在财富和影响力上更具实质性）。

带着任何悲剧故事中可以预测的因素，华伦斯坦炫目的飞黄腾达和后来的行为导致人们起来反对他。帝国其他诸侯开始向皇帝上奏弹劾他。他们开始对华伦斯坦的战利品提出分割要求，还提出他从新教徒统治者那里攫取的领土应该归还给天主教信徒。

与此同时，华伦斯坦在考虑创建一支海军，这样他就能够前往丹麦的岛屿追杀克里斯蒂安四世。在这一点上，他得到西班牙哈布斯堡王朝的支持，西班牙国王说服了斐迪南二世宣布华伦斯坦是

“波罗的海元帅”。这样做的目的是让波罗的海成为哈布斯堡王朝贸易的西班牙内湖。斐迪南二世对汉萨同盟城镇示好，对建造帝国舰队也半心半意，终于让丹麦和瑞典相信它们拥有共同的利益。或许在谁来控制波罗的海的问题上有分歧，但丹麦和瑞典在不让任何其他人卷入这场冲突这一点上却是一致的。

这最终给了瑞典的古斯塔夫·阿道夫等待已久的机会。1628 年 8 月，丹麦和瑞典联军打败了包围施特拉尔松德（Stralsund）的华伦斯坦的军队，迫使他撤退。解除施特拉尔松德之围后，古斯塔夫·阿道夫取得了它在波罗的海南部沿岸的第一个落脚点。他战胜华伦斯坦意味着后者不得不放弃征服波罗的海的努力。但是，华伦斯坦强大的陆军实力仍然令人敬畏。当克里斯蒂安四世在施特拉尔松德胜利的鼓舞下蠢蠢欲动，聚集新的军力从奥得河口向南挺进时，他认为他在追杀被打败的敌人。但很快他就醒悟了，华伦斯坦的陆军部署组织严密，准备充分，他再次被打得落花流水。

对克里斯蒂安来说，这是压垮他的最后一根稻草。他开始与斐迪南二世和平谈判，最终相对轻松地逃脱，虽然丧失了德意志北部的所有领土。英国和荷兰现在迫切渴望瑞典扛起战争领袖的大旗，着手帮助古斯塔夫·阿道夫与其表弟波兰的西吉斯蒙德（Sigismund）国王进行和平谈判，以便他能集中全部注意力对付华伦斯坦。在此关键时刻，在天主教到那时为止在战争中一直处于优势的情况下，斐迪南二世却在别人怂恿下犯了致命性错误，在 1629 年 3 月 6 日签署了《归还敕令》。

06

1629 年颁布《归还敕令》

颁布《归还敕令》是三十年战争中的一个重要时刻，当然绝非 17 世纪仅有的一个重要时刻。《归还敕令》颁布三年前，荷兰人又买下了一个岛。他们用一堆鱼钩和小饰品作为交换，得到了美国东海岸沃平杰部落联盟（Wappinger Confederacy）中勒帕尼（Lepane）部落的曼哈顿岛。《归还敕令》颁布一年前，威廉·哈维（William Harvey）宣布了他对血液循环的研究结果。《归还敕令》实施的同年，数以百计的女巫在神圣罗马帝国各地被烧死。这些事件以不同的方式与三十年战争一起构成 17 世纪的标志性事件。

欧洲人很早以前就造访了曼哈顿岛。1524 年意大利航海家乔瓦尼·迪·韦拉扎诺（Giovanni di Verrazzano）指挥一艘名为“王妃号”（La Dauphine）的法国帆船，在通往曼哈顿岛东南岸的海峡以及岛岸探险。同一年，葡萄牙航海家伊斯特班·戈麦斯（Estêvão Gomes）也航行到该岛的西海岸。但是，人们对该岛的价值真正感兴趣始于 1609 年，当时受荷兰雇佣的英国航海家亨利·哈德孙（Henry Hudson）驾驶“半月号”（Half Moon）帆船到达了今天以他命名的哈德孙河，并停泊在曼哈顿岛北端。这个事件就发生在当年的 9 月

11 日，一个在当今颇能引起世人共鸣的日子。

荷兰人用小饰品——据说总价值才 24 美元——跟当地原住民交换得到了这个小岛，他们将其称为新阿姆斯特丹。1626 年，他们开始建立一个能够俯瞰整个海港的堡垒。在接下来的几十年中，该堡垒在殖民者与印第安阿尔冈昆族人的战争中发挥了作用，因为阿尔冈昆族人试图将荷兰人驱逐出该岛。然而，堡垒没能挡住英国人。英国人于 1664 年占领了该堡垒，并以约克公爵（即后来的詹姆士二世）的名字重命名为新约克（纽约）。尽管纽约气候极端恶劣——夏天极其炎热潮湿，冬天又非常寒冷，但此处是大型天然良港，又居于北美大陆东海岸的中心位置，因此纽约成为一个重要的贸易港口。到了 18 世纪末，纽约已是美国最大的城市，至今仍然如此。

殖民者为了争夺纽约，不断在这里上演着流血斗争，而血液循环原理直到科学家兼医生威廉·哈维经过实证研究才解释清楚。哈维 1578 年出生在肯特郡，曾先后在剑桥大学和帕多瓦大学学习，后者有一所著名的医学院。获得医生资格后，他回到伦敦圣巴塞洛缪医院行医。在帕多瓦读书时，他受教于医生兼解剖学家西罗尼姆斯·法布里休斯（Hieronymus Fabricius）门下，后者注意到静脉血管里有单向阀，只是没有弄清其用途为何。哈维对这个难题很感兴趣，做了很多动物解剖实验试图解决这个难题，很快他就做到了。1616 年他在伦敦医学院伦穆里讲坛（Lumleian Lectures）做解剖学演讲的过程中发表了研究结果。但是直到 1628 年，他才将其著作《关于动物心脏与血液运动的解剖学研究》[*Exercitatio Anatomica de Motu Cordis et Sanguinis in Animalibus*，简称《心血运动论》(*De Motu Cordis*)] 公之于世，该书在法兰克福书展上推出，以便在学界中得到最广泛的传播。

他的发现一开始被认为是有争议的，这一点也不奇怪。其他医生从小就深受盖伦理论的影响，不愿放弃以前的观念，所以根本不相信哈维的发现。盖伦认为肝脏产生静脉血；静脉和动脉血液是独立的系统；心脏的功能是产生热量，而肺的功能是让心脏降温；动脉血管吸入空气，然后通过皮肤毛孔以水汽形式再排出。放血疗法的医学实践就是基于这个观点，而哈维的血液循环理论使放血疗法受到了质疑。

尽管哈维在《心血运动论》中详细阐述了他的实验研究，逻辑论证严密——例如，盖伦认为血液是由肝脏制造出来的，但哈维论证了肝脏每天不可能造出这么多血——当时针对哈维血液循环理论的负面观点占上风，因此对哈维的医疗工作也产生了一定影响。后来，他的声誉得以恢复，并成为查理一世的御医。随着显微镜功能的日益强大，哈维关于毛细血管的猜想（受显微镜技术限制，他当时无法观察到）被证明是正确的。

哈维解剖了四足动物、鱼类和鸟类等众多动物类型。为了解心血管系统，他精心设计了很多巧妙的实验。要在解剖中观察并弄清各个心室的不同作用绝非易事，为此需要做动物活体解剖实验。小动物的心脏搏动速率较快，要区分四个心室的不同功能，心室之间的相互关联以及它们分别与肺、动脉和静脉之间的关系几乎不可能。但是，哈维做到了，整个欧洲为之惊叹。17 世纪 40 年代波希米亚伊丽莎白公主在写给别人的一封信中提到，她在前一天晚上与朋友们讨论哈维的理论——他的理论发现象征着科学发展，与战争一样对同代人和后代人产生了同样重要的影响。

上文提及的第三个事件即烧死女巫也以非同寻常的方式影响到了哈维。他不相信有巫术。作为1634年兰开夏郡女巫审判案的调查者之一，他对巫术深表质疑。他判定涉案的四名女巫应无罪释放。还有一次，他访问了一个据说是女巫的妇女，为获取她的信任，他假装成巫师问她是否有可召唤的使魔。女巫放下一小碟牛奶，这时跳来一只蟾蜍把牛奶喝了。乘女巫有事离开的间隙，哈维解剖了这只蟾蜍——他对解剖的职业习惯似乎到了不能自拔的地步——但解剖之后并没有发现什么异常。女人回来发现她的蟾蜍被杀了，非常恼火。

1626—1631年间帝国的女巫审判时值1580—1630年女巫恐惧的高峰期。许多卷入其中的不幸者，如果有哈维的帮助就可能幸免于难。最恶劣的暴行发生在维尔茨堡和班贝格。维尔茨堡的审判导致约900人死亡，而班贝格审判则使近600人被处死。女巫恐惧自天主教夺回新教领土后便开始了，且经常受到耶稣会教士或帝国诸侯国的“亲王主教”（prince-bishop）煽动，比如维尔茨堡的腓力·阿道夫·冯·埃伦伯格（Philipp Adolf von Ehrenberg）亲王主教，以及美因茨大主教兼选帝侯。1627年，蒂利再次征服巴登，使其归为天主教区后，受指控的女巫开始受到迫害，并一直持续到1629年，很多人因此丧生。在维尔茨堡和班贝格有数百人被杀。艾希施泰特（Eichstätt）、赖谢茨霍芬（Reichertshofen）、科布伦茨、美因茨、科隆、波恩——这些地方都上演着同样的疯狂屠杀。

这种大众狂热引发了各地的审判，任何人都可能受到指控或怀疑——各行各业、各个阶层都有男女老少被判决，甚至连七岁孩童也难以幸免。盲目的迷信程度令人难以置信。维尔茨堡的埃伦伯格轻信地写道，在维尔茨堡城外一次狂热的弥撒集会上，有8000名撒旦的追随者做出了亵渎神的言行，并“发誓不会祈求神将自己的名字收录在生命册”上。

一位耶稣会牧师目睹了维尔茨堡女巫审判和处决之后给出了惊人的结论，即对巫术的指控站不住脚，受害者都是无辜的。他就是弗里德里希·施佩·冯·朗根费尔德（Friedrich Spee von Langenfeld）。他参与了女巫审判，但在《谨防控诉人》（*Cautio Criminalis*）一书中对审判女巫行为和内容提出了质疑。这本书对终结“猎巫”风潮起到了一定的作用。猎巫行动一直持续到18世纪才停止，不过，死刑处决后来就很罕见了（1692年9月塞勒姆猎巫运动导致六名女子和两名男子被处决；1727年最后一名在英国被处决的女巫是苏格兰人珍妮特·霍恩）。

尽管处决女巫非常悲惨和愚蠢，但是，跟战争、饥荒和瘟疫相比，其造成的死亡人数微不足道。在此期间游历欧洲的哈维写道：

> 我会抱怨，一路上我们几乎看不到一只狗，连乌鸦、鸢、渡鸦或者任何其他鸟类都不见踪影，我都找不到可以用作解剖的生物，目光所及，只有寥寥几个可怜人。战争过后满目疮痍，在我到来之前饥荒和瘟疫早已“解剖”了欧洲各国。像这样物产丰饶、人口众多的国家瞬间竟会变得如此穷困不堪、饿殍遍野、满目凄凉，真是令人难以置信。我的理解是，对于这里的所有人来说，这将是他们争取并获得和平的伟大动机。如果已经到了食不果腹、衣不蔽体、生无可恋的地步，那么就到了叫

停战争的时候了。[1]

帝国和天主教在军事上取得的节节胜利，以及后来颁布《归还敕令》的结果就是莱比锡会议的召开——萨克森和勃兰登堡两位新教选帝侯会面。两位诸侯——一位是路德派，另一位是加尔文派——意识到瑞典军队和天主教军队之间的冲突一触即发，而且分别在北方和南方逼近其领土，希望能够化解分歧组成联盟，组建中立的"第三势力"。他们召集大学教授和神学家一起协商，旨在解决各自信仰告白上的分歧，以顺利达成协定。

会谈中的主要人物是约翰内斯·贝吉乌斯（Johannes Bergius），他是一位"和平制造者"（irenicist），他认为路德派和加尔文派的主张的信条实际上并非相距甚远。双方的神学代表都接受他的论点，在提出讨论的总共 28 条议题中有 26 条达成了一致意见。剩下两条有关圣餐和得救预定论的棘手问题，被推迟到以后再辩论。研究 17 世纪宗教辩论的历史学家认为，莱比锡会议是该时期"促进和平的最伟大时刻"。[2]

莱比锡会议召开两年前，即 1630 年 7 月，帝国的一些天主教选帝侯在雷根斯堡议会也举行了会谈，但是和平倾向没那么明显。作为猎巫践行者以及华伦斯坦的最尖锐批评者，美因茨大主教兼选帝侯要求召开帝国议会。因为《归还敕令》的问题，两位新教选帝侯都没有同意去，但是鉴于此次议会的重要性，法国和西班牙两国大使都参加了。他们看重的是三十年战争的副战场之一——在意大利北部激战的曼图亚叙任权战争（War of Mantuan Succession）。[3] 法国不想看到帝国军队与西班牙军队因为争夺曼图亚的统治权走到一起，所以他们迫切需要的是缩减斐迪南二世和天主教联盟能支配的两支军队的规模。

天主教选帝侯为战利品如何分配争吵不休，还有他们对华伦斯坦权力过大心生不满，这些都给了法国人可乘之机。天主教选帝侯之所以讨厌华伦斯坦不仅是出于嫉妒，而且还有恐惧。斐迪南二世希望让其儿子斐迪南大公做罗马人的国王，继承帝国皇位，但是，此举遭到选帝侯们的一致反对。他因此被迫做了三件事：放弃他的西班牙表兄热衷的对荷作战计划，同意解除华伦斯坦的兵权，并削减帝国军队的规模。

放弃对荷作战是一个艰难的选择，因为帝国的收入来源主要依赖西班牙的经济援助，西班牙则一直渴望收复失地尼德兰联合省，而且西班牙人也希望对荷兰人开战。将华伦斯坦解职，以此来安抚天主教选帝侯则容易得多。让华伦斯坦指挥一支庞大的军队已经隐藏着风险，而且这支军队大大消耗了斐迪南的帝国资源。西班牙的经济援助也起了作用：它们对军队的补给至关重要，而且马德里方面与天主教选帝侯一样不喜欢也不信任华伦斯坦。最终金钱战胜了一切。

所以斐迪南二世把帝国军队削减到 39 000 人，天主教联盟军队减少到 20 000 人，两支军队都由蒂利伯爵统率。哈布斯堡王朝刚刚攻占并洗劫了曼图亚，这使斐迪南认为他根本不需要华伦斯坦那么庞大的军队。此外，尽管在曼图亚获胜，但斐迪南甚至还在帝国议会召开期间就与法国签订《雷根斯堡和约》，给予法国优惠条件。他这样做的理由是《雷根斯堡和约》能够换取法国承诺不干涉帝国事务，这比继承现在满目疮痍的曼图亚公国更为重要。曼图亚公国于是被法国属意的讷韦尔公爵（duc de Nevers）继承。

当天主教选帝侯们还在雷根斯堡争吵不休、斐迪南与法国和西班牙的大使忙着签署曼图亚和平条约之际，瑞典人入侵了波美拉尼亚，这无疑粗暴地打乱了他们各自的小算盘。年迈的波美拉尼亚公爵博古斯瓦夫十四世（Duke Bogislav XIV）无力抵抗，只能投降，并接受了瑞典占领的事实，甚至还与其结成联盟（尽管极不情愿）。截至1630年年底，古斯塔夫·阿道夫获得了奥得河谷和波罗的海南岸很大一块领土的控制权。古斯塔夫希望梅克伦堡人民能够起来反抗，但他们非常拥护篡位者华伦斯坦的善治，并不希望按古斯塔夫承诺的让从前的统治者复辟。虽说这是一次挫折，但在其他方面瑞典的战事非常顺利，迫使帝国军队撤退到奥得河畔法兰克福（Frankfurt an der Oder）和兰茨贝格。

1630年8月1日是一个重大的日子，马格德堡这座因《归还敕令》恢复天主教的富饶美丽的城市宣誓不再效忠斐迪南二世，而是与古斯塔夫建立了联盟。马格德堡人召集邻近地区的人民，集结军队与瑞典人并肩作战，但是，他们在形成有序组织之前就遭到帕彭海姆伯爵戈特弗里德（Gottfried Grafzu Pappenheim）指挥的蒂利骑兵的攻击，导致溃败，马格德堡被敌军包围。这拉开了马格德堡惨遭劫掠的序幕，随之发生了一系列可怕暴行。古斯塔夫只派出了一小股部队帮助马格德堡加强防御，并告诉指挥官瑞典军队将在三个月内赶来解围。但是，瑞典军队最终并没有来。[4]

因为对古斯塔夫军事上的胜利印象深刻，黎塞留派了一位大使来就法国—瑞典联盟一事进行协商：撕毁以前与神圣罗马帝国签订的《雷根斯堡和约》，不再承诺不干涉帝国事务。接着在

1631 年 1 月 13 日，法国和瑞典签署了《巴瓦尔德条约》(Treaty of Bärwalde)，古斯塔夫承诺在德意志北部派驻一支军队，法国则提供大量补贴作为回报。交易的一部分是，如果天主教联盟军队保持中立，古斯塔夫将集中力量与斐迪南二世的军队交战，而不是与联盟军队交战。瑞典人也不会在他们占领的天主教领土上强制推行新教。

与古斯塔夫刚达成交易，黎塞留又以惯用的手法，与天主教联盟首领巴伐利亚的马克西米利安一世商谈另一个条约。这个条约就是 1631 年 5 月 30 日签署的《枫丹白露条约》，这是三十年战争概念架构的一个范例：天主教的法国一方面支持新教军队抵抗哈布斯堡王朝的势力扩张，另一方面它也支持马克西米利安享有帝国皇帝分封的普法尔茨领地，同时还答应如果条款有违他对帝国皇帝的忠诚，马克西米利安还可以更改条款。该秘密交易的主要目的是法国和巴伐利亚签订一个协防条约。鉴于条约对于马克西米利安更为重要的义务是什么这一点有所保留，此条约看起来就像是一纸空文。

07

瑞典巅峰

就在古斯塔夫从北欧侵犯内地的时候，他的军事对手蒂利伯爵却按兵不动，耐心等待后来洗劫了曼图亚的帝国军队返回。1631 年 1 月中旬，军队在他的率领下返回，准备采取更多行动。就在此关键时刻，古斯塔夫放弃了与梅克伦堡的公民协商谈判的努力，直接入侵并轻易占领了这个地方。在波美拉尼亚和梅克伦堡的整个地区，帝国军队只是维持了对三个要塞——格拉夫斯瓦尔德（Greifswald）、科沃布热格（Kolberg）和代明（Demmin）的虚弱控制，这些地方现在也落入古斯塔夫之手。到了 3 月份，整个地区已经全部处于他的控制之下。

就在此时，勃兰登堡的格奥尔格·威廉和萨克森的约翰·格奥尔格举行了莱比锡会议，希望避免在其领地内发生其他军队掀起的战争。除了辩论路德派和加尔文派教义差别的学者和神职人员之外，会议的参加者还有较小的新教诸侯、主教和帝国自由城市的统治者。他们建立起一个被称为莱比锡人同盟会（Leipziger Bund）的联盟，并建立了防御性武装力量。萨克森的约翰·格奥尔格组建了一支 4 万人的军队，交给曾在华伦斯坦手下当副官的汉斯·格奥尔格·冯·阿尼姆（Hans-Georg von Arnim）来率领。其他一些新教统治者如萨克森–魏玛的伯恩哈德（Bernhard of Saxe-Weimar）大公提供了少量的军队。莱比锡人同盟会给皇帝递交了备忘录说，如果他撤销《归还敕令》，他们就愿意站在他一边，共同与瑞典人作战。[1]

但是，斐迪南二世拒绝了莱比锡人同盟会的建议。他的告解神父拉莫麦尼一直劝说他相信失掉城市比失掉拯救的希望更好，而后者与《归还敕令》密切相关。莱比锡人同盟会在等待斐迪南做出决定之时，古斯塔夫却进退维谷，如果他要解除马格德堡之围向西开进的话，只会发现莱比锡人同盟会已经与皇帝结盟，他与波罗的海的联系将被切断。所以，他按兵不动，这种拖延对马格德堡来说则是致命性的。1631 年 5 月 20 日，马格德堡陷落，妇女被奸淫，共有 3 万名公民遭到屠杀，城市被一把火烧掉。

有关该事件的新闻像野火一样在惊恐的欧洲蔓延开来。马格德堡是德意志世界主要的路德派城市，它毁于天主教军队之手又一次刺激了新教徒。那些还没有为莱比锡人同盟会筹集军队的次要新教徒大公——如施瓦本和弗兰肯的统治者如今也行动起来，派遣军队紧急前往冯·阿尼姆手下。

古斯塔夫像其他人一样感到震惊。他不再希望坐看莱比锡人同盟会将何去何从，而是决定确保它加入自己的阵营。他率领军队通过勃兰登堡开进首都柏林，驻扎在城墙下，他的出现策动了格奥尔格·威廉答应与其结盟。正如莱比锡人同盟会向斐迪南二世递交备忘录所显示的那样，德意志新教诸侯并不过于急切地与古斯塔夫结盟，他们对他的意图还非常不信任，这是有道理的。因为他出现在欧洲北部的主要原因不仅是拯救新教徒，而且要获得更多的领土

（即更多的税收），也借此修复瑞典财政的问题。因此格奥尔格·威廉有些不情愿地动笔在羊皮纸上签字答应结盟，并为渴求金钱的古斯塔夫提供资助。

蒂利伯爵仍然在马格德堡冒烟的废墟边安营扎寨，一直到 1631 年 6 月，他在等待更多帝国援军加入他的军队。接着，他入侵了萨克森。占领梅泽堡（Merseburg）和哈雷（Halle）之后，他给选帝侯约翰·格奥尔格传话，要求他做出选择：到底是支持瑞典国王还是神圣罗马帝国皇帝？如果是后者，蒂利伯爵告诉他，他将解散招募的军队，然后让帝国军队驻扎在他富饶的萨克森领地上并获取补给。这个仁慈的建议帮助约翰·格奥尔格迅速做出了决定：他选择支持瑞典国王。萨克森和瑞典在 1631 年 8 月 30 日签订了协议，蒂利伯爵现在发现萨克森和瑞典联军人数超过了自己的军队。

蒂利伯爵不想直接与瑞典盟军作战，而是选择包围莱比锡，意图通过消耗战来削弱联盟。但是，他桀骜不驯的骑兵统帅帕彭海姆伯爵搅乱了他更敏锐的判断力，迫使他陷入了结果早已注定的战斗。1631 年 9 月 7 日，两边军队在莱比锡汇集之际，帕彭海姆及其骑兵突袭了新教徒军队，部分是侦察，部分是要在蒂利伯爵接近莱比锡的同时拖延联军的速度。但是，战争开打不久，帕彭海姆发出消息称他无法撤离，需要援助。蒂利伯爵非常不情愿地答应施以援手，对立双方的军队在布赖滕费尔德（Breitenfeld）附近的平原上遭遇，布赖滕费尔德是一个村庄，距离莱比锡城墙只有 8 千米远。

最初来看，帕彭海姆的计策似乎稳操胜券，他经验丰富的骑兵迅速干掉了萨克森刚招募的新兵，他们很快乱成一团，仓皇逃窜。但是，古斯塔夫是个战术高超的将领。他迅速而灵活地调动军队，比帝国军队技高一筹进行迂回包抄。他的骑兵对帝国炮兵发动了精彩的突袭，缴获了所有火炮，枪炮马上掉转目标对准帝国军队，造成了帝国军队的大溃败。帝国指挥官败退，帕彭海姆退回到威斯特伐利亚，蒂利伯爵退回到上普法尔茨，古斯塔夫在德意志领土称雄。

这是古斯塔夫的巅峰时刻。他的瑞典军队快速开进美因河和莱茵河流域，占领了维尔茨堡和美因茨富裕的天主教大主教区，他曾经答应军队在"牧师河谷"（priests alley，这些领地的统称）大肆掳掠，还占领了下普法尔茨地区。与此同时，他的萨克森盟友向东开进，武力占领了卢萨蒂亚、波希米亚和摩拉维亚，并且不战而取布拉格。[2]

古斯塔夫迅猛和决定性的胜利让法国感到警惕。法国之前为其提供资金支持，但是现在又不愿意看到古斯塔夫的军队与自己的边境如此接近。而且，瑞典人并没有遵守从前的承诺，即不骚扰天主教会。如果天主教联盟保持中立，他们不会与之作战，但是这个承诺已经变成废纸一张——因为天主教联盟的军队与帝国军队站在一起，并没有保持中立。令法国人更加担忧的是，某些天主教诸侯有意与古斯塔夫结为同盟，因为皇帝似乎不能保护他们。法国让古斯塔夫放弃他已经占领的某些天主教地区——当然非常巧妙，这些地区最接近法国边界——的外交努力在一定程度上取得了成功，古斯塔夫因此获得的利益是，天主教联盟军队承诺减少数量并返回本土。不过，这个承诺并没有兑现，因为巴伐利亚的马克西米利安一世不同意。

与此同时，法国提出对阿尔萨斯若干城市提供"保护"，这些城市也答应法国军队在此驻防，以防古斯塔夫撕毁《巴瓦尔德条约》进攻法国。

就在萨克森入侵波希米亚时，华伦斯坦决定重返公众视线。他与从前的同袍冯·阿尼姆达成协议，要与后者的新主萨克森选帝侯会商。我们不清楚华伦斯坦是否提出要为瑞典联盟服务，或者试图说服萨克森人转而支持帝国的事业。无论如何，因为瑞典的胜利而感到绝望的斐迪南二世现在只好与华伦斯坦协商，他希望华伦斯坦回来，华伦斯坦也准备好重新带领军队打仗，条件是他在战争以及由此产生的任何和平谈判中受到全权委托（carte blanche）。斐迪南二世同意了，华伦斯坦着手筹建 7 万人的庞大军队。

就在这些协商进行之时，蒂利伯爵和马克西米利安联合军队进攻班贝格教区，当时，它由瑞典部队把守。他们将守军驱逐出去，庆贺自己取得的胜利，结果却发现古斯塔夫立马率领大军朝他们开来——让马克西米利安惊恐的是，古斯塔夫的意图显然是入侵巴伐利亚。

蒂利伯爵选择赖恩（Rain）附近的莱希河（River Lech）作为与古斯塔夫对垒的地点。1632 年 4 月 15 日，瑞典人发动攻击，对帝国军队发起了疯狂的、毁灭性的火炮轰击。他们涉水过河正面攻击蒂利的军队，蒂利军队被强大得多的炮火轰击得茫然无措。蒂利伯爵本人因为炮火受到致命伤，忠诚的士兵把受伤的他送往因戈尔施塔特（Ingolstadt），他两个星期后死在那里。

现在，通往慕尼黑的道路在古斯塔夫面前已经打开。马克西米利安逃往萨尔茨堡，瑞典则占领了巴伐利亚，若不是因为华伦斯坦，他们本来能够更长久地享受征服成果。华伦斯坦筹建和装备了他的新军，轻易地从萨克森人手中再次夺回了波希米亚，如今在向南挺进与马克西米利安军队的残余力量会合。意识到危机的古斯塔夫试图插入两支军队之间以防止两者联合起来，但是当他发现做不到这一点时，他决定驻扎在纽伦堡，并很快在那里修筑了防御工事。华伦斯坦来到防御工事外面安营扎寨，选择包围而不是直接攻击，听任疾病和饥饿慢慢吞噬瑞典军队。为此目的，他开始在城外修建庞大而坚固的营地。但是，古斯塔夫并不准备接受华伦斯坦为其安排的命运——听任疾病和饥饿毁灭他，在发起对帝国军营的攻击后，他逃出了纽伦堡，前往科堡（Coburg）。华伦斯坦并没有追击，反而率军北上。

双方的这些动作背后的理由如出一辙。古斯塔夫的计划是攻击奥地利北部，他认为对哈布斯堡王朝的世袭核心区的直接威胁将迫使华伦斯坦改变战役方向。华伦斯坦则持相同的观点，只不过方向正好相反：一旦威胁由古斯塔夫并不可靠的重要盟友约翰·格奥尔格统治下的萨克森，古斯塔夫就不得不前来救助萨克森。每个将军考虑的都是在哪里或者如何发起一场决定前途命运的大战。

结果证明华伦斯坦的直觉更加准确。古斯塔夫匆匆向北行军来保护萨克森，同时也是为了保持其前往波罗的海的道路畅通，这对他来说至关重要。意识到这一点的华伦斯坦恰恰就驻扎在古斯塔夫前往海边的路上。结果，这场战争中最血腥和最残酷的战役之一——吕岑会战（Battle of Lützen）对瑞典及其盟友来说是一场胜利，但与此同时对双方又都是一场失败。华伦斯坦受到重创的军队被迫退回到波希米亚，瑞典人占据了这个地方，维持了萨克森同盟，但是他们失去了国王，失去了作为团结和领导核心的新教徒事业，因为古斯塔夫在战斗中阵亡。卡尔·瓦布姆（Carl Wahlbom）的绘画生动地描绘了古斯塔夫在激烈的混战中翻身后仰掉下战马，奄奄一息的情景。每年的11月9日，即这场战争的周年纪念日，瑞典人都会纪念古斯塔夫，是他带领国家走向实力和影响力空前强大的辉煌时期。

古斯塔夫死后，由他六岁的女儿克里斯蒂娜公主继位。她的母亲勃兰登堡的玛丽亚·埃莉奥诺拉精神失常，不能行使摄政王的职权。因此，权力被转移到瑞典贵族议会手中，为首的是阿克塞尔·乌克森谢纳（Axel Oxenstierna）。但是，因为缺乏古斯塔夫那样的个人威望，乌克森谢纳采取了更谨慎的政策，他首先将瑞典军队撤回到波罗的海沿岸，结果让德意志大公巩固了古斯塔夫在莱茵河地区获得的领土。1633年4月，在海尔布隆召开了新教诸侯会议，尽管勃兰登堡和萨克森的选帝侯拒绝参加，会议目的是要组建新的联盟，其主要决策是为瑞典提供庞大资助以维持其军事行动。

谈论资助他人与获得他人资助并不是一回事。有些情况下，本应支付给瑞典军队的资金可能会逾期五年甚至更长时间。有关哗变的私下言论迫使乌克森谢纳采取行动，除了提高薪酬之外，他还授予某些高级将领头衔和封地。这其中主要受益人之一是萨克森–魏玛的伯恩哈德，他被封为弗兰科尼亚公爵。而平息士兵怨气的唯一选择是支付军饷，所以乌克森谢纳强迫联盟支付部分欠款。因此，大规模的哗变勉强得以避免。

黎塞留向海尔布隆派遣了大使，论证说除了瑞典的克里斯蒂娜小公主之外，法国国王应该成为海尔布隆联盟的共同担保人；《巴瓦尔德条约》应该得到重新确认，法国对瑞典的资助款应该转移到海尔布隆联盟的金库中。这些条款都得到了认可。但是，法国不是其中唯一的讨价还价者。萨克森的约翰·格奥尔格仍然对他和瑞典的联盟感到不满，他继续拒绝加入海尔布隆联盟，继续对华伦斯坦持开放态度，因为他还希望签订单独的和平条约。乌克森谢纳和海尔布隆联盟却少不了约翰·格奥尔格，因为萨克森无论在地理上、金融上还是军事上都是不可忽略的力量。1632 年 12 月，乌克森谢纳访问莱比锡，说服约翰·格奥尔格加入计划在春天进行的反华伦斯坦战争。约翰·格奥尔格提出了答应这个要求的苛刻条件：战斗应该在西里西亚境内而不是在自己的领地内进行，瑞典军队的指挥权应该交给 14 年前布拉格掷窗事件的英雄马蒂亚斯·图尔恩。约翰·格奥尔格自己的萨克森军队的指挥权仍然属于冯·阿尼姆。

到了 1633 年战争季节结束时，华伦斯坦已经给了约翰·格奥尔格退出战争的更多理由。他巧妙地说服联盟给予他一系列的停战机会，在此期间他巩固了自己的军队，并做好了针对瑞典及其盟友发起更具破坏性打击的准备。9 月，他在施泰瑙（Steinau）突袭了图尔恩的营地，使其遭受惩罚性的失败，并带走了 8000 名瑞典战俘，重新占领了瑞典曾经占据的西里西亚北部城镇。接着，他突袭了萨克森和勃兰登堡，因此约翰·格奥尔格求和的愿望更加强烈了。[3]

这些年份不仅是战争中的重要时刻，而且在其他方面也是如此。在 1630 年到 1631 年，已经从辉煌时期陷入衰退的威尼斯遭受了致命瘟疫的天罚。关于死亡人数的估计有不同说法，但最准确的估计称瘟疫夺去了威尼斯三分之一的人口。结果，威尼斯的参议院投票修建一座教堂来表达幸存者的感恩，这就是引人注目的安康圣母教堂（Santa Maria della Salute），毗邻威尼斯大运河和朱代卡运河汇合处的威尼斯海关大楼（Punta della Dogana）。[4] 关于这座建筑的评价不一，虽说教堂大而无当，然而它的圆顶很是漂亮，吸引了包括卡纳莱托和透纳在内的许多著名艺术家钦佩不已的关注目光。

但是，对后世历史更具显著意义的是1632年伽利略的《关于两大世界体系的对话》(*Dialogo sopra i due massimi sistemi del mondo*)的出版。该书导致他被逮捕和被迫公开放弃信仰。在科学与宗教的冲突历史上，这是一个关键时刻——事实上，以对《圣经》的字面解释驳斥伽利略是教会最后一次阻碍科学进步的重大举动。该书被列入《禁书目录》，名列其中的几乎都是世界上最伟大的或者最重要的文学作品。1992年，教会完全收回了对伽利略的谴责，尽管它并没有谴责审判伽利略的法官，理由是法官们的所为是出于“真诚的信仰”。

伽利略审判中被遗忘的特征之一是他的控告者拒绝透过他的望远镜观看，因为他们知道，被邀请去看的东西并不存在，因为《圣经》上是这样说的。他的观点被宗教裁判所描述为“愚蠢荒谬，异端般地宣扬与神学相左的观点”，因此他被判处终身监禁。若不是他公开认错悔罪，也可能被处死。终身监禁很快就被减刑为永久性软禁家中——更加舒服的终身监禁——只不过他不得对科学事务发表任何言论。[5]

现在阅读《关于两大世界体系的对话》，人们会吃惊地发现理性辩论产生的影响是多么小。在该书的第二天对话中，萨尔维亚蒂(Salviati)谈到天体的运动：为什么自然要让千百万个天体运动而不是更简单经济地让地球这样相对较小的单一物体运动呢？考虑到它们的距离，天体不得不以不可思议的速度运动，才能以 24 小时绕地球转一圈。如果地球从这个画面中消失，天体的运动会发生什么变化？

就在威尼斯人开始建造安康圣母教堂的时候，伽利略正准备出版他的书，瑞典正享受在欧洲战争中取得胜利的喜悦，一群英国殖民者在美洲东海岸创建了城镇——波士顿，它将在这个大洲的历史上发挥重大作用。波士顿所在的土地是从其第一个所有者、英国人威廉·布莱克斯通（William Blaxton）那里买来的。波士顿的第一任总督约翰·温思罗普（John Winthrop）称其为“山上之城”，寓意它是新的耶路撒冷。正如名字所暗示的那样，波士顿从一开始就自认为是神为迫切的定居者选择的特殊地方，他们在伦理道德方面十分热诚。参加礼拜活动是必须的，这是学习《圣经》的严格训练，犯罪会受到严厉的惩罚——不仅是在众目睽睽之下被鞭笞，人们的道德观念得到强化，不认同波士顿清教徒观念的人会受到惩罚或者被驱逐出去。

这种驱逐行动导致了新殖民地的建立：罗杰·威廉斯（Roger Williams）因为过于宽容而被赶出马萨诸塞的塞勒姆（Salem），因而在罗得岛创建了“关爱朋友和邻居”之地普罗维登斯。威廉斯是个超越时代的人。他学习美洲原住民的语言，反对奴隶制，认为奴隶制应该在所有 13 个殖民地都被废除，而且他非常珍视宗教自由的观念。他出生于伦敦，在剑桥大学接受教育，掌握从古典语言到希伯来语、法语和荷兰语等多种语言。到美洲之前，他是威廉·马沙姆爵士、准男爵的牧师，威廉的孙子第三准男爵弗朗西斯·马沙姆爵士的妻子马沙姆夫人达玛丽斯（Damaris）是哲学家约翰·洛克柏拉图式爱恋的对象，洛克曾住在埃塞克斯海雷沃（High Laver）的马沙姆的家中。（她还是剑桥大学柏拉图主义者拉尔夫·卡德沃思的女儿。洛克曾在他的《人性论》第一卷中严厉批判过此人有关天赋观念的观点。）这就是历史进程中伴随的联系和巧合：大的战争在进行，但其他地方的生活仍然以别的方式继续。

08

从华伦斯坦到布莱萨赫

17 世纪 30 年代初，罗杰·威廉斯在马萨诸塞殖民地可谓麻烦不断，在教会问题上他经常与殖民者同胞有矛盾，因而最终在 1635 年被迫离开前往罗得岛。但是，他的命运并不像华伦斯坦那样险恶。华伦斯坦在同一时期——欧洲动荡阶段——的命运要危险得多。

这一时期，西班牙人在马克西米利安公爵的巴伐利亚军队配合下计划并尝试重新打开从意大利北部到西属尼德兰之间的西班牙之路。军事行动的努力开始后，他们就遭遇了瑞典将军古斯塔夫·霍恩（Gustav Horn）和萨克森–魏玛的伯恩哈德率领的瑞典军队，不仅进攻受阻而且还被追赶至巴伐利亚，在那里，雷根斯堡也被敌军占领。

对皇帝和马克西米利安来说，这是个沉重的打击，并且因为下面的事实而变得更加沉重：他们曾请求华伦斯坦南下保护这座城市，却遭到了拒绝。斐迪南二世对华伦斯坦的动机和忠诚的怀疑在增加，因而对再度召华伦斯坦出山，并赋予他如此充分的权力感到有些后悔。为此，他给华伦斯坦下达紧急命令，坚决要求他率军前往巴伐利亚救援，对此华伦斯坦的回应是要求手下所有军官都宣誓效忠他本人。听到这个消息后，皇帝宣称，只有在华伦斯坦为帝国服务的时候，对华伦斯坦忠诚的誓言才有约束力。华伦斯坦仍然不为所动。

这个权势熏天的大臣在快速走向倒台。1634 年 2 月 18 日，斐迪南下令剥夺华伦斯坦的军事指挥权，其职位被转交给皇帝的儿子斐迪南大公。于是，华伦斯坦的高级军官——最著名的是加拉斯（Gallas）和皮科洛米尼（Piccolomini）——事实上包括所有士兵都抛弃了他。华伦斯坦逃到了埃格尔（Eger），此时他终于公然提出要加入瑞典和萨克森的阵营。但是，在 1634 年 2 月 25 日，炮兵部队突然倒戈并将其杀死，同时被杀的还有若干陪伴他的忠实支持者。

萨克森和勃兰登堡不再有心思继续作战了，他们开始直接与皇帝展开谈判。帝国军队需要新的指挥官；斐迪南二世任命匈牙利亲王斐迪南为军队首领，新的指挥官马上制订计划将其军队与西班牙枢机主教-亲王斐迪南的西班牙军队联合起来。该计划是要打通西班牙之路并打败主要由西南部新教徒省份组成的海尔布隆联盟。帝国和西班牙联军在 1634 年 7 月重新占领了雷根堡，接着沿多瑙河向西挺进，不仅占领多瑙沃特，而且包围了讷德林根（Nördlingen）。

对瑞典军队来说，致命的地方在于两位将领霍恩和萨克森-魏玛的伯恩哈德达成令人匪夷所思的协议，每人轮流担任最高统帅若干天。这种拙劣的安排导致瑞典军队到达讷德林根时出现拖延和混乱，如果他们到达之后就发起进攻的话，胜利本来该属于他们的。然而，由于组织过于混乱难以快速做到这一点，等到他们准备好时，神圣罗马帝国和西班牙联军已经休整完毕，装备大为改善。讷德林根战役的结果是瑞典军队被歼灭，到了 1634 年 8 月 27 日战役那天的夜幕降临之时，这支军队已经不复存在。霍恩成为皇帝的战俘，萨克森-魏玛的伯恩哈德成了难民，他向各处的炮兵团发出求救信息，要求前来与他会合，在莱茵河做最后一次反击。

瑞典军队在讷德林根被歼灭，意味着海尔布隆联盟事实上走到了尽头。帝国和西班牙联军所向披靡，先后挺进弗兰肯、施瓦本和符腾堡，几乎没有遭遇什么抵抗。海尔布隆老巢也陷落了，斯图加特落入敌手；联军中的西班牙军队快速挺进莱茵河，并占领了阿沙芬堡（Aschaffenburg）和施韦因富特（Schweinfurt）。到了1634年10月底，德意志北部新教徒的反神圣罗马帝国抵抗运动与西南部新教徒的反抗运动在地理上的联系已经被切断，这种地理联系很多年后才得以恢复。

被打败的海尔布隆联盟及其瑞典盟友在此紧急情况下只能求助于法国。黎塞留对自己所处的强有力谈判地位了然于胸，他能够提出各种条件，最后在1634年11月签订了《巴黎条约》。他为瑞典和海尔布隆联盟成员的军事行动提供更多资助，并着手为德意志战区提供1.2万人的军队，不过，只有在法国正式与神圣罗马帝国皇帝宣战时，这些军队才会行动。他说，海尔布隆联盟的成员国要容忍天主教，无论在什么地方遇见，而且不能对法国视为朋友或者盟友的人开战。最后，黎塞留要求对方承认法国在阿尔萨斯驻军的权力。

联盟成员都同意黎塞留的条件，但乌克森谢纳不同意。他继续协商，要为瑞典寻求更好的条件。结果是1635年4月签订的《贡比涅条约》（Treaty of Compiègne），其中乌克森谢纳获得了法国承认瑞典对美因茨和沃尔姆斯的控制权，法国还承诺宽容对待新教徒。

但是，条约与士兵和火炮并不是一回事。在与西班牙和神圣罗马帝国的战争中，法国和联盟军队并没有取得多少成功，他们被对手成功地压制在莱茵河左岸，而且被困在那里几年之久不能动弹。部分原因是法国因为特里尔问题而分心，其选帝侯大主教（Archbishop-Elector）受到法国的保护。1635 年 3 月末，这个城市遭到袭击，不仅城市陷落，而且选帝侯也被西班牙人掳走。法国对西班牙宣战，两国的战争状态一直持续到 1659 年，这对双方都是负担，迫使其无法集中精力应对主要事件。

就在 4 个月前，即在 1634 年 11 月，萨克森的约翰·格奥尔格已经与斐迪南二世达成和解，也就是后来的“皮尔纳停战草案”。紧接着是萨克森和帝国军队达成的停战协议。对约翰·格奥尔格以及所有新教徒来说，最主要的麻烦是《归还敕令》。斐迪南对敕令的依恋，如前文所述，是受到他的告解牧师拉莫麦尼的影响而形成的，如今已经开始弱化。既然与萨克森的和谈与此挂钩，他开始咨询更多的人。他妻子的告解牧师唐迭戈·德基罗加（Don Diego de Quiroga）并不肯定，斐迪南的不朽灵魂就基于维持敕令的平衡上。斐迪南咨询了 20 位神学家和他的天主教选帝侯们，他们的集体意见——见风使舵的拖延战术——说服了他。1635 年 5 月 30 日签订了《布拉格和约》，该条约规定敕令被搁置 40 年，到那时也不会有更多需要归还的教会财产。这是权宜之计，把球踢出场外，留给后代人解决。或许未来还会就此问题再次开战。

《布拉格和约》对约翰·格奥尔格来说是好事。赢得了和平，卢萨蒂亚被割让给他，而且《归还敕令》暂停实施，曾经归还给天主教徒控制的土地如今再次回到新教徒手中。对斐迪南二世来说，收获是签署协议者不再组建反对他的联盟，也不再与外国签订协议，而且要将其军队置于帝国的支配之下。和约对任何愿意签署的亲王都是开放的，作为回报，签约者将得到赦免，相应头衔也将得以恢复（但腓特烈五世及其第一位盟友巴登-杜尔拉赫藩侯继承人的头衔不可恢复）。除了一个亲王外，所有人都签订了和约，这个例外者就是宣称中立的黑森-卡塞尔的威廉（William of Hesse-Cassel）。《布拉格和约》事实上终结了三十年战争的内战方面，虽然帝国内部某些地方有时候仍然与外国结盟——如法国和瑞典——这些国家如今是帝国的主要敌人。[1]

暂时撇开战争，《布拉格和约》签订的那年还有一件值得我们注意的事情。如果从三十年战争的内战方面宣告终结这个角度来看，1635 年是个好年头；对于教育和学习来说，也是好年头。这一年波士顿建立了著名的拉丁语学校，它是美洲第一所公立学校，也是当今美国最古老的学校。* 这一年枢机主教黎塞留在巴黎创办法兰西学院。该学院诞生于学者和文人的沙龙，他们在朗布依埃府聚会已经 10 多年了，曾得到黎塞留的资助。法兰西学院在 1635 年的皇家特许权证书中明确阐述了它的任务，即让法语纯洁化，其中列举具体的语法规则，使其适合于文学和科学目的的写作。黎塞留这样做是受到佛罗伦萨秕糠学会（Accademia della Crusca）模式的启发，该协会自 16 世纪 80 年代就已经存在，也是以语言作为研究对象，从而将托斯卡纳方言确立为意大利的标准语。[2]

---

* 即哈佛大学。——译者注

神圣罗马帝国皇帝费了很多周折才说服其天主教盟友接受《布拉格和约》，他不得不通过贿赂来说服他们。巴伐利亚的马克西米利安公爵虽然支持和约，但依然有自己的主张，他不喜欢将其武装力量交由帝国军队节制的要求。他被诱惑签署和约的条件是，他可以娶皇帝的女儿玛丽亚·安娜公主（Archduchess Maria Anna），其弟弟科隆选帝侯被授予希尔德斯海姆（Hildesheim）的主教称号，皇帝还承诺巴伐利亚军队在帝国军队中拥有一定程度的独立性。

对于勃兰登堡的新教徒选帝侯格奥尔格·威廉，皇帝则给出了不同的承诺，不过该承诺后来被证明是个错误：斐迪南说当瑞典被打败后，将把波美拉尼亚给予格奥尔格·威廉。因为瑞典渴望继续拥有波美拉尼亚，该条款就成为战争继续进行的保证。

应该记住的是，在 1629 年，黎塞留通过促成古斯塔夫和波兰表兄弟达成停战协议，已经成功地把瑞典拉入战争，使瑞典能腾出手来抓更大的鱼。到了 1635 年，黎塞留不得不更新停战协议以确保瑞典不会转移注意力，重新恢复在东欧的对抗行动。他派遣外交官到瑞典和波兰安排停战协议的延长事宜，并取得了成功，协议得到更新，延长了 26 年。

在瑞典看来，条款不像从前那样有利，波兰人现在明白了他们也能讨价还价。协议的墨迹未干，伦纳特·托尔斯滕松陆军元帅（Lennart Torstensson）领导下的瑞典驻波兰炮兵就已经集结，并快速开往德意志方向。那里迫切需要他们，因为萨克森在 1635 年 10 月对瑞典宣战，威胁要切断其海上通路。这是瑞典最可怕的噩梦（就像曾经古希腊人的担忧一样）。如果托尔斯滕松能够解除萨克森的威胁，瑞典就能确定梅克伦堡和波美拉尼亚安全无虞。

但是，在西部和南部前线，战争进展并没有这么好，法国不仅在低地国家而且在西班牙本土和意大利都启动了反对西班牙人的重大攻击行动。三次攻击行动都失败了。萨克森-魏玛的伯恩哈德需要法国的支持，并在等待法国的莱茵河军队前来救援，但受到干扰的法军不仅无法前去救援，而且还暴露了在斯皮尔斯（Spiers）的位置。他不得不撤退，听任凯撒斯劳滕（Kaiserslautern）、海德堡和美因茨落入帝国军队之手。

法国军队遭遇的失败令黎塞留大为震动，他意识到捍卫莱茵河地区的唯一可靠力量是伯恩哈德率领的久经沙场的军队。与此同时，伯恩哈德也意识到他不得不建立新的联盟，因为瑞典遭到削弱，参与《布拉格和约》的那些新教徒选帝侯无意继续反对帝国的事业。因此，他和黎塞留举行会谈，法国同意将每年支付给他 100 万里弗尔*来维持其军队，他成为阿尔萨斯的总督，并拥有对已经征服的任何地区的主权。该协议在 1635 年 11 月 19 日签署。因为签署这个协议，伯恩哈德违背了对瑞典人做出的承诺，瑞典自然对法国出卖他感到恼火——他们是这样看的。但是，那年对于反帝国阵营是艰难的一年，谁处在这个位置也不会做出除此之外的其他选择。

1636 年，战争处于或许可以矛盾地称为血腥激烈却又胶着停滞的状态，对陷入混乱不已的拉锯战的地区和民众都造成了极大的伤坏。法国和伯恩哈德在阿尔萨斯取得进展，西班牙的枢机主教-亲王斐迪南从西属尼德兰入侵法国北部，遭到顽强抵抗后被迫退回，瑞典军队则重新集结后沿着易北河继续发起攻击。

---

* 法国旧时流通货币，当时一里弗尔价值相当于一磅白银。——译者注

这种拉锯战持续了一年。10 月 4 日，皇帝和萨克森的联军在勃兰登堡的维特施托克（Wittstock）遭遇瑞典军队，随后进行了激烈的作战。战斗是在沼泽地中进行的，这使得军队的调动部署变得非常困难，双方都伤亡惨重。瑞典取得了决定性的胜利，他们很快就从成功中获得利益：占领了勃兰登堡其他地区，并将前线继续推进到爱森纳赫（Eisenach）地区。因为选帝侯选择遵守《布拉格和约》的条款，他们试图重新与勃兰登堡的格奥尔格·威廉会合的努力失败了。瑞典人冒险进入萨克森，试图包围莱比锡却没有成功；在 1637 年 1 月，他们撤退到了托尔高（Torgau），并驻扎在那里直到下次战争季节的到来。

1637 年 2 月，斐迪南二世去世，其儿子斐迪南大公继位。[3] 这位斐迪南自从华伦斯坦倒台之后就一直是帝国军队名义上的首领。1636 年 12 月，他的父亲最后成功地使其当选为罗马人的国王，所以他现在成了神圣罗马帝国皇帝斐迪南三世。

帝国高层的变化对于战争并没有带来显著的影响，战争重新回到拉锯战状态，每一次战争季节过后都会陷入这种状态。在北方，瑞典被帝国军队赶了回去，之前占领的土地全部丧失，可能还不止，因此经过了一系列的遭遇，他们突然意识到自己依然被困在波美拉尼亚一角，那是自古斯塔夫·阿道夫一世入侵以来就占领的领土。与此同时，西南部的伯恩哈德在莱茵河沿岸收获颇丰，占领了森林城镇（Forest Towns），到了 1638 年初，已经处于可随时包围布莱萨赫（Breisach）要塞的位置，那是帝国权力在莱茵河帝国地区（Vorosterreich）的关键。

在军队经过休整并打退了帝国军队阻止其建立包围圈的企图后，伯恩哈德做出持久战的架势，企图饿死布莱萨赫炮兵，逼迫他们撤离固若金汤的阵地。斐迪南三世为解救堡垒之围做了很多尝试，但是所有行动都漏洞百出，每次都被轻易化解。当要塞最终投降之时，伯恩哈德从曾经当过要塞战俘的自己人那里吃惊地了解到，受困士兵已经饿得被迫吃掉死去战友尸体的地步。

布莱萨赫的陷落对于帝国的事业是个沉重的打击。就在该要塞被包围时，瑞典的乌克森谢纳已经在设想他的选择了：要么单独与斐迪南三世达成和平协议，要么说服法国人给予更多的经济支持。1638 年 3 月，关于经济资助的冗长协商谈判终于在《汉堡条约》达成后走到尽头，法国人每年支付给瑞典人 100 万里弗尔，以换取两样东西——瑞典人不会单独与斐迪南三世签订和平条约的保证，同时继续在哈布斯堡王朝东部地区采取军事行动。乌克森谢纳派遣在瑞典新筹建的 1.4 万人的军队加入他的将军约翰·巴内尔（Johan Banér）领导下的波美拉尼亚军队。

巴内尔重新集结军队后，便在 1639 年春季再次发动进攻。他重新占领了波美拉尼亚和梅克伦堡的所有地区，4 月 14 日在开姆尼茨战役（Battle of Chemnitz）中将帝国军队打得大败后，将其驱赶到西里西亚和波希米亚，此时帝国军队的统帅是皇帝的弟弟奥地利大公利奥波德·威廉（Leopold-Wilhelm）。瑞典的另外一场大捷是在布兰迪斯（Brandeis），它开辟了通向布拉格的道路；到了 5 月，巴内尔已经兵临城下，但是因为还没有充分准备好包围，故而选择撤退到易北河边。

就像特洛伊的奥林匹亚人那样，这场战争中任何一方的神灵似乎都在玩弄对方。就在瑞典人在东边取得胜利时，他们的盟友在西边却陷入冲突和混乱之中。起初，冬王腓特烈五世的儿子卡尔·路德维希（Kall Ludwig）依靠英国查理一世提供的资金支持，最终筹建起一支军队首先进攻帝国。军队沿着埃姆斯河挺进，在霍赫费尔德（Hochfeld）遭到帝国军队的拦截，并被彻底消灭。与此同时，萨克森-魏玛的伯恩哈德和法国人因为争夺布莱萨赫的主权而打了起来。伯恩哈德认为，它位于阿尔萨斯侯爵领地内，更不要说那是他征服的领土了。但法国人不同意，说布莱萨赫是布赖斯高（Breisgau）的一部分，而非阿尔萨斯的一部分，最初的协议就已经排除了伯恩哈德对阿尔萨斯要塞的控制，即便他占领了这些地方。这里，任何自相矛盾的说辞——布莱萨赫不是阿尔萨斯的一部分，但是作为阿尔萨斯要塞，它被排除在协议之外——都应该归咎于人类不惜任何代价也要赢得论战胜利的天然欲望。

一怒之下，伯恩哈德把军队撤回到弗朗什-孔泰过冬。结果，他在那里待的时间太长了，1639 年 6 月，军队中突然暴发瘟疫，他和军队都未能幸免。他本人染上疾病，死于 7 月 11 日。

萨克森-魏玛军队的指挥权落在伯恩哈德的副手约翰·路德维希·冯·埃拉赫（Johann Ludwig von Erlach）身上，他对战局的看法与前任司令官不同。他很快开始了与法国、瑞典和斐迪南三世的会谈，目的是看谁愿意为他的忠诚提供更多资助。三方都有浓厚的兴趣，因为他率领的军队久经沙场，训练有素。1639 年 10 月，他决定站在法国人一边，与法国军队联合起来。这支实力大增的军队立刻在莱茵河一带取得一连串的胜利，并在巴哈拉赫（Bacharach）跨过莱茵河，这对皇帝来说不啻是沉重的打击。

09

签订《威斯特伐利亚和约》

离开战争历史的途径是有很多不同的。在 1639 年 8 月，英国的东印度公司向万达瓦西的纳亚克（the Nayaka of Vandavasi）购买了一大块土地，并获准建造要塞和贸易据点。这是马德拉斯（Madras）的开始，它是英国在印度的第一个据点，现在被称为金奈*，已是南亚次大陆最繁荣的城市之一。马德拉斯的得名源自附近的一个名叫马德拉斯帕塔姆（Madraspatnam）的小渔村。这个城市位于泰米尔纳德的科罗曼德尔海岸，葡萄牙和荷兰早就在这片海岸建立了贸易工厂。英国人并不是最先到达这里的人，但是，他们站稳脚跟后带来了更深远的影响。

如果印度看起来离莱茵河和波希米亚的战争还远得很，那金星就显得更远了。应该牢记的是，就在 1639 年，霍罗克斯和克拉布特里观察到了金星凌日，兴奋异常地观察到其阴影投射的小黑点越过太阳表面。在巴黎，法兰西学院正在着手编写法语词典。这些和平的且富有建设性的业余爱好似乎与中欧凄惨的、连续不断的破坏性

* 金奈是如今该城的官方名称，但它常常仍以马德拉斯的名字闻名于世。——译者注

战争相距甚远，但是事实上预示着和平可能性的第一缕曙光似乎也变得隐约可见。

瑞典在1639年的军事成功，以及在战争另外一翼的法国同萨克森-魏玛恢复联盟，给1640年的反哈布斯堡王朝大业带来了光明的前景。但是，它们不但没能扩大战果并将反帝国的两翼联合起来，反而在任何一个前线都没有取得进展，至少是没有重大进展。不过，更加令人振奋的是和平可能来临的初步迹象。当然，和平是不合时宜的——这个世纪从来就没有实现真正的和平——但是至少在亲哈布斯堡王朝和反哈布斯堡王朝的两派之间的斗争似乎要休战了。实际上这一刻在8年后才会到来，因为还有更多的仗要打。然而，通过召集人们在1640年9月前来参加他在雷根斯堡召开的帝国议会，斐迪南三世意在表明，他很赞同当年2月纽伦堡选帝侯力主的建议——帝国内部可以实现更加普遍的和平，即《布拉格和约》寻求的那种和平，如果宣布更广泛大赦的话。

最初，人们对雷根斯堡议会抱有很高的希望。斐迪南三世给予帝国新教诸侯国的使节安全通行许可，这些诸侯事实上从战争开始到现在一直处于武装叛乱中。他们包括黑森-卡塞尔和不伦瑞克-吕讷堡（Brunswick-Lüneburg）的使节，甚至还有“冬王王后”伊丽莎白·斯图亚特本人。帝国议会宣布大赦，并着手讨论更普遍解决方案的可能性。但是，随后发生的两件事导致和平进程偏离了原来的方向。一件事是一本名叫《论罗马德意志帝国内政治权力的合理性》（*Dissertatio de Ratione Status in Imperio nostro Romano-Germanico*）的小册子出版，它是一个自称希波里萨斯·拉皮德（Hippolithus à Lapide）

的人所写。他相信这个笔名加上开姆尼茨的博吉斯拉夫（Bogislav of Chemnitz）这样一个非瑞典化的名字可以掩盖其瑞典公民的作者身份。文中认为帝国宪法赋予皇帝的权力要比任何人所想象的要少，斐迪南三世及其前任经常滥用其被赋予的权力，不惜牺牲帝国内诸侯国的权利来追求自身的利益。这个小册子把斐迪南三世作为攻击目标，在帝国的年轻统治者中间激发起动荡不安和怀疑的情绪。

或许因为这个原因，在1640年12月继承父亲格奥尔格·威廉的爵位的勃兰登堡选帝侯弗雷德里克·威廉并不认同雷根斯堡会议传达的这种促进和平的态度。[1]令斐迪南皇帝及其选帝侯吃惊和错愕的是，他宣称不再参加帝国议会，并公开了他曾经与瑞典达成的停战协定。这两大举措的结果是，打击了更多新教诸侯参与雷根斯堡和谈的兴趣，反而吸引他们向勃兰登堡靠近。这个迹象说明，勃兰登堡在北部德语区民族中的重要地位越来越明显。

虽然帝国议会没有能达到预期目标，但召集议会的事实本身以及皇帝给予叛乱诸侯的使节安全通行许可以便他们参加会议就已经是重要的迹象，说明和平进程是有可能的。1641年6月，法国和瑞典重新确认三年前签订的《汉堡条约》，接着它们联合向斐迪南三世、西班牙和帝国政治体发出邀请，请他们出席威斯特伐利亚会议讨论和平事宜。

皇帝和他的西班牙表兄弟参加的两次会谈在时间上相互重叠。神圣罗马帝国和西班牙一方面要在奥斯纳布吕克与瑞典、荷兰和帝国的新教诸侯会谈，另一方面还要在明斯特与法国和帝国的天主教诸侯们会谈。两场会谈都于1642年5月开始。

斐迪南和他的西班牙表兄弟们达成了一致意见，但与此同时，斐迪南认识到如果他能够在帝国内部获得和平，他就能在与外国列强的协商谈判中处于更为强有力的位置。为此目的，他提议在法兰克福召开代表团议会（Deputationstag），希望其帝国的属下能够与他达成妥协。

但是，这些倡议都没有能阻止战争继续进行。托尔斯滕松率领的瑞典军队在1642年春展开军事攻势，在一开始就取得了重大胜利。他们在施韦德尼茨（Schweidnitz）打败了萨克森，接着向南挺进到摩拉维亚，并在6月占领了首都奥尔米茨（Olmütz）。托尔斯滕松在奥尔米茨修筑堡垒，使其成为瑞典人在该地区采取行动的中枢。在战争的剩余时间里它发挥了这个作用。

奥尔米茨离维也纳太近，斐迪南不可能不采取行动。他派皮科洛米尼和利奥波德大公率领庞大的军队前往迎战瑞典人。托尔斯滕松撤回到莱比锡郊外的布赖滕费尔德，把追击者引到平原地带，在那里进行了第一次布赖滕费尔德会战。就在此地，托尔斯滕松大军在部署战斗序列之际，突然转身反击帝国军队。他的胜利是决定性的，一半帝国军队被摧毁，莱比锡本身也陷入短暂的包围之中。

在欧洲中部事态不断变化，其主要原因之一是欧洲边缘的参与者也在发生改变，这些变化以各种各样的方式将其削弱，或者使其在与更广泛的事务的联系中变得更加内向和闭关自守。1640年，葡萄牙从西班牙获得永久独立地位；也就在同一年，在伦敦召开了著名的长期国会，国会很快就着手限制国王查理一世的权力，而国王拒绝接受这些限制引发了英国内战。事实上，英国已经动荡一段时间了。查理为其在苏格兰的战争筹款而受挫，因此解散了长期国会的前身。他的王国是不幸的，不久之后还会变得更加不幸。

在克里斯托弗·希尔（Christopher Hill）和其他历史学家看来，英国长期国会的活动开辟了争取改革和自由的事业，这个事业最终在法国、美国和西方世界的其他民主革命中繁荣壮大。在这方面，1640 年和 1641 年发生在威斯特伐利亚的事件对世界历史产生的影响与威斯特伐利亚和谈的最初动议一样重要。[2]

在这些战争年代里，还有其他意义重大的事件。勒内·笛卡儿的《第一哲学沉思集》（*Meditations on First Philosophy*）出版，此后不断得到重印。他想不到这本书会延续他的声望，主要是因为该书几乎成为地球上每个大洲的哲学系本科生手中的第一本哲学经典著作。他认为自己对哲学的最重要贡献是《哲学原理》（*Principles of Philosophy*）一书，这里的“哲学”是物理学的意思。其中他提出了物质世界的结构与性质的理论，尽管有法国的爱国主义情绪影响，但在不到半个世纪的时间内，它还是被牛顿等人的理论迅速取代。

聚焦欧洲及其战争以及两败俱伤的思想斗争可能让人忘记其他地方的重大事件，虽然这个焦点还包括世界其他广大地区，欧洲通过贸易和殖民活动给这些地方带来变化。中国的明朝正处于朝代终结前的最后几年，它丧失天命的种种征兆包括地震、瘟疫、洪水、饥荒，所有这些反过来又导致此起彼伏的骚乱和暴动。1641 年的大瘟疫是其中最严重的灾难，从北京沿着大运河蔓延到河北和山西，使沿线一些人口稠密的城市丧失了一半人口。按照 J. N. 海斯（J. N. Hays）的瘟疫历史研究，那年肆虐中国的传染病可能不是腺鼠疫，而是众多传染病碰巧一起暴发，当时人口已经因为饥荒而剧减。天花、炭疽或者其他真菌类疾病、霍乱、斑疹伤寒、痢疾和流感，这些流行病在居住拥挤以及接近家禽家畜的环境下很容易暴发，有时一次并发好几种流行疾病。[3]

1642年12月4日黎塞留去世，其职位由枢机主教马萨林（Cardinal Mazarin）继任。[4]法国政府更迭的破坏性影响因为两个因素而被最小化，一是马萨林赞同黎塞留有关法国战争目标的看法，一是威斯特伐利亚和平会议的开幕时间因为帝国内部的分歧而被推迟到了下一年即1643年。这次推迟对会议的最终成果产生了重要的影响，因为法国国王路易十三在1643年5月去世，留下他未成年的儿子路易十四继位，由奥地利的安妮（Anne of Austria）摄政。当然，她来自哈布斯堡王朝，是西班牙腓力四世的姐姐。表面看来，法国现在可能采取一种更加亲近神圣罗马帝国的立场，但这是一种误解，她自然要首先保护幼儿的利益，也就是法国的利益。因此，她允许马萨林继续推行黎塞留的反对帝国政策。

这意味着战争像从前一样继续进行，而之前法国军队的战果是有胜有负。在挺进施瓦本并占领罗特威尔（Rottweil）之后，法国军队于1643年12月在巴伐利亚的强大军事反击中丢城弃池，而且法国的盟友也在图特林根战役（Battle of Tuttlingen）中遭到重创，这个盟友就是已故的伯恩哈德的萨克森–魏玛军队。法国军队在资源耗尽的情况下被迫退到莱茵河地区。巴伐利亚连续不断的攻击造成法国更多的损失，其中就有布赖斯高，到了1644年，巴伐利亚人开始占上风。但是，法国将军亨利·蒂雷纳子爵（Henri vicomte de Turenne）重新夺回弗莱堡的坚定决心最后取得了成功，并扭转了战局。8月，巴伐利亚军队向大本营后撤，法国军队一直追击到下普法尔茨地区，并包围了除弗兰肯塔尔之外的所有城市。

这就是战争季节军队在作战时的拉锯战特征，这样的战争从春到秋，只要道路和乡村可以通行，户外生活条件勉强可以忍受，战争就可能开打。

在北方，瑞典因为与丹麦的宿怨重新爆发，破坏了它 1642 年军事上取得胜利的喜悦。在得知丹麦国王克里斯蒂安四世已经与斐迪南三世展开秘密协商后，乌克森谢纳决定采取先发制人的打击。1643 年 9 月，他下令瑞典军队放弃包围摩拉维亚的布尔诺，而是尽快穿越德意志进入日德兰半岛。与此同时，荷兰与瑞典结盟后派出一支舰队攻击丹麦半岛及其港口，而乌克森谢纳则对瑞典海岸附近的丹麦岛屿发起攻击。克里斯蒂安向斐迪南三世求救，斐迪南自波希米亚派出一支帝国军队，但是已经太迟了。此时日德兰半岛已失，加上瑞典和荷兰步步紧逼，克里斯蒂安只能乞求停战。1644 年 11 月签订了停战协议。这是对统治者的又一次羞辱，其判断和能力在危急关头受到严峻考验，这些东西总在需要时又捉襟见肘。

帝国东部斯蒂芬·拉科齐（Stephen Rákóczy）领导的匈牙利叛乱又给帝国增添了新的困难。斐迪南三世不得不从丹麦前线抽调军队前来救援位于奥地利的军队，瑞典的托尔斯滕松在后面追踪，在他们经过乡村时袭击他们，这些乡村因为连年的战争已经没有能力为军队及其马匹提供食物和粮草补给。等到帝国军队到达波希米亚时，人数已经只剩下最初在北方时的十分之一。这迫使斐迪南与拉科齐谈判，与此同时成功地说服了奥斯曼帝国不再支持他。但是，托尔斯滕松热衷于恢复曾经为了参加丹麦的行动而放弃的波希米亚和摩拉维亚等地区，进军并占领了布德韦斯（Budweis）和比尔森（Pilsen）。就在他接近塔博尔（Tábor）的时候，遭遇了一支军队，这是斐迪南在马克西米利安的帮助下组建的军队，由格茨伯爵（Count Götz）率领。瑞典军队和帝国军队在 1645 年 3 月 6 日塔博尔附近的扬卡（Jankau）激战。经过一天的激烈鏖战，帝国军队战败，人员损失过半，其中包括格茨伯爵本人。

这里距离维也纳只有 50 千米远，且中途没有设防。斐迪南三世逃离了维也纳，前往格拉茨避难。拉科齐撕毁了他与皇帝的协议，恢复敌对行动。在这个对斐迪南来说危险的时刻，哈布斯堡王朝腹地看起来就要沦陷了。但是，托尔斯滕松或许认为他在结束斐迪南危机之前有时间挽救摩拉维亚，所以把注意力转向布尔诺，并将其包围。到了 1645 年 8 月，托尔斯滕松已经非常清楚围困布尔诺可能要失败，所以最终决定进攻维也纳。此时，帝国军队已经重新集结起来，利奥波德·威廉大公非常强有力地指挥着多瑙河战斗编队。托尔斯滕松眼见良机已失，于是带军返回波希米亚。对维也纳的威胁就此解除，托尔斯滕松丧失了在扬卡获得的绝佳机会。

当法国得知瑞典在扬卡取得胜利的消息时，他们对巴伐利亚发起进攻。杜伦尼很自信地认为，巴伐利亚人太软弱，根本不可能抵抗，因此他将军队分散开来，似乎是想让对方不战而降。在梅根特海姆（Mergentheim），他的军队主力被格拉夫·冯·沃斯（Graf von Werth）率领的巴伐利亚军队打得屁滚尿流，被迫退回黑森-卡塞尔。黑森-卡塞尔的统治者是令人敬畏的阿玛莉·伊丽莎白（Amalie-Elisabeth），她的军队和瑞典军队的分遣队一起加入了杜伦尼的军队，联军再次向南挺进，在 1645 年 8 月 3 日在讷德林根与巴伐利亚军队相遇时在人数上占有优势，战胜了他们。巴伐利亚将军弗朗茨·冯·梅西（Franz von Mercy）在战斗中丧生，事实上资源所剩无几的马克西米利安单独向法国提出求和。

曾经参加第二次讷德林根战役的瑞典军队如今将注意力转向了萨克森。由于长期战争的蹂躏和军队在其领土上的反复行军，没有防御工事的萨克森再次遭到了进一步的破坏。约翰·格奥尔格投降，1645 年 8 月 31 日签订了科茨辛布罗德停战协定（Armistice of Kotzschenbrode），协定给予瑞典人自由通过其领地的权利，还要给瑞典军队补贴资金和物资。萨克森就此退出了战争。

战斗并没有彻底拖延或阻挡威斯特伐利亚会议的准备工作。马萨林派遣两位大使，他们在 1644 年 4 月到达奥斯纳布吕克。历史对这两位——萨布雷侯爵阿贝尔·塞尔维安（Abel Servien, the marquis de Sablé）和阿沃伯爵克劳德（Claude, comte d'Avaux）的描述是他们在内心相互厌恶，他们不是为了代表法国的利益，而是花费更多时间相互算计以让对方下不了台。在一开始这并没有多大关系，因为各方都还处于初步协商阶段，他们会就会议安排和协议书较劲，争夺谁应该优先，以及就谁应该坐在何处，相互应该以什么头衔称呼等争论不休。最初的条件清单直到当年的 12 月才公布出来，就是到了那个时候，也不过是初步的草稿。

此时斐迪南在法兰克福举行的代表团议会正在进行，已经达成了对帝国国内政治产生重要意义的妥协。它答应帝国宫廷法院（Reichshofrat）应该由一半新教徒和一半天主教徒组成，而不是一直以来的三分之一新教徒，三分之二天主教徒。这是一次重大的改革，而且有诱人的前景。宫廷法院由皇帝的私人顾问组成，比神圣罗马帝国的最高法院帝国枢密法院（Reichskammergericht）级别更高。后者是马克西米利安一世在1496年创建的，他在1497年又添加了宫廷法院作为对最高法院的制衡力量。两个法院一直持续存在到1806年神圣罗马帝国被拿破仑打败为止。到了17世纪的时候，帝国枢密法院的法官都是罗马法的博士，他们的职权范围不仅是通常最高法院的上诉事务，涉及犯罪和帝国公民享受的公民自由遭到侵犯等，而且还有帝国诸侯之间的冲突纠纷——比如选帝侯之间的领土纠纷和帝国内亲王属地的纠纷——虽然后者的对抗性更加激烈，而且往往要求宫廷法院的调解协商来解决分歧。

但是，即使这样也无助于缩减帝国枢密法院审理案件做出裁决所需要的漫长等待时间，这种等待时间之长是出了名的，亲王和选帝侯的纠纷案可能需要几百年，有些案子甚至在拿破仑摧毁神圣罗马帝国的时候仍然悬而未决。迟来的正义即非正义的原则在这个进展困难的机构中似乎并不适用。宫廷法院位于皇帝在维也纳的宫殿之中，而帝国枢密法院是在法兰克福或者沃尔姆斯开庭，两个法院的角色不同：宫廷法院的工作是为皇帝提供建议，最高法院的任务是监督法律的执行，尽可能独立于皇室的干扰。

最后，在1645年6月，参加威斯特伐利亚会议的法国和瑞典大使开始提出他们的要求。第一个是帝国应该回归原状（*status quo ante*），即在1618年敌对冲突开始之前的状态，所有领土都归还给最初的统治者或统治家族（这意味着将普法尔茨归还给冬王腓特烈五世家族），并实行大赦。一个重大的要求是税收、战争与和平等问题应交由帝国议会决定而不是由皇帝单独决定，帝国的诸侯国在帝国内部或者与外国结盟时应该有自主权。法国、瑞典和一些新教小诸侯国应该得到补偿以弥补战争开支。瑞典还提出了另外一个要求，加尔文派应该像路德派一样得到同等程度的承认。

经过几个月的协商后，斐迪南三世拒绝了这些要求。他的建议事实上不过是重申了《布拉格和约》条款。到了11月，他派遣最亲密的顾问之一马克西米利安·冯·特劳特曼斯多夫伯爵（Count Maximilian von Trauttmansdorff）代表他进行协商，讨价还价真正开始了。瑞典现在要求获得对波美拉尼亚、卡明（Kammin）、维斯马（Wismar）、卢萨蒂亚的一部分以及费尔登（Verden）和不来梅教区的主权，而法国要求阿尔萨斯全部、布赖斯高、森德戈（Sundgau）和布莱萨赫要塞的主权。法国还要求允许驻军菲利普斯堡（Philippsburg）。

特劳特曼斯多夫答应了法国有关阿尔萨斯和在菲利普斯堡驻军的要求，1646年9月在法国和帝国之间签订了初步条约，以示认可。该条约的条款措辞含糊，并不清楚帝国是出让主权还是仅仅出让使用收益权。就当下而言，这种模糊性被允许存在，为的是帮助和谈取得一些进展。因为即使在和谈过程中，战争也还在继续。

在1646年战争季节，帝国军队虽然成功地将瑞典人赶出波希米亚，但仅仅是把他们赶到了帕德博恩，因为他们占领了该地。在那里，瑞典人迎来了杜伦尼率领的法国援军，两支军队合兵南下，威胁巴伐利亚。这让帝国军队措手不及，他们本来打算在黑森-卡塞尔地区与瑞典人交战，但是法瑞联军并没有转身参加这个战斗，而是继续向南，切断了帝国军队与巴伐利亚的联系，这让马克西米利安公爵大为恐慌。他紧急要求帝国军队返回，但为时已晚，法瑞联军攻入巴伐利亚，除了慕尼黑和因戈尔施塔特之外，其他地方都惨遭破坏。

这可真让马克西米利安受够了。他开始求和，1647 年 3 月 15 日与法国和瑞典签订了《乌尔姆条约》（Treaty of Ulm），给予法瑞两国军队在巴伐利亚的大部分城市的驻军权。在此时刻，法国本应沉浸在胜利的喜悦之中，但是爱开玩笑的战争之神并不感到满意。就在这个关键时刻，尼德兰联合省和西班牙在经过了 80 年的战争之后签署了和平条约，荷兰南部的西班牙军队因此得以腾出手来将注意力转向法国。马萨林不得不下令杜伦尼迅速北上迎战，但是将军最精锐的部队——萨克森–魏玛的伯恩哈德领导下的魏玛人拒绝到德意志之外的领土打仗，他们抛弃了杜伦尼，反而站在了瑞典人一边。

抗拒改变的不仅仅是魏玛人。斐迪南三世希望他能说服巴伐利亚的骑兵团加入帝国军队，但他们拒绝了，尽管他需要他们；瑞典人再次行动起来，回头朝波希米亚进发，在那里他们占领了城市埃格尔。令人欣慰的是，巴伐利亚的马克西米利安向他示好，鉴于法国和西班牙之间出现了新困境，马克西米利安现在对《乌尔姆条约》感到后悔了。因此，马克西米利安回头再与斐迪南结盟，在 1647 年 9 月与他签订了《皮尔森条约》，并派遣军队加入在波希米亚的帝国军队。

这种结盟的摇摆不定和违反条约的情况是战争久拖不决的重要原因。没有人可以指责马克西米利安违背《乌尔姆条约》的义务。在 1648 年 1 月 30 日与西班牙人签订《明斯特条约》的时候，荷兰人同样违背了 1644 年与法国签订的条约，其中荷兰人曾答应不单独与西班牙签订和平条约。

最后一次战争季节开始于1648年3月，法国和瑞典军队再度联合起来进攻巴伐利亚，决心惩罚马克西米利安。他们在楚斯马斯豪森（Zusmarshausen）打败了帝国军队和巴伐利亚军队，把他们赶到因河（River Inn）对岸。皇帝要求皮科洛米尼重新指挥帝国军队，他过去一直与驻扎在荷兰的西班牙军队在一起，只有皮科洛米尼能阻止法瑞联军前进的步伐。但是，在法瑞联军控制下的巴伐利亚地区，城镇和乡村遭到恶意的掠夺，带来极大的破坏。

在巴伐利亚发生这一切的时候，一小部分帝国军队一路打进布拉格，其在波希米亚所经之处皆成一片废墟。由于瑞典答应增援，加上布拉格公民顽强抵抗，帝国军队暴露在易受攻击的状态下。《威斯特伐利亚和约》公之于众时，所有的主要参加者都深受战争疲劳和焦虑的危害：皇帝在军事上受到巨大的压力；马萨林面临着法国投石党（Fronde）叛乱；瑞典同样受够了战争的折磨，希望趁帝国式微之际解决问题，不希望冒风险再等待下一个战争季节的到来，因为到那时斐迪南三世可能再次集结新的军事力量发起进攻。

于是，各方在1648年10月24日签订《奥斯纳布吕克条约》和《明斯特条约》，合称《威斯特伐利亚和约》，至此三十年战争结束。没有明显的赢家，虽然法国和瑞典那时占上风，斐迪南三世及其盟友占下风，事实上根据条约的条款，他们都丧失了大部分东西。但是，他们并没有十足的把握确保帝国不会反击，因此他们也同样渴望和平。[5]

条约开启了领地转移的多米诺骨牌游戏，瑞典如愿以偿地得到了波美拉尼亚的大部分和欧洲北部其他领土，法国得到了阿尔萨斯。冬王的儿子卡尔·路德维希获得了普法尔茨的一半，另外一半即上普法尔茨地区仍然归巴伐利亚的马克西米利安所属，为此还给他创造了第八个选帝侯头衔。帝国的宪法结构变得更加松散，而且因为给予诸侯王更多的自由而缺乏连贯性。瑞典关于承认加尔文派的地位，以及战争期间归还给天主教的地产再度世俗化的要求得到同意，附带条件是不要再将更多的天主教领地世俗化。在多边协议中，出现了你赔偿我、我补偿你的金钱换手。

或许没有人对《奥斯纳布吕克条约》和《明斯特条约》的各种条款完全满意，但是最不高兴的是教皇。教皇对他们向新教徒的妥协和天主教的损失感到愤怒，他谴责条约“无效、空洞、不可靠、不公正、非正义、极具破坏性、道德败坏、疯狂、毫无意义和效果”。[6] 教皇诏书不再拥有中世纪时曾经拥有的那种权威，梵蒂冈的谴责并不能改变任何东西。但是，他的谴责在这个方面具有重要历史意义：它标志着承认宗教改革导致了西方基督教世界的永久性分裂。在整个欧洲恢复天主教的努力已经失败，现在机会已失，时不再来了。

《威斯特伐利亚和约》当然也没有带来和平。在这个世纪剩下的日子里以及之后，欧洲各国间的战争仍在继续，尽管1648年之后的每一次战争都被交战各方认定为不同于三十年战争。《威斯特伐利亚和约》的真正重要性，除了终结了天主教的希望以及基督教不再将宗教作为战争借口（casus belli）之外，就是它带来的观念变化，即欧洲对由此产生的国际和国内秩序有了新的理解。在剥夺皇帝权力以及授予独立国家政府权力之后，其他国家不应该干涉主权国家内部事务的概念具有了神圣不可侵犯的含义。神圣罗马帝国皇帝曾经试图对帝国施行君主控制，但是，威斯特伐利亚创造了联邦制这样一种替代品。帝国的权力现在被下放到帝国内 300 个诸侯身上，而帝国本身因为将部分领土让与瑞典和法国（帝国认为无法守卫其与瑞典和法国之间的边境），领土已经缩减了 4 万平方英里（约 10.4 万平方千米）。但是，奥地利、巴伐利亚和勃兰登堡——很快还有普鲁士——已经处在欧洲大国崛起的道路上，因为它们从之前的帝国的安排中解放了出来。

像从前一样，威斯特伐利亚解决方案的真正意义和本质是整个学术研究领域的问题。标准的观点是，它创造了基于领土主权原则的国家共同体[7]，这被其他学者描述为“神话”。[8] 分歧似乎是没有结果的：瞥一眼 1648 年之后的欧洲地图，调查一下此后的欧洲历史，加上此后世界各地不断增强的民族主义情绪（尤其是 19 世纪以降），我们就会知道构成《威斯特伐利亚和约》的条款对此后若干世纪的全球历史产生了深远的影响。

10

在欧洲的废墟中

三十年战争破坏性极大。有人估计每三个说德语的人中就有一人因为这场战争而死去。有些国家损失了四分之三的人口，剩下的国家则损失了一半人口。关于这场战争造成的直接死亡人数的不同说法差别很大，从 300 万人到 1150 万人。[1]战争、饥荒、疾病都是死亡的原因；城镇和乡村遭到破坏，其中很多地方用了 100 年的时间才得以恢复。据说单单瑞典军队就应该为 1500 个城镇、近 2000 个村庄和 2000 个城堡的毁灭负责。破坏的主要原因是雇佣军的劫掠行为。“奸淫掳掠”这个简单的词描述的实际惨状简直罄竹难书。在城镇遭到洗劫之后，难民们蜂拥进入附近的城镇，同时也携带了病菌。伤寒、痢疾和瘟疫是最常见的疾病，而遭到鞭打、强奸以及一般的暴行也会额外造成伤亡。

可怕的社会和心理影响接连出现，这体现在猎巫事件越来越多。庄稼歉收、军队战败、瘟疫和传染病——这个时代的种种灾难除了归咎于雇佣军的劫掠之外，也常常被归咎于超自然的原因。正如上文提及的那样，驱逐、折磨和大规模烧死女巫的事件出现在帝国的很多诸侯国中，尤其是战争的第一阶段。天主教徒们遵循帝国军队取胜的路线，对待新教徒的方式造成了恶劣的影响，具有明确的教派特征。

战争造成的经济和社会混乱，在几近彻底毁坏的一些地方表现得更为严重，这些地方的处境因为筹建和维持庞大军队所需要的巨额开支而雪上加霜。农民和工人的税负沉重，暴乱频频。

关于威斯特伐利亚后果的争议的根源之一就是政治焦点是否从宗教转向了世俗，宗教对国内和国际政治产生的影响是否在不断下降。通过对威斯特伐利亚之后多个世纪的粗略观察，就会发现形势的确如此。[2]

在战争刚刚过去之后的1648—1650年期间，这个世界是什么样子呢？若干迹象显示发生的变化与后面的直接后果没有关系。当时伊斯坦布尔的人口超越了北京，成为世界上最大的城市。英国内战将近终结，查理二世在苏格兰的因弗基辛（Inverkeithing）和英格兰的伍斯特（Worcester）先后被打败。犹太人被允许返回法国和英国。笛卡儿在1650年死于瑞典，他曾经短暂担任克里斯蒂娜女王的宫廷哲学家。查理二世未来的情妇内尔·格温（Nell Gwyn）在那年出生，首位莫尔伯勒公爵约翰·丘吉尔（John Churchill）和未来的英格兰国王奥兰治的威廉三世（William III of Orange）也出生于那一年。所有这些事件都指向未来，不仅指向17世纪后期，而且超越了这个世纪。当人们想到1701—1713年的西班牙王位继承战争——第一次世界性的战争，如果人们想到参与其中的世界强国数量之多，战争波及范围之广（丘吉尔也参与其中），人们就会意识到历史完全不同了。18世纪初与16世纪末完全不同，这足以证明夹在中间的这个世纪的改造性本质是多么强大。

但是，那段新历史的很多因素都是三十年战争结束时的事件形成的。一个主要的例子是，法国的路易十四在 1650 年时只有 12 岁，史称投石党运动的 1648 年革命给他母亲和他本人带来极大危险，两人吓破了胆。可怕的事情还有他的叔叔查理一世和堂弟查理二世被英国议会赶下了台。当他赢得多数人支持的时候，他决心在他的统治下要扭转局面，结果的确如此。

现在谁还记得查理二世在 1662 年以 40 万英镑的价格把敦刻尔克卖给了路易十四？他认为敦刻尔克没有用了，需要的是金钱。人们谈论玛丽一世女王时会将她的名字与“加来”（Calais）联系在一起，因为 1558 年就是在她统治下英国丢掉了加来。但是，加来并不是英国在欧洲大陆的最后一块领地，人们可能感到纳闷，如果欧洲大陆的某些部分仍然属于英国的话，今天的英国会有什么心态。无论如何，这样的交易在三十年战争之前肯定是不可思议的。这是战争对当时人们的心态所产生影响的另外一个尺度。

11

海上冲突

17 世纪是一个战争不断的时代，在不削弱其他战争的重要性和带来的痛苦的情况下，就对后世历史的重要影响而言，英荷战争仅次于三十年战争，这一说法是有道理的。两个海上强国的海外贸易和支配地位越来越强大，因此处于激烈竞争状态。假设性的预测是，如果荷兰取得决定性的胜利，17 世纪之后的世界性质会有何不同？或者，如果奥兰治家族没有为英国带来国王威廉三世，世界会是什么样的？但事实是一系列的战争——即便不是所有的战斗——最终对英国一边有利，历史正是这样发展的。

考虑到两国之间的相似性，1652—1654 年的第一次英荷战争是双方都不愿意打的战争。这场战争本来就不应该发生。两国都是新政府上台——联合省的德·维特（De Witt）政府和英国的克伦威尔政府，他们都是新教徒，都是共和派，都在警惕被推翻的王朝复辟，都得到迫切渴望海外扩张的商人和贸易界人士的支持，这些人希望能从葡萄牙和西班牙的势力衰弱中获利。事实上，克伦威尔不仅渴望与荷兰结为联盟，而且还打算寻求两国合并的可能性。

他有关政治和外交关系统一战线的某种理想主义渴望与尾闾议

会（Rump Parliament）追求商业利益的实用主义并不吻合。尾闾议会成功地通过了《航海法案》，以阻止荷兰与英国殖民地之间的贸易。该法案规定只有英国船只才能从海外进口商品，该法案比克伦威尔空位期本身更持久、更强力，也就是说英国商人决心尽可能多地从世界贸易中获得并维持长久的利益。他们意识到荷兰在东印度群岛利用葡萄牙的虚弱而取得的成功，如今荷兰控制了利润丰厚的香料贸易。荷兰造船业发达也是主要因素，荷兰造的船舶质量好，造价低，支持了荷兰快速发展的海上贸易，其贸易范围从波罗的海一直延伸到远东等地。

1631 年，查理一世曾尝试做了一件危险的事：与西班牙签订秘密条约，旨在限制荷兰的海上力量，虽然英国在战争中应该站在新教徒一边。英国最初很少采取行动来遏制荷兰海上力量崛起，主要原因是英国正经历内战，那场冲突干扰、削弱和耗尽了它的财富，英国曾经在一段时间内并没有足够的海上实力与崛起的荷兰并驾齐驱。

荷兰对英国 1652 年《航海法案》的反应因为其他刺激而愈发激烈。这些刺激包括克伦威尔要求在英国海岸 30 英里（50 千米）内捕获的鲱鱼缴纳一笔税款，还要求通过英吉利海峡的船只必须向英国战舰致敬。战争的直接导火索是荷兰战舰司令官海军上将马丁·特龙普（Martin Tromp）下令不要向英国海军致敬。而英国海军司令官罗伯特·布莱克（Robert Blake）的回应是下令对荷兰舰队开炮。接下来几个月里，出现了一系列的战斗，前两仗布莱克取得胜利，第三仗是特龙普取胜。接下来一年，即 1653 年，荷兰的战果更糟糕。在波特兰海战（Battle of Portland）——有时候被称为“三日战争”的过程中，特龙普损失了12艘战舰和50名商人的性命。布莱克将军在战斗中受伤，这次受伤恰好给了他时间，在休养中深思与荷兰人的遭遇，并撰写了著名的《战斗训令》(*Fighting Instructions*)，这是海战学的一个巨大进展。在1653年6月的加巴德沙洲海战(Battle of Gabbard)中，英国舰船指挥官乔治·蒙克(George Monk)将《战斗训令》付诸实践，并取得了决定性胜利。在接下来的斯海弗宁恩战役(Battle of Scheveningen)中，英国打败了荷兰舰队。特龙普战死。

战争的结果是英国摧毁了荷兰舰队的一大部分，并抓获了1000名荷兰商人作为俘虏。

第二次英荷战争是在远离两国海岸的地方进行的。1663年，荷兰奴隶主以低于英国船只从西非运来的奴隶的价格抢生意，所以英国一支海军战舰中队攻击并占领了荷兰使用的两个西非港口。次年英国占领了美洲东海岸的新阿姆斯特丹，并将其更名为新约克(纽约)。第二次事件拉开了全面海战的序幕，并一直持续到1667年。1665年，约克公爵(后来的詹姆士二世)率领海军在洛斯托夫特(Lowestoft)外的北海上打败了荷兰军队。作为回应，荷兰与英国舰队开始了残酷的四日海战，最终英国伤亡更为惨重，战舰“皇太子号”(Prince Royal)被荷兰掠去，但英国人称这次战役取得了胜利，因为荷兰舰队先撤退了。英国还取得了一系列胜利，包括泰尔斯海灵岛之劫(Sack of Terschelling)，但是，因为查理二世管理国家经济的蹩脚水平，他被迫削减海军开支。更糟糕的是，1665年英国发生了瘟疫，1666年伦敦发生大火，荷兰获得了喘息的机会。在一次大胆的进攻中，他们沿泰晤士河而上进入梅德韦(Medway)，摧毁了停泊在那里的英国战舰，拖走了英国最引以为傲的战舰“统一号”（Unity）和“皇家查尔斯号”（Royal Charles）。

这些敌对行动出现在大西洋的欧洲一侧时，著名的海盗亨利·摩根（Henry Morgan）正在加勒比海享乐。在战事结束之后他依然继续着冒险经历，导致他受到海上劫掠的指控，他被押解回英国的时候身负枷锁，并一度被关进监狱。但是，当第三次英荷战争在1672年爆发时，他被授予骑士头衔，并被派遣返回加勒比海担任牙买加总督。他的故事说明了17世纪的冲突是半私人性质的，虽然通常会被官方认定为国家之间的战争。

需要牢记的是，英国和荷兰之间的这些争夺往往有自治的背景因素。对英语读者而言，英伦三岛上的人凶恶和内向的习性为人所熟知。但是，通过弑君和内战，他们已经比世界上同时期任何地方的人更快地向未来前进。回过头来看，非常清楚的是，英国的新政治思想——随后的篇章中会详细讨论——以及民众和君王之间的竞争已经奠定了18世纪大革命及其余波的基础。

但是，荷兰也拥有通过艰苦奋斗得到的宝贵遗产：它经受了与西班牙80年的战争才获得了完全的独立，它的航海家和商人在让国家繁荣强盛方面是绝对成功的。财富就像水一样从大海流进各个城市的运河中，“荷兰黄金时代”的说法难以充分展现历史上的这个阶段。荷兰艺术的奔放灿烂是众所周知的；不怎么为人所知的是这样一个事实，即都市化与工业化历史比联合省更加悠久的尼德兰南部两省布拉班特（Brabant）和佛兰德（Flanders）在16世纪后期一直是富庶之地，在经济上处于欧洲的领导地位，这主要是因为自中世纪以来就存在的纺织业。但是，北部省份的渔业、农业和造船业为荷兰在17世纪扩张成为庞大的海上贸易帝国提供了基础，所以当联合省单方面从西班牙独立出来的时候，尼德兰南部的新教徒迁移到北部沿海省份，为这里带来了经验和创业的推动力，进一步增强了北部省份的实力。

北部省份的海运贸易输出食盐、布匹、砖瓦，从丹麦运来肉类，从波罗的海运来木材和粮食，粮食运输一直是联合省早年的主要收入来源。北海的荷兰渔民每年捕获3万余吨鲱鱼，远远超过苏格兰的渔业收获。1580年南北分裂之后，逃往北部省份的新教徒织工很快让莱顿（Leiden）成为欧洲最重要的工业城市之一。

但是，当海上贸易扩张和殖民活动开始之后，荷兰黄金时代才真正繁荣起来。从蔗糖到香料，荷兰人控制了利润丰厚的商品贸易：他们在波罗的海的主要市场——汉萨同盟的城市和进出欧洲内陆的通道——吸收了他们从世界各地运回来的大部分商品。就在不久前，香料贸易还依靠经过中东的陆路通道，但是欧洲三个航海大国即葡萄牙、荷兰和英格兰的航海探险绕过了阿拉伯和奥斯曼帝国，荷兰从一开始就是这三个国家中最成功和最强大的。

来荷兰共和国的旅游者和流亡者会对荷兰城市的清洁、舒适，民众的秩序和宽容印象深刻。除了这个世纪最初几十年戈马罗派和亚米纽斯派之间打打杀杀的不愉快事件之外，尼德兰北部是那些动荡不定时代中一个和平共处的绿洲。但是，它的成功激发了英国与它的竞争和法国对它的觊觎。毫无疑问，路易十四常常在思考，如果荷兰成为更大的大陆帝国的一部分，那将会是一个巨大的财源。

或许因为上述原因，第三次英荷战争与前两次战争完全不同。法国曾与荷兰打仗，这让查理二世看到了机会，与法国结盟对付荷兰。英国海军支持法国入侵的目的是削弱荷兰在更广大的世界范围内对其造成的商业威胁。但是，荷兰拥有了不起的海军指挥官米希尔·德勒伊特（Michiel de Ruyter）和精明而审慎的战略家、荷兰王子奥兰治的威廉（William of Orange），两人的默契配合使得两个大国的联合努力成为徒劳。就是在这次战争中，荷兰放水淹没了阿姆斯特丹附近的圩田（围海而造的低洼田地）来阻止法国的入侵；也是在这次战争中，荷兰与从前的宿敌西班牙结盟，因为西班牙也在与法国作战——“敌人的敌人就是朋友”，此言不虚。

但是，英国的反战情绪非常强烈，因为有人怀疑查理二世是在使用战争作为幌子来招引罗马天主教重返英国。战争的徒劳无功和僵局让反战人士的观点占了上风。1674 年的《威斯敏斯特条约》标志着对立的终结。其条款中包括这样的要求：荷兰共和国向英国支付一笔补偿费，奥兰治的威廉娶查理二世的女儿玛丽（威廉是查理二世的侄子，是她的堂兄）为妻。14 年后，奥兰治的威廉成为英国国王，之前他一直与其堂兄交战。这个堂兄就是玛丽的哥哥，后来的詹姆士二世，威廉就是接替了他留下的王位空缺。詹姆士是约克公爵，也是骁勇善战的海军司令官，曾经带领英国舰船打赢了几次针对荷兰的大胜仗。这就是为什么 1664 年从荷兰手里抢过来的纽约以他的封地命名。

有人敏锐地指出，英国历史学家倾向于忽略英荷战争，将其置于对 17 世纪后英国尤其是英国海军的发展进程的影响不那么显著的次要位置。[1]但是，事实上战争的总体结果是确立了英国作为支配性的全球商业帝国的地位，这个意义是不能忽略的。这些战争是为了英国一个阶级的利益而打的，他们在内战中影响力显著上升，这就是一心经商的中产阶级，这些男人（我有意使用男性词语）的胜利依靠1680年“光荣革命”的宪法条款而彻底实现，在这种宪政体制下，议会（他们的利益工具）拥有了最高权力。议会政治模式，为其本质和权力辩护的政治原则（请参阅本书第19章对洛克观点的讨论），以及对商业中产阶级利益至关重要的公民生活，通过海上霸权在世界性的大帝国中推行开来，这个帝国在接下来3个世纪中大部分时间里是主要的世界大国。英国这颗橡果之所以能长成参天大橡树，正是因为牢牢抓住了独一无二的海上霸主地位。在荷兰的黄金时代，荷兰的战舰与航海技术（在英国人看来）和英国的一样好，有时候——经常如此——甚至比英国的更好。但是，这些战争的结果是让英国海上力量超越了所有竞争者，海军胜利的结果是不可忽视的。

在19世纪，英国海军及其带来的不列颠治世（*Pax Britannica*）是建立在“两强标准”（two-power standard）之上的，这是对英国海上霸权威力的一种衡量标准。两强标准的意思是，英国海军足够大足够强，不仅能够打败世界上任何一支强大的海军，而且能打败第二和第三强大海军的联军。在海洋历史学家格伦·奥哈拉（Glen O’Hara）看来，这种遥遥领先的优势和随意将武力投放到世界上任何一个角落的能力显然归功于英荷战争。他的讨论“追溯了英格兰（后来是不列颠）海军在17世纪中叶的崛起，那是与荷兰共和国发生意识形态和经济冲突的时期，经过三次战争才结束，帮助英国走上了海上霸权的道路”。[2]

这就是为什么在当今每个大洲，在各种机构、政治实践和对待法律管理、教育体制甚至板球与橄榄球游戏和体育等的态度中，都有英国船只在 17 世纪以来从欧洲西海岸外面的小岛上运往世界其他地区的东西的残留与沉积。这不是让人心跳加速的高谈阔论，虽然有些英国历史学家（和政客）今天仍然忘不了从前的伟大辉煌——也不记得糟糕的历史部分——英国海上霸权和坚定不移的重商主义所取得的成果。这只是事实描述。英国的海上霸权和重商主义是 17 世纪的遗产之一，17 世纪的一系列海战虽然本身相对不重要，但是产生了巨大的影响力。

总而言之，这个世纪的所有冲突中最主要的三十年战争和英荷海战在 17 世纪发挥了重要作用，这个作用和同时期发生的思想进步一样重要。这些战争和思想观点在很多方面或直接或间接地联系在一起。其中的一个直接联系就是，战争永久性地将欧洲大部分地区从罗马天主教会对思想和探索的霸权企图中解放出来。另外一个直接联系是武器发展中体现的科学技术以及战争对经济的影响二者间的互动，这个部分请参阅本书第 18 章的最后部分。另外一个意料之外的、间接的重要联系留在下一章讨论。

第三部分

观念的积累

12

通信员

正如我们所见，17 世纪的战争是对生命和财产的可怕破坏，军队践踏之处给民众造成了巨大的负担，他们抢劫食物、侵占住房、抓兵夺马、奸淫妇女、偷盗财宝等，真是罪恶累累，罄竹难书。据说，欧洲说德语的地区遭受的破坏就像第二次世界大战中第三帝国遭到的破坏那样大。在神圣罗马帝国，直接或间接死于三十年战争的人数正如前文所提及，每三人中就有一人死亡。这是一个悲惨的数字，反映了战争对中欧地区的生命、土地和物质财富造成破坏的程度。

但是，破坏和动荡的时期对有些人来说也是带来机会的时期。“不给任何人带来好处的风才是恶风”，这一令人感慨的格言提醒人们，不好的时代对那些能从中获利的人来说是好时代。然而，这不仅仅是一个谁可能获利的问题，也有真正的机会：新思想的机会，打破曾经阻碍观点交流壁垒的机会，以及这种交流带来的新灵感。在 17 世纪欧洲动荡不安的局势中，在愉快的偶然事件的帮助下，通信手段——主要是收发信件——没有受到损害，反而因为时代更大的不确定性而成为可能。

要弄清楚 17 世纪的这个方面，我们需要掀开 17 世纪的“地板”往下看才能看得更明白。某些因素是出人意料的，比如一位法国天主教的修道士以及一位波德混血的战争难民起到的重要作用。邮政服务在 17 世纪思想辩论繁荣开展的过程中发挥了显著的作用。如果没有邮政网络中心收集和分发信件这项服务，像梅森、哈特立伯（Hartlib）等人的“通信员”角色就不可能存在。

梅森对 17 世纪思想史的重要意义并没有得到适当的承认。[1] 数学史纪念他为几何学和质数研究所做的贡献，音乐理论史纪念他在振动弦方面的成果，关于笛卡儿的研究指出，梅森在笛卡儿创造最旺盛的年代充当了通信员，让哲学家与朋友和对手之间保持联系。那些年笛卡儿独自在荷兰过着隐居的生活（事实上，大部分时间都处于秘密状态），他与梅森的通信对他来说是必不可少的。但是，梅森的意义远不止于此。用一个完全不合时代但并非歪曲事实的隐喻来说，他和扮演类似角色的其他通信员一样，可以说是 17 世纪最接近因特网服务器的角色，下文将对此进行详细描述。

梅森 1588 年出生于法国西北部地区曼恩省［在法国大革命时期分成两部分，即今天的萨尔特省（Sarthe）和马耶讷省（Mayenne）］的注翟（Oizé）。他的父母是贫穷的农民，但是他在很小的时候就表现出智力天赋，因而有机会受到教育。他最初在本地上学，后来到附近新成立的耶稣会学校拉弗莱什神学院上学，这在当时是法国最好的学校。

在巴黎的法兰西学院和索邦大学完成学业后，梅森进入天主教的米尼斯修会（Order of Minims），这个修会 1436 年由保拉的圣方济各（St Francis of Paola）创建。该修会至今仍有部分残迹，而在17世纪早期它还非常繁荣。那是托钵修士、敛心默祷的修女和试图过一种简朴、贫困与素食主义生活的在俗教徒的修会。“米尼斯”（Minim）源自意大利语minimo，意思是“最少的”或“最小的”，保拉的圣方济各将自己描述为（*il minimo dei minimi*），“最小者中的最小者”，是贫穷的隐士和阿西西的圣方济各（St Francis of Assisi）的信徒。除了通常的三大修道院誓言——禁欲、贫困和顺从之外，米尼斯修士还采取了一种“大斋期食谱”（Lenten），除非生病，否则不吃任何肉食和奶制品，他们还全身心投入静修和研习中。

米尼斯修会的简朴生活和专心研习精神吸引了梅森。他在1611年7月进入修会，并在1612年被授予牧师圣职。在讷韦尔（Nevers）修道院讲授哲学和神学3年之后，他返回巴黎，生活在皇家广场修道院（the Place Royale monastery）直到1648年去世，中间只有少数几次短暂的海外访问。

虽然梅森的主要兴趣是数学和音乐理论，但他最早公开出版的著作是对怀疑主义和无神论的攻击：《理性的用途》（*L'Usage de la raison*）和《精神生活分析》（*L'Analyse de la vie spirituelle*）。他的第一部主要著作是1623年出版的《对创世记的质疑和赞美》（*Quaestiones Celeberrimae in Genesim*）。这本书表面上看是对《圣经·创世记》的评论，实际在很大程度上是对魔法、犹太神秘哲学、占星术和其他“艺术”的持久攻击，这是思想史的一个重要时刻。经过一个寄希望于了解宇宙奥秘的神秘学或魔法的捷径（点铁成金的手段，或者长生不老秘诀，或者至少是长寿和永葆青春的窍门之类）的时代，尊崇宗教正统的思想自此逐渐消退，而数学和实证性调查等更加准确的方法大行其道，这些最后形成了今天的科学。梅森对魔法、犹太神秘哲学等的攻击，与培根和笛卡儿各自以自己的方式将科学与其他神秘思考方式区分开来的努力没有什么不同，都是通过描述和告诫的方式更好地获得知识。对这个重要的问题以及梅森在其中发挥的作用在下一章将会更多地论及。

有关梅森的性格，一个说明问题的事实是，他一开始是亚里士多德学说的坚定支持者，而笛卡儿以及17世纪思想革命的其他领袖却对亚里士多德学说攻击不断。但是，当他了解到这些批评家的理由之后，很快就加入了亚里士多德学说批评者的行列。同样，在17世纪20年代初期，他激烈地批评伽利略，说他的观点应该受到谴责。但是不到十年后，他又成为伽利略的主要支持者之一，将伽利略的科学发现传播给欧洲其他专家学者。

或许梅森对科学的重要技术贡献是1637年出版的《宇宙的和谐》(*Traité de l'harmonie universelle*)。在这本书中，除了介绍反射望远镜中镜面设计的重大改进之外，他还提出了所谓的“梅森定律”，描述了绷紧的弦的振动频率。古人都知道绷紧的弦的振动频率与弦的长度成反比，但是梅森进一步指出这个频率还与张力的平方根成反比，与单位长度上的质量的平方根成反比。这些见解的实际应用与小提琴、竖琴、钢琴等弦类乐器的制作和演奏有关。它们都要求弦的张力应该维持在适当的水平上，这样才能产生正确的音高。梅森定律解释了为什么低音弦更粗，要求张力更小，而高音弦更细，要求张力更大，因而长度也更短些。

他还对伽利略落体运动定律进行了实证检验，并探究了气压计的原理，在此过程中他发现空气的密度约为水的十九分之一。很有可能是梅森向帕斯卡尔、罗贝瓦尔(Roberval)和佩里耶(Périer)等人提出实验建议，他们不久之后在多姆山省（Puy-de-Dôme）的火山进行实验，目的是观察气压计汞柱的高度是否仅仅由气压决定。

梅森被数学家铭记的成就包括对被称为“摆线”的曲线的研究——一个例子是一个圆在滚动过程中圆上某一点所经过的轨迹——以及更重要的关于素数的研究，如今在计算机技术和密码学中都有相关应用。

素数——除了1和该数本身以外无法被其他自然数整除的数（其他的数都叫“合数”）——一直是一个谜，对那些热衷数字研究的人来说有极大的吸引力。上文对素数的平淡无奇的描述掩盖了它们在数学和物理世界中非同寻常的意义。[后者的一个令人印象深刻的例子是，周期蝉属（*Magicicada*）的蝉的幼虫孵化后即钻入地下，一生绝大多数时间在地下度过，每隔7、13或17年才破土而出。这些年份数字都是素数。昆虫学家猜测这能保护它们免受天敌的攻击。如果它们以更加固定的间隔期从地下出来的话，那么以蝉为食的掠食者将会与之共同进化。] 梅森希望找到一个生成所有素数的公式，虽然他并没有找到完全通用的方法，但他提出的公式产生了一批有趣但仍然令人费解的数，它们在数论中（以及后来在密码学中）也有重要作用，使其成为众多研究的对象，尤其是通过“分布式计算”——连接数百万台个人电脑——进行的“互联网梅森素数大搜索”（GIMPS）来寻找素数。到现在为止，找到的素数不足50个，梅森本人提出的第一批素数还有错误，但是为了提高密码安全性，使用梅森素数的“梅森旋转算法”（Mersenne twister）已经成为生成随机数的标准工具。

梅森对数字理论的这种兴趣偶尔出现在他对古代数学家的专著

的编辑工作中，其中包括欧几里得、阿波罗尼奥斯和阿基米德。他广泛的兴趣、过人的天赋、宽宏大量的品性、对其他人的热情鼓励、对科学事业的奉献精神以及他能将大批兴趣各异、易动肝火的智者聚集在其周围的个人魅力，使他成为17世纪故事的关键人物。

上文所描述的梅森扮演的角色是一种一个人的网络服务器。这个比喻非常贴切。他是当时几乎所有伟大专家学者信件的收信人，然后他将信件复印很多份，再传播到全欧洲，其中包括新闻、评论、发现和猜想。他住所里的通信副本可供任何访客阅读，因为巴黎是一个主要的思想中心，很多人就像去图书馆一样到他那里了解最新科学观点的消息。这个世纪的思想领袖如霍布斯、笛卡儿、伽桑狄的声誉就是梅森用这种方式建立起来的。托马斯·霍布斯在他的书出版之前很久就已经名闻天下了，因为巴黎的知识分子对他非常敬重，他们就是在梅森的住所里阅读了他的书信。笛卡儿也同样如此：梅森事实上就是通过他们之间的通信，让笛卡儿在其第一本哲学著作《谈谈方法》出版之前就已经出名了。同样，如果没有这种宝贵的关系的话，笛卡儿也不可能在17世纪20年代末至梅森生命终结（1648年）这一时期密切了解学界辩论过程。人们可以推测出其原因[2]，因为从1628年到他去世前一年（1649年）这个时期，他都生活在荷兰接近流放的私密环境中。

了解信件的写作背景和梅森时代的邮件往来，以及邮政如何产生，这些内容非常切题，也很有意思。这个故事并不是显而易见的，在我们这个即时的电子社交媒体时代，信件是一种极为衰微的交流方式。在电子邮件之前的时代，尽管电话已经出现，书信仍然是与远方的人联系的主要手段。在电话发明之前，就更是如此了：维多利亚时代的人一天写好几封信，如果他们住在城市里，当天就会把信寄出。

在 17 世纪的时候，邮件往来还不像维多利亚时代那样频繁和方便，但是，写信已经再次成为主要的交流手段——说“再次”是因为书信在古代就是受到良好教育的罗马人常用的手段了，但在“欧洲黑暗时代”思想文化几乎遭到彻底破坏的时候消失了。[3] 写信这种做法需要一个文人阶层，还有钢笔、墨水、羊皮纸或者其他纸张，以及邮政服务。只是到了中世纪后期，这些手段才开始再次为人所用，虽然最初是部分地区的人在使用，过程也是一波三折。尽管如此，正如英国亨利一世（1068—1135）行政事务显示的那样，皇家信使每年平均要运送 4500 封公函，这意味着单单国王和他的大臣平均每天总共要写十几封信。

到 14 世纪初，在众多因素的综合作用下，信件成为欧洲世界内部联系的主要手段。银行业和商业贸易不仅需要订单、发票、金融交易、信用额度说明等的直接传递，而且还涉及信息的交换，有关这些内容的书信通常都是用世俗语言写出来的。古典语言仍然是人文主义者和学者的资源，他们用它交流对古代研究和文献复原的成果，并辩论哲学和神学问题。政治与外交、中央集权的军事机构、征税、司法和政府管理使得专业的书记员与秘书这样的专业群体成为必要，另外还需要可靠的邮政网点收发各种文件。

到了 16 世纪末，促成书信写作文化繁荣发展的所有元素都已具备，这得益于两大发展：用纸浆制造的廉价纸张的大量出现——在意大利，早在 14 世纪就出现了水力纸浆厂——另外就是人们越来越广泛地接触到印刷书籍，其中不乏书信写作手册和各种古典的与注重修辞的书信风格文集。[4]西塞罗被认为是书信写作的杰出典范，学生被教导要以他的方式写信。众多的邮政服务人员在欧洲大陆上往返奔波，包括帝国、王室、地方政府的，也有私人的，官方皇家邮政的信使通过顺便递送私人信函而赚取额外的收入。

因此，17 世纪已经出现了一个由相互重叠的邮政服务形成的网络，它维持了非官方的和非正式的文学界（*respublica litterarum*），基本上是基于书信往来交流形成的，这本身就构成了一个复杂的交流网络，这是专家学者传播学术观点并著书立说将其发表而赢得大名的重要方式。丹尼尔·加伯（Daniel Garber）写道："在这个看不见的文学界，哲学家的观点通过两种方式可以为人所知。""哲学家"一词在这里指的是笼统意义上的探索者、思考者和科学家等。"其一当然是他的观点出现在印刷品上，但另外一个是文人之间跨越欧洲大陆的书信交流网络。欧洲学者一直忙于书信写作，伊拉斯谟就抱怨说他一天需要写十多封信。"那可是我们正在讨论的这个时期之前 100 年的事。[5]

17 世纪的文学界是个"国际性的、没有完备结构的"协会，书信邮寄成为事实上的纽带。"跨越欧洲大陆的邮件投递效率之高令人吃惊：很少发现 17 世纪的学者抱怨书信在邮寄过程中丢失的事情，主要大城市之间的邮件投送非常快捷（巴黎到海牙需要一个星期或者 10 天，巴黎到伦敦也是这样）。"[6]在 17 世纪似乎不太可能存在一个高效、可靠的定期邮政服务，但是它的存在和特征是故事的根本。它到底是如何形成的？塔克西斯（Taxis）家族的历史很明显会向我们阐明其中的原因。

在 14 世纪初期，为威尼斯执政团服务的信使很大一部分是从一个庞大家族中招募来的，这一家族来自意大利阿尔卑斯山的贝加莫山谷（Bergamo Valley）。[7] 他们的名称“塔西”（Tassi）源于将獾皮（*tasso*）皮带勒紧在马头上的习惯，这样做可以保护马匹在奔跑时免受树枝抽打，或者防止通过阿尔卑斯山山口时被山上掉落的石块砸中。在接下来的两个世纪中，塔西家族带着信使与邮差的专长从威尼斯来到了米兰和罗马，并最终出现在了15世纪末有关神圣罗马帝国皇帝马克西米利安一世的记载中，当时马克西米利安在因斯布鲁克（Innsbruck）建造了一处宫殿。为马克西米利安服务的有3名塔西家族成员，他们在那里以德语名塔克西斯为人所知——尤其是其中的巴普蒂斯塔（Baptista）已经很有钱、很有影响力，从城市的邮政局长晋升为帝国的邮政总长。“很有钱、很有影响力”这个说法好像还不足以说明其身份，他的钱多到能够贷款给皇帝，而皇帝为表感谢封他为贵族。从此，这个家族就不仅仅是（很快就远远超越）“冯·塔克西斯”（von Taxis）家族了。

很快，包括维也纳在内的帝国很多城市也都出现了塔克西斯家族的邮递员。虽然他们是正式的帝国邮件传递者，但也接受私人委托，因此他们的财富稳步增长。因斯布鲁克还有一个塔克西斯家族成员，名叫弗朗西斯科（Francesco）或弗兰茨（Franz），他是马克西米利安的儿子腓力的私人邮差。腓力以父亲的名义统治西班牙、尼德兰和勃艮第的部分地区。腓力要求他的西班牙和尼德兰领地之间的通信渠道快捷可靠，因而给弗兰茨·塔克西斯下达任务建立这种通信渠道。弗兰茨提议建立一种全面的邮政服务，以腓力为他的主要客户，腓力同意了。这样，连接佛兰德、巴黎、卡斯提尔（Castile）、维也纳和罗马的邮政网络就建立了起来。这个网络基于一种接力体系，马匹和骑手在每个驿站接替更换。将邮袋密封好以后，邮差携带一本被称为时钟书（*Standenpass*）的本子，记录邮袋交接的时间。下面的事实可以证明这个邮政网络的快捷性：夏天，邮件从布鲁塞尔到罗马只需要 10 天半的时间；冬天则需要 12 天。

弗兰茨·塔克西斯的邮政服务也递送私人邮件，邮差日志显示了当时的邮件数量是多么巨大，增长有多快。邮差路线也是主要的旅游和商业贸易路线，随着欧洲的人口在 1500 年到 1600 年间从 3000 万增长到了 6000 万人，识字水平和贸易量也不断增长，邮件数量快速增加。寄送信件非常昂贵，而一个塔克西斯的邮差每月赚 8 荷兰盾，此外他还要喂养马匹。依据距离的远近，通过塔克西斯邮差邮寄一封书信的花费大概在 25—80 荷兰盾。[8]因此，随着邮政服务需求的激增，塔克西斯愈发富裕了。在英王亨利八世的财政档案中有支付邮费的记录，记录了为邮往法国和意大利的邮件而支付给“邮政总长弗朗西斯·塔克西斯”的大笔费用。[9]因此，备受亨利八世推崇的宫廷画师汉斯·霍尔拜因（Hans Holbein）为弗兰茨·塔克西斯画过肖像画，这一点也就不足为奇。

弗兰茨在布鲁塞尔为自己建造了宫殿，1517 年去世的时候他就被埋葬在该城的萨布隆圣母教堂（Notre Dame de Sablon）中。他曾经向这个教堂捐了四张华丽的挂毯，每张价值 6000 荷兰盾，其中一张挂毯绣的是其真人三倍大的肖像。

弗兰茨把他继承下来的家族名声和经营的产业发展壮大，在接下来几个世纪中，这个家族的头衔（主要通过从贫穷的国君那里花大价钱购买贵族称号）从男爵、子爵、伯爵、侯爵、公爵一直达到亲王——依据生活的国家的不同，这个家族的不同支系有不同的名称，如冯·塔克西斯、德·塔西（de Tassi）和迪塔索（di Tasso），同时又与其他豪门贵族家庭联姻，产生出冯·图尔恩和塔克西斯（von Thurn und Taxis），德拉·图尔和塔西（de la Tour et Tassis）、德拉·托雷和塔西（della Torre e Tassi），还有最显赫的家系如维琴察·冯·萨帕塔和塔克西斯亲王（Prince Vicenz von Zapata und Taxis）、萨波纳拉公爵（Duke of Saponara）、格瓦拉与塔克西斯的唐伊尼戈·贝莱斯·拉德龙（Don Iñigo Vélez Ladrón de Guevara y Taxis）。这个家族的庞大财富基础仍然是邮政服务，该家族演变成自身带有某种主权国家的性质，其他真正的国家或者统治者还与其签订了条约：1844年法国就与塔克西斯签订条约，签约方分别是“法国国王陛下”和“德拉·图尔和塔克西斯亲王殿下”。[10]

神圣罗马帝国在17、18世纪的战争中逐渐衰落，到了19世纪初又受到拿破仑的致命一击，因而塔克西斯的邮政服务业的范围和力量也陷入衰落。普鲁士在1867年用300万泰勒*（相当于今天的800万美元）购买了塔克西斯剩余的专营权，塔克西斯的邮政业务到此结束。但是，到了此时，塔克西斯王朝已经完全不需要哀悼这个在皮革和马汗的味道中开始的产业，他们已经投身于完全不同的领域。在1912年，一本有关德国邮政服务史的书题献给了“阿尔贝特·马里亚·约瑟夫·马克西米利安·拉莫拉尔殿下、图尔恩和塔克西斯亲王殿下、沃尔特和多瑙施陶夫公爵、布豪亲王、克罗托申亲王、弗里德贝格–朔伊伯爵、瓦尔萨西纳和马希塔尔和诺伊海姆伯爵……”这个名单如果要全印出来，“还可以多列十三行出来”。[11]

---

* 泰勒（thaler），德国15—19世纪的银币。——译者注

17 世纪对邮政服务的需求让塔克西斯邮政家族在这一时期产生了许多贵族，取得了商业上的成功。不仅如此，事实上，神圣罗马帝国皇帝授予了该家族在整个欧洲地区邮政业务近乎垄断的地位，并在 1615 年使其成为一种世袭权利，可以像土地一样由下一代继承。当然，在很长时间里，它在功能上类似于采邑，尽管官方只认为塔克西斯邮政网络是欧洲大陆交流的“血液和肌腱”（blood and sinews）。在 1628 年，这个网络发展到了顶峰，身着塔克西斯蓝色和银色工作服的邮差超过 2 万名，他们策马奔驰在从地中海到北海，从大西洋沿岸到神圣罗马帝国和奥斯曼帝国动荡不定的边界地区的驿站之间。

塔克西斯邮政与帝国的密切联系的一个缺点是，针对邮件的间谍活动随着 16 世纪和 17 世纪欧洲国家间的紧张关系而越来越多，因此对邮件安全的担忧也就越来越强。塔克西斯驿站中有很多拥有“驿馆”，里面配备有帝国探子，其任务就是打开邮包，审查任何可疑的信件。

到了 17 世纪的时候，塔克西斯邮政系统已经非常完善而且蓬勃发展，与地方邮政机构配合，将邮件送到各省的每一个角落。与此同时，它也引发了竞争，较小的邮政服务机构被认为更不容易受到监控，它们相互之间达成协议，携带彼此的邮件辗转前行。邮政公司也常常是旅客马车公司，有时候先有邮件业务，有时候先有旅客业务。所有这些业务的商业可行性取决于可靠性，这就解释了为什么很少有邮件丢失的投诉。

几乎可以肯定的是，17 世纪的学者使用这些小型邮政机构邮寄了他们的大量书信。其中包括城镇邮局、大学信使、私人邮差，以及行会、商人团体、有钱的贵族们自己的信使，这些信使会为受赞助的专家邮寄书信，等等。法国人怀疑哈布斯堡王朝的动机，塔克西斯邮政网络因此没能在法国获得支配地位，因而最早的国家邮政系统则在法国得以发展。不过，这一国家邮政系统直到 17 世纪末才出现。因此，以梅森为核心、蜘蛛网般的通信网主要由塔克西斯邮政王国的众多小型邮政服务竞争者组成。在法国，神圣罗马帝国皇帝给予塔克西斯的邮政垄断权并无效力。在哈布斯堡王朝统治的领地，没有其他邮政公司被允许经营这个接力系统，但是法国长期以来一直有这样的服务。人们认为是路易十一（1461—1483 年在位）在法国建立了邮政驿站。图尔（Tours）的城镇档案馆里有一条 1480 年的记录，是关于支付火把的费用的，读来令人回味："点燃这些火把是为了给每夜在城门吊桥值守的门卫照明，他们要放驿马邮差进城。"

就是在这种背景下，我们能理解梅森为什么轻轻松松地就成为了文学界的核心人物，无论是在"letter"这个词的字面意义（书信）还是比喻意义（文人）上。作为人类因特网服务器，以及通过提供邮件寄存服务，他吸引并聚集了当时最杰出的一群思想家。他与他们通信——在很多情况下与通信者个人认识而且有合作关系——比如笛卡儿、帕斯卡尔、皮埃尔·珀蒂（Pierre Petit）、伽桑狄、贝克曼 (Beeckman)、范·海耳蒙特（van Helmont）、罗贝瓦尔、德·佩雷斯克（de Peiresc）、霍布斯、乔瓦尼·多尼（Giovanni Doni）、托里拆利（Torricelli）、康斯坦丁·惠更斯（Constantijn Huygens）、伽利略等很多人。的确是梅森让伽利略的发现传播到意大利之外的很多地区，正如他让笛卡儿名闻全欧洲一样。1635 年，他在熟人圈子中成立了一个半正式的组织机构——巴黎科学院（Academia Parisiensis，他的朋友们有时候称之为梅森科学院），该科学院有将近150名通信成员，其中包括当时著名的数学家、天文学家和哲学家。事实上，它是1666年让-巴蒂斯特·科尔贝（Jean-Baptiste Colbert）创立的法国科学院的前身，也可以说是1660年创立的伦敦英国皇家学会的部分灵感所在。

笛卡儿在1647年流亡荷兰时对巴黎有过一次访问，这一例子说明梅森在文学界是焦点的角色。他只待了四个月，但已经有足够长的时间让他会见物质原子论的支持者皮埃尔·伽桑狄（Pierre Gassendi）、4年后出版《利维坦》（*Leviathan*）的托马斯·霍布斯（Thomas Hobbes）和数学天才布莱兹·帕斯卡尔（Blaise Pascal）。帕斯卡尔与罗贝瓦尔和费马（Fermat）关系密切，此二人都与笛卡儿有激烈的观点冲突，两者都没有指望会成为好朋友，这一点后来得到证实。笛卡儿对帕斯卡尔感到很好奇，因为他听说过有关他智慧过人的很多故事，而且对帕斯卡尔在16岁时写出圆锥曲线的文章而表现出的天才印象深刻。至少出于这个原因，他欢迎这次见面。

笛卡儿在梅森特别安排的晚宴上见到了霍布斯和伽桑狄，梅森这样安排的目的是协调三人之间的关系，因为霍布斯和伽桑狄两人对《第一哲学沉思集》中的观点提出了激烈的批评，他们的批评被收录在书中的“反对意见”中。笛卡儿凭借其个人影响力，曾经公开邀请有兴趣的评论者对书中观点提意见。笛卡儿对于批评总是非常敏感，他最初对别人的反对意见非常恼火，曾刻薄地告诉梅森，他认为霍布斯批判《第一哲学沉思集》是沽名钓誉，其目的是想以此提高自己的名声。在宴会那天，霍布斯和克劳德·克雷色列尔（Claude Clerselier）陪同梅森在场，伽桑狄因为生病没有能出席。因此，当宴会结束时，四个人都前往伽桑狄的家中看望他，并祝他早日康复。

梅森也促成了笛卡儿与布莱兹·帕斯卡尔的见面。在笛卡儿访问的时候，帕斯卡尔只有 21 岁。笛卡儿与他见过两次面，在第一次见面中，这位年轻人正发着烧，卧病在床。罗贝瓦尔也在那里，这让笛卡儿感到恼火，他本来希望单独与帕斯卡尔交谈的。不过，帕斯卡尔向笛卡儿展示了他研制的计算机器——或许不是第一台计算机，因为中国的算盘或许可以称为第一台计算机，但显然这是一种基于编织机技术的装置。当笛卡儿离开而前往中午的饭局时，罗贝瓦尔陪着他，两人都登上了笛卡儿雇的马车，在穿过巴黎街道的时候仍然在进行热烈的讨论。

笛卡儿和帕斯卡尔的这第一次见面被帕斯卡尔的妹妹雅克利娜（Jacqueline）记录下来，她不动声色地对宴会的结束揶揄道："笛卡儿先生带着罗贝瓦尔乘坐豪华马车离开了，两人都很孤独，互相对骂，声音比这里更大。"[12]

第二天早上，笛卡儿和帕斯卡尔再次见面，两人又能够面对面滔滔不绝地谈论下去了。笛卡儿向帕斯卡尔推销他的充气增压观点，建议做一个实验来解决他的理论与托里拆利的理论之间的冲突，这启发了用真空的概念来解释气压的理论。梅森对这次辩论也做出了贡献，最后他们讨论的结果是用多姆山实验来解决这个问题。

当然，梅森不是唯一推动欧洲大陆思想交流的人。另外一个通信员是塞缪尔·哈特立伯（Samuel Hartlib，1600—1162）。[13]就像梅森一样，他也是欧洲专家众多书信来往的中心，是被冠以“通信员”绰号的第一人，事实上在他的移居国——英国，其同胞是这样称呼他的。他出生在波兰说德语的波罗的海沿岸地区埃尔宾（Elbing），在柯尼斯堡（Königsberg）的阿尔贝图斯大学（Albertus University，又称阿尔贝蒂娜，Albertina）受过教育。事实上，他是三十年战争的难民，因为在1628年，帝国军队占领了波兰西部的一些地区，而瑞典入侵的威胁也在增加，所以他选择离开波兰。他定居在英国，或许是因为他祖母在英国的缘故（她曾经是埃尔宾英国贸易站的主管），曾经在剑桥短暂学习过一段时间，曾尝试在萨塞克斯郡的奇切斯特（Chichester）创办一所学校，但没有取得成功。

虽然这个项目失败了，但他维持了对教育及其改革的积极而持久的兴趣，这显然是受到了培根和夸美纽斯（Comenius）的影响。约翰·弥尔顿（John Milton）在1644年将其专著《论教育》（*On Education*）献给哈特立伯，该书显然是受到他的鼓励而写的。哈特立伯最雄心勃勃的教育事业是努力创办高级研究院，它是以培根在《新大西岛》中设想的“所罗门宫”模式为蓝本的。这个工程需要巨额公共资金的投入，哈特立伯没能筹措到这么多资金。但是，他的教育运动有助于说服克伦威尔增加英国的小学数量，而且在短暂的达勒姆（Durham）的新学院创建过程中也发挥了重要作用，其中的很多成员都是支持哈特立伯观点的人。

围绕在哈特立伯身边推动教育改革的有一群杰出人物，包括弥尔顿和凯内尔姆·迪格比（Kenelm Digby），他们成为“哈特立伯圈子”或者“无形学院”（Invisible College）的核心，后来英国皇家学会的成员大多来自这个圈子。他还鼓励一群青年才俊如罗伯特·玻意耳（Robert Boyle）和威廉·配第（William Petty），他们都受到他的观念的影响，即如果知识真有价值，就必须具备实际应用的可能性。

当英国皇家学会在1660年创立的时候，哈特立伯在内战中与议会的关联导致他被排斥在该机构之外，因为这个学会是查理二世资助成立的，他可没有时间去接纳同情叛乱者。克伦威尔曾经给予哈特立伯的补贴也因此被取消。总而言之，哈特立伯对这个世纪的思想发展所做的贡献没有得到应有的奖励。

他还对社会福利思想做出了重大贡献。他和好友、加尔文派牧师约翰·杜里（John Dury）共同创办了“公共通信办事处”（Office of Public Address），这是个半慈善性质的事业，部分目的是作为劳工介绍所，让穷人（无论是知识分子还是劳工）能够找到可能的资助者。它也旨在成为科学和哲学发展等各类新闻的信息交换中心，成为欧洲各地的商人的联络点，以及一个可以展示和讨论新发明、新技术与新方案的地方。它最重要的目标是运用哈特立伯的实践与理论结合的教育理念，促进各种教育和创业。

哈特立伯是个像梅森一样的博学之士，但比梅森的兴趣更加广泛，其中包括农业（倡导庄稼轮种和使用固氮蔬菜以增加土壤肥力）、水果种植和养蜂。他提出的玻璃蜂箱［由克里斯托弗·雷恩（Christopher Wren）设计］是他的新书《改革的蜜蜂联邦》（*The Reformed Commonwealth of Bees*）的亮点之一。他积极参加英国内战的政治辩论，号召宗教宽容，提出方案并力促其实施。他兴趣极广，以至于日记作者约翰·伊夫林（John Evelyn）给他起了个绰号“好奇心多得数不清的大师”。[14] 因此，发现他在信中和亨利·奥尔登堡（Henry Oldenburg）谈论钟表、永动机、灯笼、医疗处方、化学公式、农业机械等就不足为奇了。

与梅森形成鲜明对比的是哈特立伯对炼金术和交感神经药物的兴趣，他兴致勃勃地阅读了炼金术方面的文献。他对任何地方的观点都采取兼收并蓄的态度，包括猜测性的和神秘主义的观点；不过他并不是毫无批判能力的思想家，总是准备好进行实验。他可能曾尝试通过喝硫酸来溶解困扰他的肾结石，这无疑加速了他的死亡。

像梅森一样，哈特立伯偶尔会为了思想交流而出外旅行，在1634年前往荷兰的旅行过程中，他在詹姆士一世的女儿、运气不好的普法尔茨国王腓特烈的“冬王王后”伊丽莎白·斯图亚特的家中与笛卡儿会面。[15] 这件事显示，书信来往和与作者本人亲自交往可能是常常交叉重叠的。

当哈特立伯去世时，他留下了2.5万份书信和笔记手稿，其中包括来自400个不同写信人的4250封书信，主要来自英国、荷兰和法国。这批手稿如今存放在谢菲尔德大学图书馆，其数字版本已经可以供人查阅。[16] 在17世纪思想革命中，思想的沟通和公开交流的程度是自公元380年《萨洛尼卡敕令》（*Cunctos Populos*）以来空前的，哈特立伯即为这场思想革命的另一个显著例子。《萨洛尼卡敕令》要求罗马帝国的所有臣民要向罗马和亚历山大的主教表示认信，因而使基督教成为帝国唯一的官方宗教。

梅森接收和发送的书信还有1000多封存世，但是这些几乎可以肯定只是他的书信中的一部分而已。他的同代人将其视为“欧洲邮箱”，这说明经他处理的书信数量之多，尽管数量不能与另外一个通信员相比。这个通信员就是尼古拉–克劳德·德·佩雷斯克（Nicolas-Claude de Peiresc，1580—1637），此人的书信全部得以存世，总量接近1.4万封。

佩雷斯克的绰号是“博学王子”，这一称号在17世纪时对任何人来说都是高度的赞美。他是天文学家、收藏家和考古学家，他对科学的主要贡献是通过望远镜发现猎户座星云，以及在欧洲和地中海各地测量经度差。通过整理1635年8月28日月食的精确观测结果，他能够确定地中海比之前人们一直认为的短了1000千米。在他位于普罗旺斯地区艾克斯（Aix-en-Provence）的家中保存的丰富多样的文献中有很多文化珍宝，包括如今保存在卢浮宫的巴尔贝里尼牙雕和卢森堡手抄本，后者是制定于公元354年的费罗卡洛历法（Calendar of Filocalus）的手稿副本。

但是，他最大的贡献是他创立的通信网络。据说，他一天曾经写了42封信。他在整个欧洲有将近500位通信人，其中包括梅森、伽利略、托马索·康帕内拉（Tommaso Campanella）和伽桑狄。

另一位科学革命的通信员是数学家和天文学家伊斯梅尔·布里阿德（Ismaël Boulliau，1605—1694），他留下5000封书信，时间从1632年到1693年。他出生于加尔文派家庭，年轻时皈依天主教，并被任命为神父。在雅克和皮埃尔·迪皮伊兄弟的帮助下，他为巴黎皇家图书馆收集各类馆藏。1667年，他凭借对行星运动的研究成果而当选为伦敦英国皇家学会的外籍会员，其成果包括与行星轨道有关的“圆锥假说”，以及他发现的平方反比律，这个定律是说，某种作用的强度（例如重力或照明）与作用点和源点之间距离的平方成反比关系。这个定律适用于万有引力的计算，因而主要与牛顿产生了关联，因此，布里阿德被描述为该定律的“发现者而不是归属者”（finder but not keeper）。

英国皇家学会的第一任秘书亨利·奥尔登堡（1619—1677）也是一位多产的通信人，即使在他担任秘书所要求的正式官方职务之前也是如此。因此，他获得了“科学信息交换中心”的绰号。他留下的信函有整整13卷，其通信对象的地理位置比其他通信人的范围更广，不仅涵盖全欧洲，而且包括黎凡特和北美。作为皇家学会的《哲学会刊》（*Philosophical Transactions*）的编辑，他是17世纪上半叶和下半叶科学交流与辩论方式过渡的关键人物。正是他创立了将学者提交的论文稿件送给同行评议的做法。在17世纪的上半叶，这是通过个人之间的私人通信完成的，其网络是非正式的和分散的；到了这个世纪的下半叶，它是通过国家资助的机构里成群的科学家在印刷的刊物上发表研究成果的方式实现的。

提到冬王王后伊丽莎白·斯图亚特，即英国詹姆士一世的女儿，让人想起通过书信进行思想交流的一个特别的例子：勒内·笛卡儿和冬王王后的女儿即波希米亚的伊丽莎白公主（Elisabeth of Bohemia）之间的交流（请注意母亲名字伊丽莎白中的是“z”而女儿的名字里是“s”）。

当哈特立伯在冬王王后举办的晚会上遇见笛卡儿的时候，伊丽莎白公主只有16岁。那时波兰国王瓦迪斯瓦夫四世（Władisław IV）正向其求婚，但她拒绝了，理由是他们的宗教不同，他是天主教徒，而她是加尔文宗教徒。与法国国王亨利四世不同，她认为并不值得为了王冠而去改变宗教信仰。

正如前一章提到的那样，伊丽莎白和她的母亲与兄弟姊妹之所以生活在荷兰，是因为荷兰是她的父亲普法尔茨选帝侯、短暂在位的波希米亚国王腓特烈五世选择流亡的地方。腓特烈的妻子冬王王后是奥兰治亲王的堂妹，这位亲王出于家族亲情而给流亡者提供了两座坚固的住宅和一些补助金。腓特烈在 1632 年的瘟疫中死去，他的整个家庭得到奥兰治亲王的善待——这也符合他的政治利益。普法尔茨选帝侯拥有合法的新教徒领地，而哈布斯堡王朝的控制是不彻底的，这符合荷兰的利益。

冬王王后有 8 个子女，每个子女又有 4 个子女。这对贫困的流亡者来说是一个沉重的负担，虽然她可以向她的哥哥英国国王查理一世请求庇护，但是她决定留在荷兰。一方面，查理一世因为国内的麻烦而焦头烂额，但更重要的原因是她已经打算好了：如果待在荷兰，在地理上离她长子的普法尔茨领地更近些，这是最有利的选择。奥兰治亲王也赞同她的观点。

这就是波希米亚的伊丽莎白公主的成长条件。[17] 她非常聪明，天赋很高，而且非常喜欢学习。她充分利用本来不利的条件掌握了 6 门语言，其中包括拉丁语。她对数学也非常精通。她阅读了笛卡儿的《第一哲学沉思集》和《谈谈方法》，希望和他谈谈书中的观点。她请求奥兰治亲王手下的皮埃蒙特人（Piedmontese）成员阿方斯·德·普罗特（Alphonse de Pollot），询问笛卡儿是否愿意见见她。笛卡儿总是乐意与王室贵族见面，因为被人关注而深感荣幸。而且，他听说过她才华过人、聪明伶俐，也对见面非常感兴趣。

他们是在 1642 年秋天见面的。笛卡儿从他在恩德海斯特（Endegeest）的家沿着运河前往她在海牙的家，运河经过美丽的乡村和富裕的郊区，这个环境是他记忆特别深刻的，按照笛卡儿的说法，对他来说非常重要的一种关系就在那天开始了。[18] 翌年春天笛卡儿再次拜访了她，愈发热烈的信件交流也由此开始了。伊丽莎白在信中提出的问题最终使得笛卡儿写了一本他本来不打算写的书——《论灵魂的激情》(*The Passions of the Soul*)。

这本薄薄的专著直接源于伊丽莎白对笛卡儿无法解决身心关系问题的不满。按照笛卡儿《第一哲学沉思集》中的说法，心灵是“思考的东西”，而身体是“空间的东西”，这两种本质完全不同的东西可以相互影响。她对此感到不解。因此，她请他解释“灵魂的行动方式和对身体的激情”。她在 1643 年 4 月 6 日写道：

> 既然人类的灵魂只是一种思考的东西，它怎么能影响身体的精神，以便实现自愿的行动呢？这个问题的产生源于事物的移动似乎完全取决于它受到的推动力、它被推动的方式或者推动它的物质的表面结构和形状。前两者要求两种物质表面接触，第三点要求这些活跃物质必须具备广延性。你有关灵魂的观点完全排除了广延性，在我看来一个非物质的东西不可能触碰任何别的东西。所以我问你灵魂的定义，这个定义要比你在《第一哲学沉思集》中给出的定义更全面地阐述其本质；换言之，我想得到一个定义，不是想知道灵魂做什么，而是想知道它是什么。[19]

在 5 月 21 日的回信中，笛卡儿承认她的问题的敏锐性，做出了长长的回应，有些欺骗性地试图解决这个问题，即物体 X 移动物体

Y 的概念不同于心理事件 x 移动物体 y。笛卡儿声称，这其中存在两种不同的“移动”。当然，第二种意义的“移动”要求一种解释，笛卡儿尝试一种片面的解释，说如果要解释一块石头如何移动，比如下落，我们单单将石头的重量当作主要因素，我们并没有想象重量是像石头那样的实体。他写道：“我们如何思考石头的重量推动石头向下落？我们并不认为这是一个物体表面与另外一个表面真正接触的产物，就像用手推动石头下落那样。但是，我们并不难设想它是如何移动的，也不难设想重量和石头是如何联系起来的，因为我们从内在的经验中发现我们已经有一个提供这种联系的观念……我相信这个观念可以帮助我们来设想灵魂移动身体的方式。”

这不是一种能够让敏锐的灵魂感到满意的解释。伊丽莎白在 6 月 10 日回答说：“我不明白你如何使用重量这个概念引导我们达到我们需要的概念，以判断（非扩展的和非物质的）灵魂是如何移动身体的。我理解上的难点更详细地说是：我不明白我们为什么要相信身体可以被一些非物质的东西所推动……”她继续说，她发现把原因归结于灵魂更容易，而不是设想一种非物质的东西，以物质的方式作用于另一物体。我们知道，笛卡儿最后不得不承认他自己也不知道答案。

伊丽莎白的兴趣既有理论上的也有实际应用方面的，因为她注意到她的情绪对健康的影响。她在 1645 年 5 月 24 日写道：“我的身体有一大堆性别上的弱点。灵魂一旦受困扰，我的身体也很容易受其影响。灵魂恢复时，身体却没有力量自行恢复……很快，悲伤就会阻碍脾脏，并通过脾气感染身体的其他部分。我想这就是我低烧和喉咙干的根源……”

她在1642年第一次会面的时候就提出了身心互动的关系问题。最后，在1645年9月的信中，她要求他提供“激情的定义”。为此，笛卡儿写了一本讨论这个话题的专著。

在描述他们关系的文章中，莱昂·珀蒂（Léon Petit）暗示，笛卡儿和伊丽莎白相互爱恋。[20]其他人，包括热讷维耶沃·罗迪-路易（Geneviève Rodis-Lewis）都赞同这个观点，虽然路易认为那不是性关系。他们俩并没有时间和机会发生性关系，因为伊丽莎白被母亲安排和其他亲戚一起住，即位于柏林的勃兰登堡选帝侯一家。伊丽莎白和笛卡儿最后一次见面之后不久，就在1646年8月离开荷兰。但是他们的通信并没有中断，有时候是关于思想问题，有时候是不怎么深奥的问题，诸如伊丽莎白的麻疹、头疼和排便等问题。

笛卡儿将他的《哲学原理》献给伊丽莎白，他认为这是其代表作，是其科学观点的权威性陈述，笛卡儿写道：

> 当我知道全面的百科知识不是出现在一个常年冥思的某个老学究身上，而是一位年轻的公主身上时，我便不由得心生钦慕之情，她的美貌和年轻让人想到美惠女神格蕾丝（Graces）而不是灰眼睛的密涅瓦（Minerva）或者缪斯……我敬佩您的皇室尊严之外所表现出的善良和温柔，尽管不断受到命运的打击却从不怨愤或感到绝望。对此我深深折服，以至于我认为我的哲学宣言应该献给您，您身上体现的智慧令我崇拜之极，因为哲学就是对智慧的研究，此外什么都不是。事实上，我渴望被称为哲学家的愿望并不比我作为公主殿下最忠顺的仆人而被人所知的愿望更强烈。笛卡儿。[21]

上面的文字写于1644年。在1648年，他提到他写《论灵魂的激情》“只是让公主阅读的，她的精神力量如此与众不同，以至于她能轻易理解饱学之士也感到困难的问题”。[22] 伊丽莎白的妹妹索菲公主（Princess Sophie）写道：“我的姐姐，人们称呼她为伊丽莎白夫人……喜欢学习，但是当她的血液循环导致鼻子通红时，她的所有哲学知识并不能让她摆脱懊恼……她通晓各种语言和一切科学，定期与笛卡儿先生来往，但是这位思想家令她有些心神不宁，我们常常笑她。”[23] 提到“血液循环”显示这些年轻女孩子对科学的最新潮流多么敏感，威廉·哈维有关这个课题的著作彻底颠覆了从前有关血液和心脏的观点，他的实验证明血液是存留在体内并循环的，该书出版于1628年。[24]

伊丽莎白在柏林的宫廷中和乏味的堂兄妹一起生活了21年。1667年，她进入威斯特伐利亚的黑尔福德（Herford）新教徒修道院，一段时间后她成为女修道院院长，这个工作非常适合可能成为女王的人，因为这个修道院聘用了7000名员工在工厂、农场、磨坊和葡萄园工作。特别值得注意的是，在伊丽莎白任修道院院长期间，这个修道院成为任何宗教背景的人逃避宗教迫害的避难所。她卒于1680年，终年64岁。

前文曾提到梅森是对思想史上的那个重要时刻做出突出贡献的人。最初只是作为对宗教正统思想的补充，随后渐渐从遵从正统思想的束缚中解脱出来，在经过一个寄希望于魔法和犹太神秘主义捷径探索宇宙奥秘的阶段后，具备严谨学科规范的科学和哲学途径得以确立，这标志着其最大的努力，使我们通过技术的应用掌握了电脑运算、太空飞行、电视、现代医药和很多其他东西，以及在理解自然和宇宙方面取得惊人的进步。这个有关方法历史的演变过程——那是真正的内容——以及培根、笛卡儿和梅森本人在其中扮演的角色值得提及，这是下一章要讨论的话题。

13

知识捷径

思想史尤其是科学史让我们回忆起后来的进步令我们忘记的两件事。其中之一就是科学工具的作用，它们有时源于露天集市中新颖有趣的货物。如果没有这些，17 世纪的大飞跃就根本不可能发生。显微镜和望远镜的例子就非常说明问题。古代人就知道放大这个现象：在公元 1 世纪，塞涅卡就写到通过灌满了水的玻璃球观察微小物体会使其放大。但是，当时和以前以及后来很多世纪的探索者都没有更充分的知识、技能或技术来制造和改善棱镜，使其能以实用性或科学性的方式付诸应用。

到了公元 13 世纪，人们充分掌握了光线折射的原理（首先是被公元 2 世纪的托勒密猜想出来的，但并没有被应用在棱镜中）和打磨镜片以产生矫正效果的方法，从而制造出各种镜片。13 世纪后半叶在牛津和巴黎的大学任教的英国方济各会修士罗吉尔·培根（Roger Bacon）常常被人当作这些仪器的发明者。[1] 在 16 世纪，荷兰眼镜制造商汉斯和扎卡赖亚斯·扬森父子（Hans and Zacharias Janssen）发现，将两个镜片并置能够取得放大的效果，显微镜的真正历史自此开始。[2]

工具及其对科学进步产生强大影响本身就有丰富的故事性。[3]这个故事中会谈到其他对人类有利的新进展，如采用阿拉伯数字、数学用表、记账系统、廉价纸张、印刷术、更准确和更统一的度量衡体系等。当人们纳闷为什么古代人没有开发出研究自然时的放大手段，没有能应用托勒密有关光线在水中和玻璃中的折射的深刻见解时，答案变得非常明显：这些发现只有在与促成它出现的其他因素汇合起来时，才能使人们的理解和应用产生实实在在的变化。

思想史能够很好地提醒我们认识的第二件事，即科学诞生于很多探索者深深卷入魔法和神秘主义行为与信念的时代。这也是本章的主题。“神秘科学”（occult sciences）是现在我们所认为的真正科学的先驱，也是与科学完全不同的东西，在科学的早期发展过程中，有时候起帮助作用，有时候起破坏作用。简而言之，它与科学的关系到底如何，这是引起争议的话题。文艺复兴时期的学者认为应该在此问题上表明立场。在弗朗西丝·耶茨（Frances Yates）和德博拉·哈克尼斯（Deborah Harkness）等人看来，神秘主义是科学的先驱之一，而且是非常重要的先驱。在他们看来，那些创造科学成就的人，同时也涉猎犹太神秘哲学卡巴拉、魔法、赫尔墨斯主义、占星术和天使学。但是，对布赖恩·维克斯（Brian Vickers）、保罗·罗西（Paolo Rossi）等更多的其他人来说，神秘主义是与科学格格不入的东西，在16世纪和17世纪的思想家心中是完全不同的。他们的论据是那些从事科学实践而不是秘术的人赢得了胜利。[4]

无论哪个观点是正确的——接下来讲述的故事实际上与之前的任何一方观点都相符，虽然人们倾向于相信前一个观点——科学从神秘主义的纠缠中解脱出来的努力，无论是某些思想家从其他思想家那里解脱出来，还是同时涉足两个领域的同一个思想家从自己的思维困境中解脱出来，很大程度上得益于一些人的贡献，我们现在仍然记得他们在这个方面做出的成就。相比之下，几乎所有仍然热衷于知识的神秘主义途径的人现在很少被人们记住，即便被人纪念的话，也只是当作故事中没有结果的支线。[5]

上一句中“几乎所有”这样的用词特别合适，因为在对神秘主义途径极其热衷的人中间就有那个时期某些最伟大的科学家，其中就包括艾萨克·牛顿和罗伯特·玻意耳。牛顿花在对科学做出开创性贡献的时间远远赶不上他花在研究炼金术和阐释《圣经》上的时间。他认为《圣经》是用神秘密码写成的，如果找到破解的方法，就能解释所有自然现象。《启示录》尤其令他感兴趣，因为他相信其中的预兆是我们观察未来的真正窗口。就像之前的所有炼金术士一样，他希望找到哲人石，那种神秘的矿物能点铁成金，给我们永葆青春的秘诀。[6]

约翰·梅纳德·凯恩斯在1936年购买了牛顿的文章和书信，他震惊地发现，其中绝大部分都是关于炼金术和神秘猜想的内容。凯恩斯在1942年为英国皇家学会纪念牛顿诞辰300周年而写的演讲稿中说，这个发现并没有让他因此轻视牛顿及其在真正科学上的成就，因为牛顿绝对是个天才，不过这一发现的确让他意识到牛顿与其历史形象截然不同。[7]凯恩斯写道：

> 在18世纪以及此后，牛顿逐渐被认为是近现代第一个也是最伟大的科学家，一个理性主义者，一个教导我们按照冷静的、没有任何神秘色彩的理性逻辑思考的人。我并不从这个视

角看待他。牛顿在1696年最终离开剑桥的时候把他的东西都打包装进了一个箱子，虽然里面的东西部分已经散失，但大部分还是流传了下来。我认为，任何一个研读过箱子里东西的人都不会从这个视角看待他。牛顿不是理性时代的第一人。他是最后一个巫师，最后一个巴比伦人和苏美尔人，最后一个以先人同样的眼光观察这个看得见的思想世界的伟人。我们的先人在近一万年之前就开始建立我们的思想遗产。1642年圣诞节出生的遗腹子艾萨克·牛顿生下来就没见过父亲，他是魔法师们真心敬佩的最后一个天才少年。

对牛顿的这些特征描述有些夸大，在牛顿和巴比伦人之间是哥白尼和伽利略所处的时代，牛顿当然不可能以古代天象观测者那样的方式观察宇宙或可观察的自然。但是，凯恩斯的观点有足够多的合理成分，正如他所说，牛顿的确“认为宇宙是全能的神创造的密码”——让我们用更模糊的眼光看待他。

比如，基于他对《启示录》——《圣经》中描述可怕的世界末日的最后一篇——的解释，牛顿计算出在2060年之前世界不会终结：

所以，这里的“一载、二载、半载”，以12个月为一年，30天为一月重新计算，正如原初时代的日历那样，就是42个月或者1260天或者三年半。短命兽的一天对于长寿王国就是一年，如果从公元800年三个国王的彻底征服算起，即1260天的时间将在公元2060年终结。或许终结时间更晚，但我看不出它终结更早的任何理由。[8]

因此，牛顿提供了有趣的例子，说明即使像他这样有天赋的探索者也不能像现在的我们一样区分真知识和假知识。他对自然及其成分的兴趣并不像现在这样明确地分为物理和化学，化学仍然与炼金术完全纠缠在一起，以至于到现在也不可能确定无疑地区分这些范畴，人们做了很多实验，提出了很多理论。

或许令人吃惊的是，这也适用于牛顿的同代人罗伯特·玻意耳，他是玻意耳定律的发现者，该定律阐明了气体的体积与压强成反比关系。玻意耳的研究显然属于化学领域，他在 1661 年出版的书《怀疑派的化学家》（*The Sceptical Chymist*）是化学的奠基性著作。他对空气中的声波、水结冰时的膨胀、电学、颜色以及其他许多方面的研究，都建立在实验的基础上，这使他成为真正科学的早期领导者。但是，玻意耳也对金属转换的可能性感兴趣，兴趣之浓厚甚至使他致力于废除实施了几个世纪之久的一则反对"大量制造金银"的古老律令。事实上，当时从贱金属中提炼黄金的做法都被认定为犯罪行为。他对那种他所谓的"庸俗炼金术士"持批评态度，这个术语是帕拉塞尔苏斯（Paracelsus）首次使用以指代那些在物质中分离和提炼某些元素的人，因此他非常谨慎地区分"混合物"和"化合物"的概念，并且坚持做出了适当的分析。与宣称"盐、硫黄和水银"是"事物要素"的炼金术士相反，玻意耳采取了微粒的观点，即物质是由最终不可再分的微粒组成［微粒的原词是 corpuscles，意思是小颗粒，现在我们使用的希腊词源的词汇是"atom"（原子），该词源于"atomos"，意思是"看不见的"］。

但是，这并没有让玻意耳成为炼金术的敌人。相反，像牛顿一样，他希望炼金术能提供一种手段让人理解物质世界的本质，并实现拥有财富、健康甚至永生等伟大的渴望。启蒙运动和后来的科学史已经隐藏或者至少有意弱化了玻意耳的故事的这个方面，就像他们对待牛顿的故事一样。[9] 通过对两人的著作和兴趣进行深入细致的调查，我们了解到的画面要复杂得多。究竟多么复杂可以从这个事实上看出：玻意耳听任自己被一个骗子愚弄，此人声称如果寄送一大笔钱到土耳其就可以获得一些炼金术的秘密。玻意耳寄了钱，但是当然没有收到任何秘密。他甚至遭受蒙骗，认为自己见证了——事实上亲眼看到了铅变金的案例。他在写给吉尔伯特·伯内特的信中写道："那人有个坩埚，里面装了一些铅。他往里面倒入一种光亮的粉末，然后将坩埚放在火上加热。随后他将坩埚移开，等它冷却之后，我惊讶地发现铅没有了，变成了金子似的东西。在经过检验之后，那的确是真金。"[10]

然而，虽然有这些兴趣和反常情况，玻意耳自己的工作仍然体现了严谨的实证性和实验性，因此可以说他奠定了现代化学的基础。牛顿很少使用玻意耳的成果，但是自己投身于炼金术研究，心无旁骛、激情满怀以致神经失常。现在，我们不知道玻意耳到底做了多少炼金术方面的工作，众所周知（或者据其所述）的是他养了一条唤作"钻石"的狗，踢翻了蜡烛，引发了实验室大火，烧毁了不知多少著作手稿。一直有人猜测，他患的疾病可能是由于他在寻找哲人石过程中所使用的铅和汞所造成的。[11] 但是，他流传下来的超过100万字的著作足以证明他对神秘主义和超自然力量的热衷。他写了一本关于所罗门圣殿的书，把它解释为数学知识以及有关宇宙大小和人类在宇宙位置的信息的来源。在有关炼金术著作的注释中，他写道："这种哲学，无论是猜测性的还是实际有效的，不仅可以在自然万物中找到，而且可以在诸如《创世记》《约伯记》《诗篇》《以赛亚书》等神圣的经文中找到。就这种哲学的知识而言，神让所罗门成为世界上最伟大的哲学家。"[12]

甚至希腊神话也向牛顿暗示了解释世界奥秘的密码。他认为，在阿佛洛狄忒（Aphrodite）私通的故事里，有一则炼金术方面的信息：太阳神赫利俄斯（Helios）看见战神阿瑞斯（Ares）悄悄溜进了爱神阿佛洛狄忒的房间，此时她的丈夫锻冶之神赫淮斯托斯（Hephaestus）正好外出工作去了。赫利俄斯告诉这位跛腿的铁匠之神其妻子与人通奸后，赫淮斯托斯制作了一个网，安装在他和阿佛洛狄忒睡的床上，要以此把她和情人在通奸时逮个正着。这对男女的确被捉奸在床，愤怒的赫淮斯托斯召集奥林匹亚众神前来见证他遭遇的背叛。荷马告诉我们，见此情景，诸神哄堂大笑——因而有了"荷马式的开怀大笑"（Homeric laughter）和"众神的放声大笑"（unquenchable laughter of the gods）等词语，这些被重新记录在《伊利亚特》卷一中（不过，女神则尴尬地转过脸去）。在牛顿看来，这里存在一个深刻的秘密。在这个神圣的家庭戏剧中的每个成员要么与金属有关，如赫利俄斯与金有关，阿瑞斯与铁有关，阿佛洛狄忒与铜有关；要么与赫淮斯托斯工作中使用的冶炼金属的力量——火有关。显然，牛顿认为铁 + 铜 + 火能够产生类似铅的金属锑，这种金属表面被氧化后有三角格子图案。对于铜和铁的合金的业余研究并没有产生这个结果，虽然黝铜矿是含有铜和铁的硫化锑构成的，那是牛顿当时不可能知道的一种物质。[13]

后来的历史已经忽略了这些丰富的想象力，反而集中在牛顿严肃科学著作的惊人成就上，也集中在他在《自然哲学的数学原理》(请别忘了“哲学”当时意味着任何一种认真、系统性的探索，因而我们现在称为“自然科学”)为科学研究确立的方法准则上：

规则 1.

寻求自然事物的原因，不得超出真实和足以解释其现象者。

为此目的，哲学家说自然界不会做任何徒劳之事，如果很少的理由就能解释自然，那么再列举更多的理由就是多余，因为自然界喜欢简单明了而不喜欢炫耀多余的原因。

规则 2.

因此对于同样的自然影响，我们必须尽可能地确认同样的原因。

就像人或野兽的呼吸，欧洲和美洲的石头的演变，我们厨房之火和太阳的光芒，光线在地球上和行星上的反射。

规则 3.

物体的性质，没有程度的强弱之分，并且属于我们实验范围所涉及的所有物体，都应该被认为是所有物体的普遍性质。

规则4.

在实验哲学中，我们将通过一般归纳从现象中准确或非常接近真实地收集命题，尽管有可能设想出任何相反的假设，直到其他能使它们变得更精确或者可能出现例外的现象发生之时。

这个规则我们必须遵守，归纳法论证或许并不回避假设。因为物体的性质只能通过实验才能知晓，我们认定所有这些符合实验结果的东西都是具有普遍性的；我们不可从物体上剥夺其不可缺少的特征。我们当然不会因为梦想和我们自己设想的徒劳虚构而放弃实验的证据；我们也不会背弃自然的类比，自然往往是简约的，总是与自身契合。[14]

这些规则一直是科学的支柱——此后我们才能够称之为“真正的科学”。牛顿是如何将它们与《圣经》解释和炼金术视为没有冲突的，是颇有争议的一件事，但显然他的确这样认为。在他看来，这些在某种程度上不是“梦想和徒劳的虚构”，因而他用例子解释了科学和获得终极知识的假设性神秘途径之间的纠缠不清，这让在他之前和与他同时代的很多人痴迷不已。

牛顿和玻意耳（其程度略低）表现出的对炼金术和神秘幻觉的兴趣是在这些分心之事终结之际出现的。不久之后的启蒙运动使世人忽略了他们这一方面的兴趣，将注意力集中在他们对真正科学的杰出贡献之上。但是17世纪末，他们仍然痴迷于炼金术——在牛顿身上还有其他更不可靠的神秘之事——这一事实意味着，在他们之前的世纪人们更难正确区分科学和谬论，这一点应该不足为奇。16

世纪的很多思想家都试图说明水到底有多么浑浊这一案例。最突出的是伊丽莎白时代的巫师迪伊博士（Dr Dee），此人被认定应该为欧洲 17 世纪初的魔法（*magia*）、炼金术（*alchymia*）和犹太神秘哲学（*cabala*）的最后一次真正伟大的大爆发负责。后面我会谈论此人。

让我们首先澄清魔法、炼金术和犹太神秘哲学（Cabala，有时候被称为 Kabbalah）的概念。

犹太神秘哲学是几个相关的神秘主义体系之一，几乎所有这些体系都植根于犹太神秘主义以及冥想和占卜等做法。它包含了新柏拉图主义哲学的实质性因素、有关《托拉》（Torah）的隐含意义和拉比的教导的早期犹太思想。[15] 犹太神秘哲学的详尽教义在中世纪时期被西班牙的犹太人推向顶点。在公元 13 世纪的最后 25 年中，《光明之书》（Zohar）出现了，这是阐释《托拉》、宇宙起源、神秘话题、救赎、祈祷、灵魂及神的本质等很多内容的文集。它由摩西·德·莱昂（Moses de León）出版，此人声称这些文本是由公元 2 世纪一位名叫希蒙·巴尔·约哈伊（Shimon bar Yochai）的拉比 * 写成，他在犹太人遭受迫害期间藏身于洞穴内来躲避罗马人的袭击。在那里他接待了先知以利亚，先知指示他写下犹太教传统的深奥教义，这些教义之前仅以口述形式传播。[16] 单词“Zohar”的意思是“照耀”或者“光明”，以此为名的著作广泛而丰富地吸收了更早时期的评论和神秘文本，以及有关《塔木德》（Talmud）和被称为“米德拉什”（Midrash）的犹太圣经《塔纳赫》（Tanakh）的评论。

犹太神秘哲学的一个关键方面是“质点”（Sephirot，或 Sefirot）

* 拉比，犹太教经师或神职人员。——译者注

的概念，以及有关希伯来字母的神秘含义的教导。质点是神的十个主要名字，该词的字面意思是“流溢”，因此它们被视为无限之神（Infinite）的显现或者属性，通过质点，神显示自身，创造万事万物。神的属性包括光荣、智慧、意志、善良、雄伟、永恒和美德——神显现的属性及其顺序取决于人们学的是何种犹太神秘哲学。

希伯来语的22个字母包含神更多的名称。13世纪西班牙的一个犹太人亚伯拉罕·阿布拉菲亚（Abraham Abulafia）创造了基于希伯来字母变换的极其复杂的冥想途径，它们和字母相关的数字系统（因为字母也代表数字）提供了阐述神秘概念的材料。比如，希伯来语的特征之一是单个字母没有意义，总是要求至少成对才能组成一个有意义的语言单位。这样的对子通常被称为“门”（*sha'arim*），在犹太神秘哲学中据说有231个，它们在希伯来词汇中的三字母词根（shorashim）中不可或缺。使用与231相同的阶乘计算法可以得出，这些三字母词根的数量是1540。这里有个例子说明这些数字是如何在犹太神秘哲学中被解释的：对单词“Ysrael”的一种解读是yesh-rala，意思是“有231个门”。对这个单词的第二种解读产生的结果是该词代表了数字1540，这是因为希伯来字母代表数字，代表数量1的alef与代表数量1000的elef相似，有时候elef可以替换alef的数值。这样“Ysrael”就代表了数字1540。如果有时间，你就能通过运用希伯来文字找到很多其他令人吃惊的重要巧合和隐含意义，这些两个一组的数字代表的意思可涵盖几何、宇宙本质以及神等方方面面。[17]

甚至在1492年被西班牙的双王伊莎贝拉和斐迪南驱逐出境之前，西班牙的犹太人就已经带着其传统流散各地，犹太神秘哲学的观点开始影响欧洲最具想象力的某些基督徒。在13世纪，西班牙神秘主义者和方济各会修士拉蒙·卢尔（Ramón Lull）了解了犹太神秘哲学，他的几个观点与犹太神秘哲学惊人地相似。但是，被公认为将犹太神秘哲学介绍引进基督教思想并将其与赫尔墨斯主义结合，从而奠定成熟的神秘主义的基础和抬高“好”魔法身价的人是皮科·德拉·米兰多拉（Pico della Mirandola，1463—1494），此人是马尔西利奥·费奇诺（Marsilio Ficino）和科西莫·德·美第奇（Cosimo de Medici）聪慧却短命的贵族门客。

皮科的《论人的尊严》（*Oration on the Dignity of Man*）常常被当作文艺复兴时期人文主义转向的蓝图提及，这是新的信条——或者是自古典源流复兴的信条——认为人及其体验是人类自身注意力的焦点，这与中世纪基督教否认当下生活的主张正好相反，基督教认定当下生活不过是死亡的可悲前奏，因而与死后灵魂的命运密切相关。但事实上，皮科的文章是犹太神秘哲学—柏拉图主义新柏拉图主义—赫尔墨斯主义这一大杂烩的异常鲜明的宣言，不仅支持人的自我创造的自由，还支持魔法和新认知方式的正当性，他声称这将改变我们对宇宙的理解方式。

《论人的尊严》是作者为希望在教皇和罗马的枢机主教面前进行辩论的900个论题集而写的序言。它的开头是这样一段话：“最神圣的天父，我曾经在阿拉伯人古老的著作中读到，当撒拉逊人阿卜杜拉（Abdala the Saracen）在被问及在世界的舞台中什么东西最值得惊叹时，他回答：没有什么比人类更令人惊叹！赫尔墨斯·特利斯墨吉斯忒斯（Hermes Trismegistus）那句著名的感叹也证实了这一观点。他说：‘人类是一个伟大的奇迹，阿斯克勒庇俄斯

（Asclepius）！’”人文主义传统接受了皮科的这个雄辩的感叹。他随后以宣言的形式描述了神给予人自我创造和自我管理的权力，皮科让神告诉亚当：“无论处在什么地方，无论以何种形式，无论想拥有什么禀赋，你都可以预先设想，通过自己的判断和欲求去选择你可以拥有的地方、形式和禀赋。其他一切生灵的本性，都被限制和约束在我们所规定的法则范围之内，而你，不受任何限制和约束，自由是我们指派给你的监护人，你可以按照你的自由意志选择自己本性的特征。”皮科想到这一点欣喜若狂：“想想，神是多么的慷慨仁慈！人类是多么的幸福！神允许人类可以拥有他所选择的任何东西，成为他所希望成为的任何样子！”这是再清晰不过的文艺复兴时期人文主义态度的表达了。这可以用几个世纪后的让–保罗·萨特（Jean-Paul Sartre）所使用的相同话语来概括：我们的存在先于我们的本质，我们是自我的创造者，因为我们在根本上和终极意义上是自由的。

但是，更加仔细地阅读就会发现，皮科事实上在竭力从教会正统思想中争夺探索与应用犹太神秘哲学和赫尔墨斯智慧的自由，所依靠的就是神对人类许可的描述以及关于从前的圣徒与圣人探索知识的长篇赞美诗。他说：

> 我并不满足于重复陈腐的教义，而是从赫尔墨斯·特利斯墨吉斯忒斯早期神学观中，从迦勒底人和毕达哥拉斯学派的教义中，从希伯来的超自然神秘论中，以及从有关自然与神的大量观点中提出了很多论点以供辩论，这些都是我们自己发现和探索出来的问题……另外，我还引入了基于数字的新哲学思辨

方法。这个方法事实上非常古老，因为它起初是古代神学家和毕达哥拉斯创造出来的，也是艾格劳法莫斯（Aglaophamos）、菲洛劳斯（Philolaus）和柏拉图创造出来的，还是最早的柏拉图主义者创造出来的。然而，这种方法就像过去其他伟大的成就一样，由于后代人缺乏兴趣，陷入了遭人废弃的境地，几乎找不到它遗留的任何痕迹。柏拉图在《厄庇诺米篇》（*Epinomis*）中提到，在所有人文学科和冥想科学（contemplative sciences）中，数字科学是最高级和最神圣的。在另外一处，当有人问为什么人是最聪明的动物时，他回答说，因为人知道如何计算。同样，亚里士多德在其《问题》中重复了这个观点。阿布马萨（Abumasar）写到，巴比伦的阿文祖尔（Avenzoar of Babylon）有一句至理名言是这样说的：了解如何计算的人也了解其他万事万物……我也提出了涉及魔法的若干论点，其中我指出魔法拥有两种形式：一种完全在于神灵的作用和威力，因而这在我看来是一种该咒骂的邪恶东西，神为我做证；另外一种，如果深入彻底地研究，可以证明是自然哲学的最高级实现，而不是别的什么。希腊人注意到了这两种形式的魔法。但是，因为他们认为第一种形式完全不配拥有魔法的名称而称之为巫术（*goeteia*），把魔法（*mageia*）这个术语留给了第二种，即认为这才是最高级、最完美的智慧。按照波菲利（Porphyry）的说法，波斯语中的"magus"（拥有大智慧的秘术师）一词与我们语言中的"传译者"和"神的崇拜者"意思一样。

人们注意到说明问题的说法："如果深入彻底地研究，可以证明（另一种形式的魔法）是自然哲学的最高级实现，而不是别的什么。”直到 17 世纪，很多思想家都坚定不移且真诚地相信这个说法。

皮科的资助者和崇拜者马尔西利奥·费奇诺（1433—1499）是最近重新出版的《柏拉图全集》的拉丁语译者，也是个热情的占星术士（皮科对此并不赞同，他对占星术持批评看法）。[18] 但是费奇诺对于当时的主要意义在于他也是赫尔墨斯主义的经典著作《赫尔墨斯文集》（*Corpus Hermeticum*）的译者。他的译本是从希腊文翻译过来的，该文本是一位名叫皮斯托亚的莱奥纳尔多（Leonardo of Pistoia）的僧侣交给费奇诺的恩主科西莫·德·美第奇的。美第奇曾派此人前去修道院图书馆搜罗古代文献。皮科将他从赫尔墨斯主义所学的东西与柏拉图主义和犹太神秘哲学结合成了一种综合性混合体（*mélange*），这一混合体促使其他人采取犹太神秘哲学的观点，并将其与赫尔墨斯主义联系起来，通过这种方式演化出基督教自己的神秘主义。

赫尔墨斯主义是基于一系列文本的信仰，被认为包含万事万物的秘密。赫尔墨斯主义据说是伟大的、聪明的被称为赫尔墨斯·特利斯墨吉斯忒斯的人或神所创造，他要么生活在遥远的史前时代，要么是摩西的同代人。有人说这个文集包括 9000 篇文章，其他更加谦虚和追求准确的人说有 42 篇。[19] 有些学者认为赫尔墨斯·特利斯墨吉斯忒斯是希腊神赫尔墨斯（Hermes）和埃及神托特（Thoth）的结合体，这一结合或许出现在公元前 4 世纪亚历山大征服之后埃及受希腊文化影响的希腊化时期。两位神的结合本是很自然的，因为两者在各自的文化环境中都被视为写作和魔法的庇护者。他们也都是“死神”，也就是说指导死者的灵魂进入死后来生的神灵。

有学者提出，某些人所声称的赫尔墨斯是历史人物的观点可能源于埃及祭司和哲学家伊姆霍特普（Imhotep，生活在约公元前2650—前2600年），很多铭文提到他在死后被奉为神。与伊姆霍特普相同，赫尔墨斯·特利斯墨吉斯忒斯也具有人和神的双重身份，类似于耶稣基督。另一种可能与伊姆霍特普传统中更晚的一个人物有关，即著名的哈普之子阿蒙霍特普（Amenhotep son of Hapu，生活在约公元前1390—前1330年），不要与任何同名的埃及法老混为一谈。阿蒙霍特普因为精通医药与自然知识也被誉为伊姆霍特普。

在托特神的铭文中常常出现“伟大的，再伟大的，再再伟大的托特神”的模式，特利斯墨吉斯忒斯（Trismegistus）即三倍伟大的意思，但是关于这个名称和这种命名方式的起源还有很多其他传说与传统。到了古代后期提到赫尔墨斯·特利斯墨吉斯忒斯的次数就减少了，只是到了中世纪中期和文艺复兴时期才又恢复，他逐渐被认为是与摩西同时代的得到神启之人，而且是费奇诺翻译的神秘文本的作者。

无论赫尔墨斯的源头和特征是多么模糊费解与错综复杂，到了文艺复兴全面展开的时期，赫尔墨斯主义已经变成主流的文化力量，激励炼金术士和神秘主义者，让魔法和占星术变得可靠，吸引了当时很多领袖人物的关注和追随，范围之广从15世纪末的皮科到16世纪末的乔尔丹诺·布鲁诺。[20] 一个普遍的观点是神秘主义著作保留了所谓的古代神学（prisca theologia）或者纯粹与原始的神学，那是神在远古时代给予人类的东西。因此，古代神学是各地的宗教信仰的基础，但是特定文化使那个原始的真理发生了变异和分化，将其腐化并掩盖起来。牛顿也持有这样的观点。

时至今日，犹太教某些派别中还保留着神秘哲学，对神秘主义传统的信任和兴趣也仍然存在于某些人身上，他们认为42篇主要文献仍然存在，或许藏身于埃及的某个地方，那里面包含着有关宇宙的所有秘密。不过，学者和文献学家伊萨克·卡索邦（Isaac Casaubon，1559—1614）在17世纪初指出，希腊语的《赫尔墨斯文集》不可能早于公元1世纪，很可能著于公元2世纪。这之后，文艺复兴时期人们对赫尔墨斯主义的压倒性兴趣很快减弱了（除了牛顿之外）。卡索邦对《赫尔墨斯文集》的远古时代伪装的驳斥出现在他对切萨雷·巴罗尼奥（Cesare Baronio）的《教会编年史》（*Annales Ecclesiastici*）的批判中。胡格诺派教徒卡索邦批评天主教会历史是旨在提高教皇不仅在精神领域，而且在时间领域的权威的欺骗性尝试。[21] 卡索邦被同代人承认是当时研究希腊语和基督教古代史的最杰出的学者。他具有令人敬佩的能力，能辨认出文本中最不容易看出的伪造痕迹。在其收集的伪作《罗马皇帝列传》（*Scriptores Historiae Augustae*）中，安东尼·格拉夫顿（Anthony Grafton）写道："他揭露了它们中很多不一致的地方和未必准确的说法"，"他运用文体风格和内容等因素来指出手稿中被认定为埃利乌斯·斯帕提亚努斯、埃利乌斯·兰普瑞狄乌斯、尤利乌斯·卡庇托林努斯的著作更有可能是出自一个作者。他指出该文集被人编辑和修改过，虽然完成这个工作的人并不称职"。[22] 卡索邦这个人或许为乔治·艾略特提供了冷酷学者的模范，但卡索邦的学术研究推翻了赫尔墨斯神话，也终结了赫尔墨斯神秘主义。

卡索邦这样做不仅是要表明希腊语的《赫尔墨斯文集》成书时间不可能早于公元1世纪和2世纪，而且要表明其教义是在柏拉图时期与著书日期之间从熟悉的希腊哲学中借来的。简而言之，它不过是各种观点的总集，观点的来源广泛，既有柏拉图的《蒂迈欧篇》（*Timaeus*），也有希波克拉底的《论急病治疗方案》（*On Regimen*）。卡索邦写道："这些学说的假冒领袖墨丘利神（Mercury，即赫尔墨斯），将希腊哲学家的思想为己所用。如果我想一一整理出所有学说的来源，那得抄完这一整本书才行。因为除了从《圣经》福音中引申的观点外，他所有的内容都来自他们。"[23] 关键点是"赫尔墨斯"提到诸如菲迪亚斯雕塑这样的东西，它们是在《赫尔墨斯文集》创作完成日期的几个世纪之后才有的。卡索邦痛斥文本译自古埃及文的观念，他指出那些被归为源自古埃及或东方的文本只是公元最初几个世纪流行的东西，正如格拉夫顿所说，"（这些文本是）伪古代、伪东方文学的大量聚集"。卡索邦还指出："我们不应该感到吃惊，在公元最初几个世纪，当拥有充分特许权却带着虚假标题的书籍每天都被炮制出来时，对我们宗教体系几乎完全陌生的那些人在神学领域中应该也在尝试做同样的事。"[24]

如果要完整讲述犹太神秘哲学和赫尔墨斯的观点及其影响，那就少不了要描述约翰·罗伊希林（Johann Reuchlin，1455—1522）和弗朗西斯科·乔治（Francesco Giorgi，1466—1540）的著作，他们宣扬基督教版本的神秘主义。有关赫尔墨斯主义更悠久的故事可以追溯到古代后期的普鲁塔克（Plutarch）、德尔图良（Tertullian）、伊安布里霍斯（Iamblichus）和波菲利，他们都提到它——虽然卡索邦对《赫尔墨斯文集》的分析证明该书应该与他们同一时代产生而不是更早。但是，主要因为费奇诺对《赫尔墨斯文集》的翻译使得赫尔墨斯主义得以复兴，并且对近代科学发展之前的魔法思维大爆发产生了重要作用。

不过，对魔法思维本身而言，这个时代最能引起共鸣的名字或许是科尼利厄斯·阿格里帕（Cornelius Agrippa，1486—1535)。在神秘思考的历史中，阿格里帕总是被与同时代的另外一位名人帕拉塞尔苏斯（1493—1541）相提并论，帕拉塞尔苏斯的真实名字是腓利普斯·奥利奥卢斯·特奥夫拉斯图斯·邦巴斯图斯·冯·霍恩海姆（Philippus Aureolus Theophrastus Bombastus von Hohenheim）。虽然一个好巫师会认为魔法不过是对自然现象的操纵，事实也如此；但是，阿格里帕仍然公开宣称自己是巫师——他在他的主要著作《神秘哲学三书》（*De Occulta Philosophia Libri Tres*）的开头就明确地这样自称。而帕拉塞尔苏斯是个思想不同的人，可以说是现代医学的奠基人，无疑对医学进步做出了巨大贡献。这并不是说他对炼金术没有兴趣，用他自己修正过的观点来看，他对占星术也不是没有兴趣，但是他想要做的是一个真正的科学家，这使他与 15 世纪末和 16 世纪初的同代人形成了有趣的对比。

阿格里帕出生于科隆，后来成为位于勃艮第的多勒大学（Dole University）的教师。他曾经和本笃会修士约翰内斯·特里特米乌斯（Johannes Trithemius，Johann Heidenburg 的别名）一起从事研究，一个世纪后被奉为魔法方面的权威。特里特米乌斯的书《隐秘书写》（*Steganographia*）被罗马教廷列进《禁书目录》中，因为教廷认为这是有关神秘话题的书——以神灵和占星术为媒介的远程沟通——但实际上它是有关密码术的著作。[25] 对于当时痴迷于神秘魔法的人来说，有关魔法的密码书就像花蜜之于蜜蜂一样。无论如何，据说特里特米乌斯相信通过神秘手段是可以同上天交流的，与他一起研究的除了阿格里帕之外，还有帕拉塞尔苏斯，他们认为自己与神秘思想大师在一起或许情有可原。就是因为这个原因，阿格里帕将其《神秘哲学三书》献给特里特米乌斯审阅，经过仔细审阅之后，特里特米乌斯建议他不要急于出版。

《神秘哲学三书》是阿格里帕20多岁时所写，他听从了特里特米乌斯的建议，仅允许该书以手抄本的形式传阅。20年后，他对该书进行修改和扩充之后正式出版。[26]该书的目标是恢复魔法的影响力及人们对魔法的理解和实践，在阿格里帕看来，这些自古代以来已经大大衰落了。他总结了许多人们熟悉的和不怎么熟悉的资料，如新柏拉图主义者的著作、赫尔墨斯的著作、普林尼、伪-大阿尔伯图斯（pseudo-Albertus Magnus）、皮科、罗伊希林等，他也使用《圣人的目的》（*Ghayat al-Hakim fi'l-sih*），该书更著名的名称是《天体魔法书》（*Picatrix*），被认为是公元11世纪生活在安达卢西亚（Andalusia）的著名数学家迈季里提（al-Madjriti）所著。《天体魔法书》是所知的最宏富和最详细的魔法书（grimoires）之一，在公元13世纪初期被卡斯提尔国王“智者”阿方索（King Alphonso 'the Wise' of Castile）朝廷翻译成拉丁语之后，该书在欧洲产生了巨大的影响力。国王出于实用的和思想的原因对书中的内容非常感兴趣。《天体魔法书》以凌乱和迂回曲折的方式谈及护符法宝、占星术、魔法理论、秘方等，但是其叙述方式和涉及领域适合于渴望成为魔法师的人，这本书对费奇诺有相当大的影响，他的“精神魔法”就源于此。

阿格里帕是用写给特里特米乌斯的一封信作为《神秘哲学三

书》开篇，他在信中写道：

> 当我在您的维尔茨堡修道院（*Herbipolis*）与您谈及已故（也是最尊敬的）牧师的时候，我们一起讨论了有关炼金术、魔法、犹太神秘哲学等各种问题，这些到现在还都是神秘的科学和艺术。接着有一个伟大的问题，那就是为什么所有古代哲学家都认为是最主要的科学，且古代智者和牧师都一直非常尊重的魔法，到了天主教会开始盛行后却总是受到教皇的反感和怀疑，接着遭受牧师们的攻击和神圣的教士们的谴责，进而被所有法律和命令禁止。

阿格里帕认为，原因是魔法的名称和某些做法被某些冥顽不化或者邪恶的人利用了，给魔法带来了一些不应有的不好的隐含意义：

> 因为时代和人类的某种致命的堕落，很多虚假哲学家溜了进来，这些人打着魔法师的幌子，因为各种错误和虚假宗教派别聚拢在一起。从遭诅咒的众多迷信和危险的仪式，正统宗教里居心不良的亵渎神圣行为，再到自然的完善、人类的毁灭和神的伤害，都在一些书里得以阐述。正如我们当今看到的那样，他们偷偷地将最诚实的名称和魔法的称号加在这些邪恶的、非法的书籍前面。

阿格里帕关于用魔法探知世界的陈述富有启发意义，因为它显示了他采取的途径——这代表了与他有相同兴趣的人的想法——不同于后来时代的真正科学态度，但偶尔也与它形成共鸣。

> 存在三重世界，元素世界（Elementary）、天体世界（Celestiall）和智慧世界（Intellectual）。每个低级世界都受高级世界支配，并受到高级世界美德的影响，因此最初的造物主是通过天使、天国、恒星、元素、动物、植物、金属和石头将他自己的全能威力传递到我们身上，他制造和创造了所有这些东西就是为他服务的。聪明人认为，我们完全有可能通过每个世界上升到同样的程度，达到最初的世界本体——万物的造物主，万物从何而来的第一因——并继续前进，这绝非不理性的；同时不仅享受已经更好的事物上的美德，除了这些之外，还能从上面吸引新的美德。因此，在寻找元素世界的美德之后，通过体现自然万物种种混合体的物理学和自然哲学的帮助，继而是在拉耶斯（Rayes）的天体世界及其影响，按照占星术的法则和数学家的理论，把天体世界的美德赋予前者。此外，他们通过神圣的宗教仪式用各种智慧权力批准和确认所有这些东西。所有这些顺序和过程，我都会在三书中详细阐述。其中，第一本阐述自然魔法，第二本阐述天体魔法，第三本阐述礼仪魔法。[27]

除这部著作以外，这个时期还有其他重要的书籍令人倍感兴奋和兴趣大增，比如一位匿名作者的魔法书《阿巴太尔：论古代人的魔法》（*Arbatel de Magia Veterum*）。该书具有很大的影响力。阿格里帕的最著名读者毫无疑问是约翰·迪伊（John Dee），他借用了阿格里帕的宇宙分为自然（元素）世界、天体世界和天国（智慧）世界的观点以及理解各个世界的本质与关系的关键是数字的观点。阿格里帕在多勒的学院中当年轻助教时，曾经讲授过罗伊希林的思想，他的主题是罗伊希林的毕达哥拉斯主题和犹太神秘哲学话题的联系。约翰·迪伊是一位才华横溢的数学家，他觉得难以抗拒这些观点的吸引力。

帕拉塞尔苏斯在医药史学家和对本行业历史感兴趣的执业医师中非常著名，因为他说过一句影响深远的话："万物皆有毒，无一例外，唯剂量使之不致成为毒药。"他的后继者认为，如果没有他对这个领域的塑造性影响力，他们做的事情简直不可思议。这是他对医学发展史的重大影响的一个重要证明。当然，他一直被称为护理和治疗外围领域的师祖：替代医学领域的自然论者、顺势疗法医生、草药医生等，这是很有道理的，因为正是在这些领域发现了他掌握的唯一一部药典。而且，他还是"毒理学之父"，合理治疗法的创始人——比如建议不要用包扎而是采用放血疗法；他是梅毒的第一个描述者和汞能治愈梅毒的发现者；据说是他发现了鸦片（以鸦片酊的形式）可作为治疗时的止痛剂；他也是防腐消毒术的传授者；他有关尘肺的观点同样有道理，即认为该病是由吸入粉尘引起的而不是愤怒的山神发威，再加上他在外科手术上的革新，所有这些都让他在医疗历史上的地位坚不可摧。像许多智者和创新者一样，他不是传统观点的伟大调解者。作为巴塞尔（Basle）大学的教授，他在大学门口焚烧盖伦（Galen）和阿维森纳（Avicenna）的书籍，他声称这些人的书对于医药学习已经无关紧要了。他违背大学校规，邀请公众前往他的课堂听讲，在课堂上他穿着炼金术士的围裙而不是教授的长袍，最终惹恼了大学和城市的前辈们，他们最后将其解聘了。压垮他的最后一根稻草或许是一个事件：他宣称要向全市居民揭露医疗界的最大秘密，他在挤满了人的大礼堂里制造出一碗粪便。就在听众恶心地离开时，他在身后高喊“如果你不愿意聆听腐败发酵的秘密，你就不配医生的称号”。[28] 他打破偶像的、挑战性的或许自命不凡的本性的最好体现是他为自己起的绰号：“帕拉塞尔苏斯”意思是“超越塞尔苏斯”，而塞尔苏斯是指公元 2 世纪的罗马人奥卢斯·科尼利厄斯·塞尔苏斯（Aulus Cornelius Celsus），他是百科全书医学卷（*De Medicina*）的编纂者，该书涉及食谱、草药和外科手术等知识，流传至今。

关于帕拉塞尔苏斯的一个显著事实是，他广阔的经验背景构成了他思维的基础。他出生于瑞士，但在奥地利一个煤矿小镇长大，他的父亲是医生和药剂师。这对他有双重的好处。他在父亲身边接受了最早的医学训练，这对他掌握合成和提炼化学物质的技能也有帮助。与此同时，因为当地学校的学生被要求兼职在煤矿工作，他观察到矿物开采和冶炼过程。因此，他很熟悉很多矿石的性质与特点。

在巴塞尔大学学习一段时间之后，他前往其他数所大学学习，包括图宾根大学、维也纳大学、维滕贝格大学、莱比锡大学、海德堡大学和科隆大学，在评价这些大学的时候，他用他特有的方式说：“这么多一流的大学，为何只产生这么多高级笨蛋？”他游历很广，有些人提到，他甚至远到印度和土耳其求学和访查，寻找名医、药师和炼金术士。他的所见所学令他写道：“大学并不讲授一切，所以医生要找老太太、吉卜赛人、施魔法者、部落游牧民、老劫匪和不法分子这样的人，跟他们学习。医生必须是个到处旅行的人。”他还总结出了一句科学准则：“知识就是经验。”

帕拉塞尔苏斯对炼金术和占星术的态度是典型的实用主义。他对两者感兴趣显然是因为它们对于他理解如何应对自然来说有帮助，而不仅是人类的病理因素。他抛弃了从古代继承下来的理论，即世界是由土、气、火、水等元素组成的，而是采取了炼金术三要素的观点——他发现应该是这样的：一个是流动、可变的，一个是固态、持久的，还有一个是可燃烧的，能够依靠其本质影响到所有三者之间的关系。这三种物质分别是汞、盐和硫黄——汞易变，盐是固体，硫黄可燃烧。这三种物质都是毒素，而疾病是其中一种或其他毒素的毒性作用的结果。但是每种物质的小剂量都能产生相反的效果：可以成为治疗手段，汞治疗梅毒就是证据。

从赫尔墨斯主义中他得出一个观点：人这个微观世界必须与宇宙和谐，宇宙作为宏观世界必须与身心和谐。这些和谐是通过七大行星、七大金属和人体七大主要器官的关系协调的，比如“太阳—金—心”“月亮—银—大脑”等等。我们现在知道重元素只有在恒星的温度下才能形成，当时的帕拉塞尔苏斯不知道这一点，但他宣称毒素源自恒星。但是，令他感兴趣的不是“法医占星术”，就炼金术来说，他感兴趣的是观点的实用价值。“很多人说炼金术是为了制造金银。但是在我看来，这不是目的。应当考虑医药的美德和力量是什么。”[29]

帕拉塞尔苏斯就在被巴塞尔大学解聘几年之后就死了，有人说他是被谋杀的，而现在已经没有办法调查了。同样有可能的是，他是自然死亡，或者他在做实验的时候不小心把自己毒死了。但是，考虑到他在保守群体中激起的反对声浪，谋杀并不是不可能的解释。

他是个不容易相处的人，性格桀骜不驯，他作为医生很成功，但对他却是不利的，因为他的做法总有些令人可疑。有谣言说他曾让一两具尸体复活，在他死后还有谣言说他自己也复活了。他对灵丹妙药知识的掌握足以让他身后留下魔法师的名声。因此，有关他的传说在不断发酵：撒旦给了他一匹白马；他还拥有哲人石，经常将铅变成金子。结果，他死后的声望更强化了这样一种信念，即魔法、炼金术和其他的信仰是那些狂热者追求财富、健康、生命和知识的真正途径。

14

迪伊博士和魔法艺术

约翰·迪伊博士是马洛的浮士德博士和莎士比亚的普洛斯彼罗*的原型，也是17世纪最终使神秘主义思想走向终结的观念和努力的灵感来源。除了像上文谈到的牛顿这样伟大的狂热爱好者之外，恐怕没有谁比离奇得令人难以置信的迪伊博士更能确定无疑地显示出在17世纪崩溃前，犹太神秘哲学和赫尔墨斯神秘主义令人兴奋的混合体如何逐渐形成众多神秘“科学”。在他的故事中，人们看到炼金术、犹太神秘哲学和魔法中的第三个，即魔法走向巅峰的尝试。

迪伊在剑桥大学圣约翰学院接受教育，并被任命为亨利八世刚刚创建的三一学院的首批董事之一。当时，剑桥大学处于混乱和衰落的状态，这很大程度上是亨利改革的结果。每年只招收30名学生，大学欠了很多债，不得不典当其巨大的枝形吊灯。因为宗教改革，修道院解散了，建筑物空荡荡的，败落不堪。大学还与城镇发生了代价高昂的司法纠纷，这让大学欠下了很多债务。亨利的改革规定什么课程和文献能够学习，什么不能学习，废除了一些学位课

* 普洛斯彼罗（Prospero），《暴风雨》中的男主角。——译者注

程，要求教师充任大学管理部门的种种岗位，工作时间比从前增加了一倍，因为干活的人少了。

这种衰败持续了一段时间，该大学在经历了长时间停滞之后才开始走向繁荣发展的阶段。伊拉斯谟（Erasmus）曾经两度居住在剑桥，第二次是作为玛格丽特夫人的神学讲座教授（Lady Margaret Professor of Divinity）。1516年，在他第一次访问剑桥之后，他写道：

> 就在将近30年前，剑桥大学讲述的只有亚历山大、小逻辑学（他们这样称呼）以及亚里士多德的古老练习，还有来自邓斯·司各脱*的问题。随着时间的推移，引入了古典语文教育，在此之外还增加了数学知识，新的或至少复兴的亚里士多德学术兴盛起来，接着人们开始学习希腊语，出现了很多新作家，他们的名字之前连最有学问的博士都从没听说过。[1]

伊拉斯谟本人就是传播这些新潮流的学者之一，使这些新潮流缓慢传播到英国的各个大学。

但是，当迪伊到来时，革新和宗教改革的喧闹已经造成了损失，伊拉斯谟称赞的进步已经被逆转，剑桥成为贫瘠之地。迪伊精明能干的标志是，他在19岁的时候就被选为新成立的三一学院的董事和希腊语讲师。

而迪伊的热情并不在希腊语而是数学，他特别喜爱四艺——数学、几何、天文学与和声学。这些兴趣在两个方面直接滋养了他后

* 邓斯·司各脱（Duns Scotus），苏格兰中世纪经院哲学家、神学家、唯名论者。——译者注

来的魔法师生涯。在他看来，天文学和占星术没有区别。当局对数学感到怀疑，时不时地把数学教科书当作“变戏法书籍”而焚烧，因为数学与“黑魔法”之间存在联系。“算术”和“施魔术”两个词常常是通用的。[2]数学家和魔法师之间的联系最清晰地体现在名为数字命理学的神秘科学上。皮科·德拉·米兰多拉在《论人的尊严》中赞赏性地引用了毕达哥拉斯的观点，这是因为毕达哥拉斯不仅被认为是数学的奠基人而且是个魔法师，他曾经主张数字具有神秘力量，且其中最简单的数字——前四个正整数1、2、3、4——构成了宇宙的根本结构，分别代表了点、线、面、体，以及音乐和宇宙本身的和谐比例。[3]

迪伊作为魔法师的声誉开始于在三一学院上演阿里斯托芬（Aristophanes）的《和平》，他使用数学创造出令人吃惊的剧场幻觉。这场喜剧的主要人物特里伽俄斯（Trygaeus）渴望依靠梯子来到天上，向宙斯询问军事问题却没有得逞，因而决定施魔法变出一个会飞的动物载他前往。不过驮着他飞奔的不是一匹像珀伽索斯*那样的长着翅膀的骏马，而是一只狂野的巨大金龟子。即使在舞台上都很难达到这种效果，更不用说在剑桥的学校餐厅了，但迪伊却做到了，令同事和学生感到惊讶甚至恐慌，有些人甚至相信他使用了超自然手段。

在他1570年出版的著作《欧几里得〈几何原本〉的数学序言》（*Mathematical Preface to Euclid's Elements*）中，迪伊写到他所说的“奇术”（thaumaturgy）或者说“神奇的数学，通过某种特定的规则

---

* 珀伽索斯（Pegasus），有双翼的飞马，被其蹄子踩过的地方有泉水涌出，诗人饮之可获灵感。——译者注

制造出神奇的作品，让人身临其境并觉得不可思议”。这是“奇术”这个词汇的最早使用，其标准的含义是“神奇魔法”。它暗示他在三一学院的表演所取得的惊人的视觉效果是依靠从数学上精准安排观众，一面使用道具和机器施展花招，另一面掩盖实际的运行机制，这样使其看起来真的像金龟子背上驮着特里伽俄斯在房间里自由飞翔一样。

特里伽俄斯在三一学院的飞行或许并不像听起来那样困难：在那个世纪，已经有依靠水力说话和走动的雕像了——一个很好的例子，是巴黎圣丹尼和圣日耳曼德佩区（Saint-Denis and Saint-Germain-des-Prés）花园里的雕像，令第一次看到这种情景的笛卡儿感到震惊和紧张。此后一个世纪建造的剧场拥有一种舞台机制能够制造惊人的视觉效果，在令观众震惊的同时却不让他们认为这里面施展了魔法。[4]在《序言》中迪伊引用了“奇术”中非魔法的例子，如古希腊力学创始人阿尔库塔斯（Archytas）制造的能成功飞翔的蒸汽动力木头鸽子，以及据说是阿尔伯特·马格努斯制造的会说话的青铜头像。迪伊认为自己属于同一类别，他用充气装置、镜子、弹簧和滑轮来解释数学（以力学的形式应用）如何被用来实现看似神迹的效果。

但是，飞翔的金龟子令三一学院的观众震惊，迪伊在当时很快成为一个令人猜疑的人物，不少人将其描述为纯粹的魔法师，因为他们不相信他只使用了自然手段。迪伊在《序言》中为自己辩护，反驳说自己不是魔法师，至少不是负面意义上的魔法师，即得到“邪恶的和该诅咒的神灵”协助的巫师。他直截了当地反问：“如果依靠诸如自然、数学和力学的原理设计制作出奇特行为和技艺，任何诚实的学生和谦虚的基督教哲学家都应该被看作巫师吗？这个人应该被（秘密地）谴责为地狱犬的帮凶，以及邪恶的或该诅咒的神灵的召唤者和巫师吗？”对这两个反问句的第一个答案当然是肯定的：那恰恰是16世纪很多探索者经常被大众认为的角色，包括他们自己在内都是如此。对第二个问题的答案更加复杂，答案当然也是肯定的，因为存在广泛的怀疑，不仅宗教权威无法接受，而且迪伊等人坚持的观点令人觉得有些刺耳。在有些案例中（如乔尔丹诺·布鲁诺），这种坚持甚至招致被烧死在火刑柱上的命运。

迪伊非常热衷于他所说的“奇术”、占星术以及其他任何他能获取的知识。1548年，他前往荷兰旅行，表面上看是去天主教鲁汶大学（University of Louvain）读法律，但事实上加入了数学家赫马·弗里修斯（Gemma Frisius）身边的小组。弗里修斯以提出测量土地的几何技巧而闻名于世，而他也组织了一个作坊专门生产精确的测量仪器。就在那个作坊，迪伊遇见了地理学家杰勒德·墨卡托（Gerard Mercator），两人成了好朋友。墨卡托送给迪伊漂亮且极其昂贵的一个地球仪和一个天球仪。迪伊把他的书《格言教导基础》（*Propaedeumata Aphoristica*）回赠给对方。迪伊还拜访了荷兰其他探索者和专家学者，他把大部分时间花费在与他们而不是与英国旅人的交往上，不过他还是和一个英国人交了朋友，此人是查理五世朝廷驻布鲁塞尔的大使威廉·皮克林爵士（Sir William Pickering）。这层关系后来给他带来了麻烦。

在荷兰待了将近三年之后，迪伊前往巴黎讲授欧几里得的学说，并大获成功。有关他的“阿里斯托芬神圣金龟子”的传言已经传到这个城市，他发表演讲的大厅因此变得人满为患。在这样的机遇下，他在只有20多岁时就享有盛名，在1551年返回英国时，他给还是孩子的国王爱德华呈递了两本他撰写的占星术专著。他得到的回报是皇家俸禄，后来又转任教区长一职。他的发迹看起来不可阻挡，他又进一步成为诺森伯兰公爵的顾问和占星师，并担任他儿子的家庭教师。这是迪伊在世俗事业上的巅峰时刻。当爱德华去世，玛丽当上英国女王之后，开启了英国再度天主教化的转变过程，他与诺森伯兰公爵的瓜葛以及他作为魔法师的名声开始变得对他不利起来。

1555年5月，在枢密院的批准下他遭到逮捕。他被怀疑在海外流亡期间勾结叛乱分子，其中之一就是上文提到的皮克林爵士。更严重的是，他被怀疑从事“计算”“巫术”“施魔术”等“徒劳的邪恶勾当”。还有人指控他曾经给玛丽及其配偶西班牙的腓力国王算命——这是非法行为，因为它意味着对某人施魔法和念咒语的可能性或为暗杀做准备——事实上这导致了真正严重的指控，两个告密者声称掌握了证据，即他曾经试图用这种魔法杀害玛丽女王。其中一个告密者声称迪伊曾经让他的一个孩子失明，并试图使用同样的手段杀害他的另一个孩子。

这些指控不可能被证实，经过了一系列的调查之后，迪伊被剥夺教区长职位，并具结保证保持沉默，这意味着他谋生的手段被剥夺。但是，玛丽的下属官员似乎并不满意，他们接下来指控他是异端分子，要求他接受伦敦主教埃德蒙·邦纳（Edmund Bonner）的审查，此人因为在玛丽执政时期把很多人送上火刑柱而臭名昭著。他在这方面因为穷凶极恶而被称为“血腥的邦纳”，约翰·福克斯在《殉道史》以两行诗句描写他：“这个嗜血成性的家伙在3年里杀害了300个殉道者。他们成为他的食物，他如此嗜血，对于认识的人他一个都不饶恕。”以任何标准衡量，迪伊都陷入非常严重的麻烦中，但是，他在这里的生活记录令人困惑，他没有成为主教的受害者之一，而是在某种程度上转变为福克斯所说的邦纳的“牧师”，帮助审讯那些引起邦纳关注的人。

这到底是怎么回事？迪伊的传记作者似乎不知道这说明了什么，但他们提到一个事实，即迪伊既不是新教徒也不是天主教徒，也不是这些教派的同情者，而是对于宗教好像有不同于他人的观点。这对热衷犹太神秘哲学和赫尔墨斯主义尤其是后者的古代神学隐含意义的人来说，并不会感到吃惊。但是，证据不足似乎暗示了一种更加平淡乏味的解释，迪伊知道如何保全自己，非常有效地解决了有关他反对玛丽的严重指控，以及在“血腥的邦纳”面前驳斥了种种指控。或许他个人有关宗教的观点让这个问题同样简单和理性——为什么要为你根本就不在乎的东西而死呢？这并不是说他自己不够虔诚；他的日记充满了真诚的宗教情感，它们记录了长时间的、真诚的、私下的祈祷和冥想。但是，他毫无疑问是个幸存者：当伊丽莎白一世继承玛丽王位后，他的麻烦都消失了，就像他在邦纳主教位于富勒姆（Fulham）宫殿的待遇一样，并且在她执政期间过得滋润得很。

但是，有人解释说，迪伊在玛丽统治时期就彻底脱离了险境。他很快就写信给玛丽女王本人，建议以皇家图书馆的名义征集全国图书。他本人是个狂热的藏书家，创建了他自己的图书馆，最终成为英国最大的图书馆。在他搜罗的书籍中，有他需要的有助于恢复占星术地位的书，当时在英国因为缺乏数学知识和相关的星历表

（天体位置表），占星术正不断衰落，因此需要从欧洲大陆高价购买这些书。[5]迪伊的兴趣不仅是个人星象的标准占星术，他还关注天体对人间的普遍影响。在这个领域，他完成的著作是《格言教导基础》，这是献给墨卡托的书，其中他介绍了一个表示宇宙统一的概念，他为此创造了一个符号来表示。这就是“单子”（monad），用希腊文第四个字母（Δ）代表，这个概念注定会在他后来的著作以及受其影响的其他人的著作中发挥重要作用。

迪伊的主要观点是所有物体都放射光线，这将影响人类的灵魂和身体。这些光线可以通过棱镜和镜子放大、集中、反射或偏转，并被晶体捕获并使其清晰可见，就像算命先生的“魔法石”和灵媒的“水晶球占卜”一样。这些光线源于神在创造宇宙时向宇宙传递的原始力量，迪伊认为关于这些光线的科学是天然魔法，是与恶魔或者邪恶力量使用的超自然魔法对立的东西。他想理解这种力量并驾驭它。从总体上讲，他与我们现在称之为“真正”的科学家没有什么不同，尽管他的前提和方法有很大的差异。

但是，它们并不是在所有方面都有这么大的差异。他对地图绘制和探险的兴趣使其成为计划向西北或者东北方向航行的商人探险家的重要顾问。他为他们提供了地图和探险工具，指导水手如何使用这些工具。他翻译了欧几里得的著作。在伊丽莎白一世继位之后，他间断地成为她的顾问之一，女王曾向他咨询建立北美殖民地的法律基础问题。事实上，他曾经有野心让伊丽莎白以及她的王国赢得更大光荣，他创造了“不列颠尼亚”（Britannia）的名称，梦想建立一个全球性的大英帝国，拟订了建立庞大海军的计划来实现这个目标，并控制这个帝国。在这些努力中，他像从前一样继续对神秘哲学和占星术感兴趣，如通过占卜来决定伊丽莎白加冕典礼的黄道吉日，并给西班牙无敌舰队下了咒语，因导致其毁灭的暴风雨而居功——这是莎士比亚将他当作《暴风雨》中普洛斯彼罗原型的原因之一。

到了16世纪80年代初期，迪伊突然更加深入地钻研神秘主义，不再从事朝廷顾问的职业了。事情的起因是他被介绍认识了一种新的和前景光明的占卜师职业——这些人在各处奔走，利用那个年代人们的轻信而谋生。就在那天，他刚刚看到影响重大的占星术事件：彗星的出现，他认为这是一系列标志的最后一个，预示着他一直在期待的重大事件即将发生。

这颗彗星在现代天文学中被称为C/1582J1，对于迪伊而言，它是证明重大事情即将发生的一种现象，这不仅适用于宇宙中的重大事件，而且也适用于他本人。他认为这些事件的出现不仅仅是巧合，彗星使他意识到：他最后总有手段来揭示宇宙的秘密——这里说的手段就是第二天出现的占卜师——它也是一系列带来占星术重大改变的迹象中最后也是终极的一个迹象，其形式就是“火三角”（Fiery Trigon）。

那个即将改变其人生的占卜师是一个一开始自称爱德华·塔尔博特（Edward Talbot）的人，但他很快就以爱德华·凯利（Edward Kelley）之名为人所知并载入后来的史书，他是人类历史上最不寻常、最成功的撒谎者和骗子。

迪伊的这个生活转折点的直接背景可以追溯到10年前。1572年末，仙后座（constellation Cassiopeia）出现了一颗超新星，在夜晚的天空中比金星更加明亮。世界很多地方的人都观察到了它，第谷·布拉赫（Tycho Brahe）对此有详细的记载（现在它被称为第谷超新星 SN1572）。[6]这是被地球上的观察者精确记录的仅有的八颗超新星之一，它对天文学和科学产生了重要影响，尤其是驳斥了亚里士多德“天体不变”的观点——如果新的星星在天空出现，星星怎么能是永恒和永不改变的呢？这意味着需要建立一种新的宇宙模式，要求对天空进行更好的观察以及使这种观察能够实现得更好、更精确的工具。这就是对占星术家和天文学家产生的影响。更重要和更广泛的影响是，16 世纪的观念因为令人吃惊的新星出现而呈现危机。因为正如上文注意到的那样，它意味着要么人们长期以来接受的宗教和古代圣哲的宇宙学是错误的，要么传统宇宙论正确，则新星的出现意味着巨大的、不可思议的、很可能灾难性的事件即将发生。人们能够想象这在宗教改革的斗争过程中引发的不安和担忧。

迪伊是记录新星出现的人之一。这一次，伊丽莎白一世向星象占卜师约翰·艾伦（John Allen）而不是向他咨询了该事件的隐含意义。迪伊在 1573 年发表了他的观察，很有可能他和布拉赫之间有过通信往来。这颗新星到 1574 年仍然能看得见。就像布拉赫一样，迪伊也肯定他们看到的不是出现在较低天空的一个看不见尾巴的彗星，只是看到真正的恒星或者像恒星一样的物体出现在遥远的天空（彗星出现在更低天空的观点是正确的，我们现在通过它们围绕太阳运转时穿越太阳系而知道）。此前被宣称出现的“新星”只有两个，一次是普林尼记载的公元前 125 年古希腊天文学家喜帕恰斯（Hippa, rchus）发现的，它可能是真正的超新星；另一次就是《新约》中的伯利恒之星。因此，这个现象是引发猜想的丰富而令人担忧的源头。

迪伊不仅将新星的出现作为支持哥白尼模式的证据，当时哥白尼模式仍然被当作对天空的启发式描述而非事实描述，虽然很多天文学家私下都认定它确实是正确的；而且他还从恒星的亮度变化推断出一个同样具有革命性的理论——该恒星在太空自由移动。这个事件的隐含意义是恒星并不是固定在水晶天球上的，而是在远离地球的地方旋转，它本身就是一个中心，但是它们相互之间以及与地球之间的距离远近不同——正如迪伊的一个同代人曾经说过的那样，就像悬浮在大海中的粒粒尘埃。[7] 亮度的变化也被假设为地球围绕太阳运行时摆动的结果，它与太阳这颗恒星的距离会出现变化；但是，新星在 1574 年彻底消失，表明这个大有希望的推测并不正确。

不过，天空非常热闹。不久之后的 1577 年就出现了第二场演出，一颗大彗星出现了（现在的编号是 C/1577V1）。它在靠近金星的位置通过，因而离地球不远，再次被很多人看到并记录下来。布拉赫对彗星的详细观察——他记录的彗星有数千个——对开普勒后来关于行星轨道的研究非常重要，尤其是计算出了这些轨道是椭圆形的。布拉赫的笔记的一个显著特征是它们表明他承认彗星是在地球的大气层上方飞过——虽然他不知道是在上面多高的地方飞过，以及是它们的尾部还是头部背对着太阳的方向。另外一个特征是在画出彗星的路径时，布拉赫将地球放在位于太阳和月亮轨道的中心位置上：他并不相信哥白尼的观点，但可能持哥白尼和托勒密之间的折中观点，因为在他的宇宙图景中，太阳、月亮围绕地球旋转，其他行星围绕太阳旋转。

1577 年的彗星比之前的新恒星对整个欧洲的震撼更加强烈，这主要是因为它更加明显，穿过整个天空，它的出现是一种不祥之兆。这时很多传单出现了，上面是人们的各种猜测：彗星的形状就像土耳其短弯刀，意味着奥斯曼游牧部落要洗劫欧洲了。它曾经出现在代表婚姻和伙伴关系的第七宫，这意味着宗教冲突将加深，伊丽莎白一世与神圣罗马帝国皇帝鲁道夫二世的婚事可能无法实现。彗星出现在西方，这暗示某个重大事件将在新世界发生，虽然正如布拉赫注意到的那样，其尾巴朝东暗示着它将把毒害、瘟疫、不满和分裂播撒到俄罗斯人与鞑靼人身上。

迪伊在日记中记录了伊丽莎白朝廷处于“极度恐惧和怀疑中”，因为当时人们的普遍信念是彗星代表了凶兆。迪伊将彗星和新星联系起来，他在日记中记下，新星第一次被发现之日之后五年，恰好出现了彗星。他感觉到一些东西已经准备就绪，重大的事件就要发生，这一点越来越明显了。更进一步的证据应该是 1580 年复活节那天发生的事件，即整个英国都感觉到的似乎以伦敦为中心的一场地震，教堂的大钟因为地震引起的摇摆而鸣响了两分钟。

这场地震是已知的影响到法国北部和不列颠的最大一次地震。在开挖英吉利海峡隧道期间进行的地质学调查发现这次地震的震级是 5.6 级，震中位于加来南部 30 千米深的地壳内部——非常深，这就解释了这次地震的影响有多广。英国南部海岸的悬崖崩塌坠入大海，海浪翻滚，建筑物摇晃，有些甚至倒塌了。对那些受到地震影响的人来说，当然会惊恐不安，这让很多人本来就感受到的恐怖情绪变本加厉，但在迪伊看来，地震与其说是恐怖，倒不如说是激动人心。因此，几年后，在 1582 年 3 月的一个夜晚，他看到天空的一颗亮星，并在第二天遇见了爱德华·凯利之后，他感觉一直在等待的时刻已经近在眼前。

这个时刻就是“火三角”的开始。占星术三角是四组构成黄道的星座的其中之一，每组包含三个星座（白羊座、金牛座、双子座等）。每隔20年土星和木星都会有一次位于一条直线上，被占星家称为“大合相”或者（更形象地）称为“大交配”（Grand Copulation）。每隔20年大合相出现在一个不同的星座中，后一次大合相出现的位置与前两次成120度角，60年一循环的每三个大合相就构成一个三角形。在每10个大合相中，土星和木星属于同一个三角，虽然在同一个星座中从来没有出现过连续四条直线的情况。但是，随着循环的重复，直线出现某种变动，所以当它们再次出现时，它只是在60年前出现过的直线附近。每隔200年才出现一次的新三角中的大交配的出现因而被认为非常重要，更加重要的是在观测到所有四个“火三角”之后，新循环开始。这种大交配每800年才发生一次。

在1583年，水三角（Watery Trigon）会结束，而火三角（根据四元素的名字命名的三角）将开始。当然，如此重大的事件往往是世界末日的征兆。这导致普遍的焦虑，因此必须颁布反对占卜的教皇敕令。然而到了20年之后的1603年，除了作为人类命运经历的常见灾难和冲突外仍没有其他任何超常情况发生，人们对火三角的兴趣已经消失了。[8]

但是，对于1582年的迪伊来说，有关火三角的期待是鲜明的，彗星和凯利的到来这样的巧合事件让他确信，他已经处于人生的巅峰时刻。自然的奥秘——意味着有机会控制自然的知识——和未来的奥秘似乎已经在他的掌握之中。获得这些知识的途径就是通过爱德华·凯利，具体手段是水晶球或者迪伊已经搞到手的黑色显灵石板。凯利向他保证过的，他们几乎马上可以定期与天使对话。[9]

迪伊没能构建一个能给予他想要的知识的体系，他对之前尝试的种种探索方法的不足感到沮丧，包括我们可能认为是实证科学的那些例子。所以，能够直接从天使那里学习的机会简直就是天赐良机。[10]

在接下来的4年里，迪伊和凯利在很多场合与天使进行了长时间的对话。在每次对话开始的时候，他们都在迪伊家的礼拜堂内虔诚地祈祷，随后凯利就向热切的迪伊转述天使跟他说的话。凯利不是迪伊聘用的第一位占卜师。早在1581年，他就记录了与占卜师巴拿巴斯·绍尔（Barnabas Saul）的对话，此人盯着一个很大的水晶球说，他看到了一个叫作亚纳尔（Anael）的天使。这是一次奇妙的遭遇，甚至在迪伊看来也过于离奇了，因而产生了怀疑，因为亚纳尔是七大创世天使之一，在迪伊的水晶球出现时，他以上帝代理人的身份主宰整个宇宙。迪伊尝试过另外一块镶在框架内的黑色显灵石板，这次大天使米迦勒被召唤来接受咨询，亚纳尔告诉他："但只有在圣诞节之后才有空。"

但是，与凯利的交往情况有些不同。凯利似乎拥有惊人的想象力和了不起的口才，以及通过阅读迪伊的日记和其他著作追踪迪伊的兴趣的能力，从而能够向他提供一些奇闻怪事，迪伊不但相信，而且激动不已。在与迪伊形成欲罢不能的密切关系以前，凯利就通过和天使乌列*的接触而证明了他的可靠性，这让迪伊兴奋不已，因为乌列是曾经向以诺**传授占星术秘密的天使，以诺之所以重要是因为有一种传统认为，他写了一本解释神与亚当说话时使用

* 乌列（Uriel），基督教《圣经》和伊斯兰教《古兰经》所载天使长之一。——译者注

** 以诺（Enoch），《圣经》中该隐的长子。——译者注

的原始语言的书，亚当就是用这种语言为鸟兽命名的。迪伊拥有一本纪尧姆·波斯特尔（Guillaume Postel）写的名为《源头》（*De Originibus*）的书，其中波斯特尔声称，埃塞俄比亚牧师告诉他，埃塞俄比亚人拥有以诺的一本阐述亚当启蒙的书。通过凯利与乌列的对话，迪伊开始希望他手上的《索亚之书》（*The Book of Soyga*）事实上就是加密的亚当启蒙书。迪伊询问乌列是否愿意向他阐释这本书，乌列说只有米迦勒才能做到这一点。而为了求助于米迦勒，迪伊就不得不制作一件特别的家具。

这就是天使对话的开头，在此后的几年中，迪伊对之全神贯注、痴迷不已。这种探索肯定令人极其沮丧，因为迪伊日记中记录的回答非常隐晦，含糊其词——但这些回答往往也非常聪明，而且非常逼真，年轻的凯利天赋非凡，他在担任迪伊占卜师的时候只有26岁。[11] 迪伊对于这种探索是极其认真和严肃的。每次与显灵石对话之前的3天里，他都要避免性行为和过量饮食，还要彻底沐浴、刮胡子、剪指甲，随后还要祈祷。他得到的回报是被告知他将拥有聆听亚当式语言的机会，天使会挖掘埋藏的珍宝并交付给他，如果他能够提供藏宝地的少许土壤样品的话。

迪伊这样的天才人物为何会轻信这些鬼话？而且这样荒唐的事不是发生一天两天，而是长年累月。如果人们忘记了导致这种轻信的背景和欲望的结合体，的确会感到困惑。但是，那种轻信不光是迪伊一家的问题，其他更多的世人都有轻信的问题。随着有关他与天使对话活动的传言流传开来，迪伊的名声越来越大，开始超越国界变成国际性的了。1583年，一个声称即将登基成为波兰国王的波兰贵族阿尔贝特·瓦斯基伯爵（Count Albert Łaski）前来拜访他。不久之后，迪伊及其家人连同凯利和瓦斯基一起前往波兰旅行。他们居住在克拉科夫（Kraków），继续与天使和神灵交流，从事将贱金属转换成黄金的炼金术的研究，瓦斯基不断减少的财富（或许根本就不存在）就依靠这些金子了。

瓦斯基说服迪伊访问布拉格，将一封信呈交给神圣罗马帝国皇帝鲁道夫二世。这次旅行需要坐马车 8 天，如果和他们之前从英国出发经过荷兰的颠簸凶险而筋疲力尽的漫长海上之旅相比的话，还不算太糟糕。神灵需要他这样做——因为碰巧的是，神灵告诉凯利，要他告诉迪伊必须去布拉格并给鲁道夫二世送去重要的口信。迪伊并非总是相信凯利说的天使和神灵教导的每一句话，不过大部分话他是相信的，包括这一句。虽然天使的活动应该是秘密的，但迪伊作为学者、占星家、魔法师和神秘力量大师等含混不清的角色名声很大，而且越来越大，让波兰和波希米亚圈子的人产生越来越浓厚的兴趣。若将迪伊轻信的内心生活和他在欧洲那些地方的巨大影响力对比一下，我们会意识到通常看到的明星悖论。但是，在克拉科夫和布拉格等地至今仍留有一些神秘色彩，在朦胧与不祥的深夜中，这些城市狭窄弯曲的街道上似乎潜伏着巫师、魔鬼和其他秘密组织的神秘传说——这与迪伊在 16 世纪末期在那里度过的事实有关，就好像他在身后留下了炼金术、犹太神秘哲学和魔法的黑色踪迹，他与神灵和危险力量接触的残余，仿佛在至今仍然存在的鹅卵石铺成的街道或陡峭的长长台阶上的脚印，这些道路和台阶与他当时的情况没有两样。

在布拉格，迪伊住在皇帝的御医塔德阿什·哈耶克（Tadeáš Hájek）家里，哈耶克的家位于老城伯利恒广场（Bethlehem Square）

一角的绿色土丘之家。这座老城位于一个城堡山丘的下面，伏尔塔瓦河（the Vltava）从附近流过。迪伊的名声早在他到达之前就已经传开了，因而前往拜访和讨教的人络绎不绝，引来好奇的民众围观。虽然瓦斯基的介绍信或者他自己卓越的名声并没有为他赢得即刻面见皇帝的机会，但他最终还是被允许面见皇帝，传递了凯利传达给他的口信——这个口信根本没有任何讨好皇帝耳朵的打算，如果用最直白的话说，它的内容就是："如果你不好自为之，停止犯罪行为，就不会有好下场，你的王国也会跟着遭殃。"迪伊这次觐见皇帝迟到了，因为在他和凯利之间出现了某种内部问题——这种情况很常见：凯利常常桀骜不驯，在这个重要时刻卷入了一场决斗。所以，这不是传达神口信的最佳场合。口信的内容是这样的：

> 主的信使在我面前出现，他谴责了你犯下的罪恶。如果你听见我说的话，并相信我，你将胜利；如果你不听我的，曾经创造天地的神（你就是在他的恩惠下呼吸和拥有灵魂）将一脚踩在你的胸脯上，并将你从皇帝宝座上一脚踢下去。而且，神已经与我订立盟约（口头的），他说到做到。如果你弃恶从善，改邪归正，信奉神，你的宝座将比从前更加伟大，恶魔将成为你的囚犯：我的确猜测到恶魔就是那个伟大的土耳其人*。[12]

如果把赢得朋友和影响民众的能力按十分制评分，这种姿态恐怕连负一分都得不到，而皇帝最初非常亲切和蔼。不过，在派遣心

---

* 16、17世纪欧洲人将奥斯曼土耳其帝国的苏丹称为"那个伟大的土耳其人"（The Great Turk）。

腹廷臣雅各布·库尔茨（Jakob Kurtz）前去打探迪伊之后，皇帝很快就感觉到事件的冒失无礼。当库尔茨来到绿色土丘的哈耶克的家之后，他说，久闻迪伊的大名，也阅读过他的书籍，所以非常高兴有机会与迪伊交谈，这是友好的开端。他们一起待了6个小时，在此期间迪伊向库尔茨解释了他的观点和使命，并向他展示了最近的著作。但是，当库尔茨离开时，迪伊有一种不安的感觉，他可能没有给库尔茨留下特别好的印象。果不其然，没过多久他便被告知，鲁道夫对“来自神的口信”很反感，朝廷不欢迎迪伊。显然，库尔茨已经认识到，迪伊是个沉溺于自己观点的人，因而要么是个江湖骗子，要么是（更准确地说）受他人影响的笨蛋。

城里有关迪伊的流言越来越多，伴随着这些流言的是一种不信任和敌意的氛围。帝国朝廷的新教皇大使（Papal Nuncio）开始进一步诋毁迪伊，目的就是要让皇帝对其下驱逐令。就在此刻，神灵和天使再次干预，下令他返回克拉科夫。迪伊缺乏金钱，他的妻子刚刚又生了孩子，急需要休息，但是天使——凯利这样说——坚决要求他返回。因此，他们返回了克拉科夫。然而，没过几个月，他们就返回布拉格会见新教皇大使，此人假装相信迪伊确实定期与天使接触，并用轻柔温和的口吻问他，天使是否能为教会提供一些建议，他们迫切需要建议。这对迪伊来说是个陷阱，他成功地避免了这个陷阱，以花言巧语拒绝了他。但是，凯利却口无遮拦地说，教会里权势人物太多，他们的生活方式破坏了教会的声誉，除非改革自身，否则宗教改革带来的麻烦将持续存在。这些话惹恼了教皇大使。

到了1586年，这两人在一起已经有4年了，凯利在欺骗和控制迪伊方面已经取得了很大进展。事实上，他控制主人的全面彻底体现在“交叉配妻”的事情上，以及迪伊的书籍文章都被焚烧后又神奇地得以恢复这一事件上。凯利告诉迪伊，神灵说他和迪伊应该与对方的妻子睡觉。迪伊的妻子简当时31岁，她23岁时和51岁的迪伊结婚，简曾经是伊丽莎白朝廷的贵族夫人的侍从女官。迪伊非常不情愿地答应了，简更加不情愿，但最终同意遵从神灵的意愿这么做，并因此给凯利生了一个儿子。然而却是迪伊将这个孩子抚养长大。

第二个事件是天使通过凯利下令，迪伊的书籍和文章应该全部烧毁。虽然内心痛苦不堪，但迪伊还是同意了，眼睁睁看着一袋一袋珍贵的书稿被丢进火炉中。但是，不久之后这些著作又神奇地重新出现在花园中，化装成为园丁的神灵带领着凯利找到了它们。有人猜测，焚烧书稿是迪伊和凯利说服教皇大使和皇帝探子的计谋，使其相信迪伊与神灵和天使接触的犯罪证据已经被销毁。其他人猜测，这是凯利典型的手腕，旨在收紧他对迪伊的控制。[13]

但这两个答案哪一个正确已经无关紧要了，因为教皇大使和鲁道夫的大臣已经丧失了对迪伊的耐心，已经受不了他给这个城市带来的颠覆性影响。他们给皇帝提交了备忘录，指控迪伊施魔法、招魂问卜以及其他邪恶巫术。迪伊赶紧呈送了无罪陈情，但没有成功。皇帝签发了驱逐令，要求他必须在6天之内离开波希米亚。

这是迪伊一波三折的故事中的另一个转折点。有人暗示他是英国政府派遣的特务，这一点貌似可信。即便果真如此，也并不会令人太过意外——旅行者当然会为母国机构提供信息，当时很多著名人物都从事传递、搜集和发送信息的工作，与有用的特务接触等。笛卡儿或许是三十年战争时期为耶稣会会士和帝国利益服务的间谍，彼得·保罗·鲁本斯（Peter Paul Rubens）是西班牙哈布斯堡王朝的间谍，惠更斯父子在荷兰和英国之间交换情报。[14]在逗留布拉格期间，迪伊几次短暂前往莱比锡和其他地方与英国商人及旅行者见面，有可能是传递信息或交换情报。这或许也促使布拉格驱逐他。

但是，迪伊并没有离开波希米亚很长时间。在他的随行人员缓慢行进到德意志不久，他就遇到了热衷炼金术的富人罗森伯格的威廉（Vilém Rožmberk），一个在布拉格朝廷担任高官的波希米亚贵族，他把迪伊带了回来，不是到威廉宏伟的捷克克鲁姆洛夫（Český Krumlov）城堡，而是到位于特热邦（Třeboň）附近的附属庄园。威廉希望迪伊在其所有的炼金术实验室里点铁成金。

不过，结果证明凯利才是这方面杰出的工匠，他似乎在炼金术中取得了成功。他们在罗森伯格赞助期间让特热邦城堡成为人们热衷参访的目标，包括英国参访者，其中绝大多数人渴望得到的不是迪伊的建议，而是越来越想得到凯利有关从无中生财的魔法的建议、帮助和指导，渴望尝试他的秘方和药品。英国政府试图让迪伊和凯利返回祖国，希望这种神奇方式生产的金子装满女王的金库，但遭到两人的拒绝。不久，凯利的崇拜者和客户圈子扩展到波希米亚以外的地区，他也赢得了皇帝的好感。他与迪伊的联系减弱了，随后就彻底结束了。

皇帝像其他人一样热衷于通过炼金术或者其他任何方式积累黄金，但他对凯利的兴趣逐渐转向了另一个问题——逃避死亡的渴望。他陷入对死亡的恐惧而不能自拔，而肉体永生的前景令他感到兴奋。这是他想从凯利那里得到的东西。皇帝的资助让凯利大发横财，而且被封为爵士，但也有几次失宠并被关进监狱——因为没有能实现要求的炼金术目标——他从窗户逃出，最终消失在神话传说中。关于他的一个重要事实是他没有耳朵——年轻时因为伪造罪受到惩罚而被割去双耳。他总是留长发戴帽子，帽边总是系在头的两侧。虽然这相当不方便，但他的想象力、语言能力、无所顾忌、厚脸皮、智慧、狡猾、快速学习和迅速学以致用的能力让他取得了惊人的成功——至少在 1600 年前，他的最终结局到来之前都是如此。

迪伊本人在 1589 年返回英国，接受了王室的中级任命，担任曼彻斯特大教堂的堂区俗人执事。他本来可以以这种半退休状态走向生命的终结，如果恶魔没有来到他在教堂的房间并在他的桌子上留下燃烧的脚印［就像慕尼黑大教堂的魔鬼脚印（Teufelstritt），直到今天还能看得见］的话。在同事和教堂会众的忧虑不安中，迪伊离开了，因为这个事件以及他与一切黑暗的、声名狼藉的事件的广泛联系，他被从一切记录中抹去（令人悲哀的是，简和他的两个女儿都已经在他去世之前死于瘟疫）。但是，他留下了一种声誉和影响力，正是这些帮助点燃了神秘主义影响欧洲格局的最后一次大爆发。这就是普法尔茨腓特烈五世选帝侯在 1612 年娶了英国国王詹姆士一世的女儿之后 10 年的玫瑰十字会骚动，这与三十年战争的爆发有密切的联系。

15

玫瑰十字会恐慌

魔法、炼金术和犹太神秘哲学的可信性在事实上的消亡可能要归因于玫瑰十字会（Rosicrucian）运动的失败，虽然人们对它们的轻信仍然存在（少数人甚至直到今天仍然相信），这些事件导致了三十年战争的爆发。17 世纪头 25 年的玫瑰十字会恐慌若用戏剧术语可以被称为神秘哲学的危机，也就是说神秘主义观念到了最后关头，在知识经济时代早已不受欢迎，在神秘主义最后的狂欢中，其空虚一展无遗。有争议的是，17 世纪哲学和科学方法的两个主要系统论述者——弗朗西斯·培根和勒内·笛卡儿对方法论问题的兴趣不仅是由他们所反对的亚里士多德主义激起的，而且是由炼金术与化学、魔法与医学、占星术与天文学、神秘主义与数学等的混淆引起的，它们阻碍了知识进步。在倡导可靠的探索方法时，他们拒绝了魔法、炼金术和犹太神秘哲学，而这些在 16 世纪认识论和形而上学的想象中占据了主导地位。

17 世纪头几十年里真的存在所谓的玫瑰十字会主义或者玫瑰十字会运动，甚至存在一个真正的兄弟会——谱系可以追溯到 16 世纪或者更早的“玫瑰十字架兄弟”吗？有些学者认为，从来就没有一个有组织的玫瑰十字会运动，那只不过是一种传言，那些对其抱有希望的人或许认为，如果他们支持这种公认的运动，其成员将能相互接触和支持。实际情况很可能是，许多人对他们所理解的玫瑰十字会的观点感到好奇，其中很多人同情其目标及其所谓的基本原则。或许正是因为如此——玫瑰十字会是志同道合者之间的人际网络的雅称，而不是一个正式的或经过宣誓才能加入的秘密组织。因此，为了方便起见，玫瑰十字会或许可以被用来指代那些声援这些理想以及具有与此运动相关想法的人。

应该注意到的第一个非常重要的事实是，玫瑰十字会是新教徒中的现象。所以，事实上所有形式的神秘学、炼金术和魔法等神秘主义行为都是如此，而且一般来说都很深奥。它们得到普法尔茨选帝侯腓特烈五世充满热情的支持，虽然他不是官方的或经济上的主要支持者，但他短暂的波希米亚王位在1620年的白山战役后终结时，它们遭到了毁灭性的打击。他的失败，以及与他相关的神秘主义理想的失败，使得天主教会——或者更准确地说，它的好战先锋耶稣会会士——投入巨大的精力来压制人们对玫瑰十字会的兴趣及其相关神秘主义内容。耶稣会会士的主要做法是扩散对与赫尔墨斯主义、魔法和犹太神秘哲学等所谓神秘活动有关的焦虑，认为这些会对个人和城市带来威胁。这些在17世纪20年代前期做得非常成功，以至于在人们对1623年法国玫瑰十字会的恐慌之后，对一般的神秘主义和特别的玫瑰十字会的公开兴趣开始逐渐消退。

所谓的玫瑰十字会运动的激烈抨击者之一是马兰·梅森。梅森对神秘主义的敌意是如此强烈，以至于他与罗伯特·弗卢德（Robert Fludd）的公开争辩让受过教育的欧洲民众密切关注了很多年，这成为神秘主义走向衰落的主要源头。下一章将讲述这个故事。

1612年之后人们对玫瑰十字会的兴趣和恐惧的直接来源是三本书的出版，这些书出版后马上变得声名狼藉。其中一本是1614年在卡塞尔印刷的《玫瑰十字会兄弟会传说》(*Fama Fraternitatis Rosae Crucis, oder die Bruderschaft des Ordens der Rosenkreuzer*)。这本书之前作为手抄本已经流传了很多年，它对数字神秘力量的赫尔墨斯式兴趣是众所周知的。第二本书是1615年在卡塞尔出版的《兄弟会自白》(*Confessio Fraternitatis* 或 *Confessio oder Bekenntnis der Societät und Bruderschaft Rosenkreuz*)。第三本是1616年在斯特拉斯堡出版的《基督徒罗森克鲁兹1459年的化学婚礼》(*Chymische Hochzeit Christiani Rosencreutz anno 1459*)。正如弗朗西丝·耶茨论证的那样，这三份宣言的目标和观点都不新鲜，而是源于更早时期常见的文艺复兴神秘主义者的论述，几乎所有观点都通过同一个渠道——约翰·迪伊博士——进入玫瑰十字会文件中。[1]

宣言声称“人类普遍的改革”迫在眉睫，改革将在以弗雷特·C. R. C.(Frater C. R. C.)为首的学者们的调停下成为可能，后来在神秘科学的研究中认定弗雷特·C. R. C.即为基督徒罗森克鲁兹*本人。宣言中描述的传说是这样的。罗森克鲁兹寿命很长——活到了106岁——他为一群挑选出来的弟子讲授研究东方学问而获得的知识(请注意：这里再次提到了东方，这是所有神秘的和赫尔墨斯之类内容的源头)。他这样做是因为在他生活的时代，即14世纪和15世纪早期，人们还不大愿意接受他的观点。他教导8个弟子学习医学，

---

* 罗森克鲁兹(Rosencreutz)，该词即玫瑰十字会信徒的意思。——译者注

保持单身，免费治疗病人，在秘密社团中互称兄弟，并各自找到接替者。但是现在，宣言说十字会秘密存在经过几代人之后，思想的开放和更大的宗教自由让他们有可能回头来扩大兄弟会成员规模，以及吸收更多的好人进来。

请记住神秘主义的动机就是寻找获取知识的捷径的浮士德式欲望，对自然奥秘的控制解释了它对教会观点带来的威胁。教会认为那些奥秘不是人类而是只有神才知道的东西。从教会的观点看，在真正的科学和神秘学之间划一条界限是没有意义的。每个探索者都企图找到解开宇宙奥秘的方法，无论参与其中的是什么样的探索者——无论是通过神秘主义的捷径还是真正科学的实证性和定量研究的方法。对于这两者教会都反对：它并不刻意区分两者。而且，这里要强调的是，实践者自身也没有做出区分。但是，只要神秘主义与新教徒探索者联系起来，天主教会与作为正统思想对立面的神秘主义作战，这种教义冲突和普法尔茨选帝侯腓特烈前往波希米亚担任国王引发的战争就存在一种对应关系。

若将冲突狭隘化为天主教和玫瑰十字会之间的分歧，这场冲突可以被视为在 17 世纪 20 年代中期之前，前者赢得了决定性的胜利。教会的冲锋队耶稣会会士成功地将玫瑰十字会妖魔化，梅森等专家成功地诋毁了它的声誉，如果在任何意义上它们幸存下来的话，那也是地下流传的谣言或传说而已。

《兄弟会传说》和《兄弟会自白》是对读者发出的入会邀请，旨在邀请他们加入书中所描述的复兴兄弟会或者基督徒罗森克鲁兹创立的十字会。因此，这也是一个让读者了解作者到神秘东方的广泛旅行带回来的神秘智慧的邀请。虽然《兄弟会传说》和《兄弟会自白》是匿名作品，但是《化学婚礼》有个著名作者：符腾堡的一位路德派牧师约翰·瓦伦丁·安德烈埃（Johann Valentin Andreae），他是一位成就卓著的作家，其作品还有戏剧和自传等。这一点也有重要的地理意义。

符腾堡诸侯国的统治者是腓特烈一世公爵，他是一名狂热的亲英分子，一直渴望获封英国最高骑士勋位——嘉德勋章骑士。让他欣慰的是，经过漫长和艰苦的请求，他终于被伊丽莎白一世封为嘉德勋章骑士。他还对炼金术和神秘魔法表现出狂热的兴趣，为安德烈埃之类神秘学者提供了一种鼓励的环境。[2]伊丽莎白用嘉德勋章满足他部分是因为她的亲德的新教徒政策，这与亨利四世治下的法国政策有同样的目标，即遏制哈布斯堡王朝的势力。符腾堡毗连普法尔茨，而普法尔茨的选帝侯腓特烈在1612年娶了伊丽莎白的继任者詹姆士一世的女儿。

这场婚姻是引人注目的大事，有关此事的戏剧、诗歌和小册子有很多很多，当时举行了盛大的庆典。演员和音乐家陪伴选帝侯和他的新娘返回普法尔茨，在前往海德堡途中的许多舞台上举行的庆祝活动中表演。回顾一下，腓特烈是新教联盟的首领，有关他与英国国王结成家族联盟产生的巨大争议，对所有欧洲人来说都是显而易见的。最后，联盟被证明没有任何意义，因为当腓特烈需要詹姆士的帮助来捍卫他加冕波希米亚国王时，詹姆士却抛弃了他。

腓特烈的首相安哈尔特的克里斯蒂安又是一个对秘术及其承诺非常热衷的人。他是迪伊那种自称魔法师者的恩主，其中一个魔法师就是克里斯蒂安的医生奥斯瓦尔德·科罗利乌斯（Oswald Crollius）。科罗利乌斯曾经给克里斯蒂安献上一本书，引起他对神秘魔法的痴迷。[3]因为他的腓特烈朝廷首相的地位，克里斯蒂安能够培养并沉溺于这些爱好中。迪伊和凯利在海德堡的影响是显而易见的，迪伊曾经在 1589 年返回英国的途中访问过这个城市。他在这个城市的逗留引起了轰动，几十个探索者和贵族争先恐后前来拜访。在他访问这个城市之后，神秘主义领域出版的大部分著作都能看出他施加的影响，尤其是《单子象形符号》(*Monas Hieroglyphica*)，其中阐述了他有关炼金术和神秘哲学的折中观点。

两本受到迪伊影响并对玫瑰十字会文本产生直接影响的书是亨里克斯・昆哈特（Henricus Khunrath）的《永恒智慧的剧场》(*The Amphitheatre of Eternal Wisdom*)和西蒙・斯图狄翁（Simon Studion）的看似有预言性质的奇书《圣殿测量》(*Naometria*)，该书首次出版于 1604 年。斯图狄翁的书的扉页上是一朵玫瑰的形象，中心有个十字架，很多人认为这预示着十年后出现的玫瑰十字会文件。普法尔茨的腓特烈和安哈尔特的克里斯蒂安对《圣殿测量》特别有共鸣，它预测了 1620 年可能成为末世之年，那时“反基督者”(Antichrists)——教皇和穆罕默德——将被推翻。这个预测毫无疑问促使克里斯蒂安告诉选帝侯腓特烈，他和他的事业的命运就系于波希米亚领土。

昆哈特的《永恒智慧的剧场》出版于 1609 年，即斯图狄翁的奇书出版 5 年之后。迪伊对昆哈特的影响显而易见：后者的观点亦步亦趋地跟从迪伊的观点。此后，昆哈特的书对玫瑰十字会的文本产生了直接的和同样可感知的影响。耶茨写道：“在昆哈特的著作中，我们看到了玫瑰十字会宣言的典型用语，永远在强调宏观世界和微观世界，对炼金术、犹太神秘哲学和魔法的强调在某种方式上构成了一种能够为人类带来新前景的宗教哲学。”[4]

《兄弟会自白》在1615年出版的时候，同时印行了一份名为《更神秘哲学的简单思考》（*A Brief Consideration of More Secret Philosophy*）的小册子，对《兄弟会自白》中更隐蔽的主题进行阐释或扩展。事实上，这个小册子是对迪伊的《单子象形符号》部分内容的阐释，大段大段地引用后者的文本。同样，安德烈埃的《化学婚礼》中也有迪伊的清晰可辨的“单子”符号，不仅在封面上有，在正文中也有。不可怀疑的是，迪伊以及他留给德意志新教徒国家的影响和玫瑰十字会文本的关系非常密切。普法尔茨和波希米亚两个地方是神秘哲学与政治、宗教争议及国际事务交织在一起的地方。正如耶茨所说：“玫瑰十字会出版物属于围绕普法尔茨选帝侯的运动，这个运动促成了他前往波希米亚冒险。这些运动背后的主要精神领袖是安哈尔特的克里斯蒂安，他在波希米亚的人脉关系恰好属于迪伊影响力形成的那个圈子。”[5]

《兄弟会传说》有一个很长的副标题：“广大世界的普遍和全面的宗教改革运动；连同值得称道的玫瑰十字兄弟会写给所有的欧洲学者和统治者的《兄弟会传说》；还有哈兹尔迈耶先生（Herr Haselmayer）简短的回答，他因此被耶稣会会士抓起来，并被戴上镣铐送到战舰上划桨。现在发表这些，传达给所有真实的人心。”该书以一个响亮的声明开篇，“在过去的这些天”，一个伟大的承诺得以信守，简直完全揭示了自然界最深刻和最深奥的秘密。《兄弟会传说》接着说：

（我们）可以夸耀快乐的时光，在那时我们发现了世界的一半，这是迄今为止未知和隐藏的世界，但是，（神）也向我们显明了许多美好的、从未见过的作品和生物，而且养育了具有伟大智慧的人类，他们可能会部分更新和归纳各种技艺，到达至善的境界（在我们这个不完美的年代）。人们最终或许会明白自己的高贵和价值，明白他为什么被称为小宇宙（Microcosmus），他对自然界的知识范围有多大。[6]

在重新描述基督徒罗森克鲁兹前往东方旅行以获取知识的事件时，《兄弟会传说》强调了东方在认识论问题上的优越性，宣称这种优越性源于其专家公开地相互交流自己的观点和发现，这一点与保守秘密的德国魔法师、犹太神秘哲学家、物理学家和哲学家正好相反，这样做阻碍了知识的传播。这个观点让人想起培根的论证，即科学是而且应该永远是多人合作的事业，这种观点是他在《学术的进展》（*Advancement of Learning*，1605）中竭力主张的。

《兄弟会传说》认定罗森克鲁兹的旅行时间是15世纪，说当他返回欧洲时，给自己定下任务要讲授所学的东西，但他的努力遭到了拒绝和嘲弄。因此，他着手成立秘密协会来保留和传承他的学说。很长时间以来，埋葬罗森克鲁兹的坟墓一直是个秘密。《兄弟会传说》说，后来坟墓被发现和重新打开，出土了珠宝和神秘知识的书籍，这是已经被预言了的，这是罗森克鲁兹希望人人都准备好接受其学说的时刻。据此，《兄弟会传说》宣称欧洲的这个时刻已经来临，是时候唤醒人们开启一场“普遍的改革”。《兄弟会传说》指出，他的坟墓是在1604年被重新打开的。

《兄弟会传说》和《兄弟会自白》在整个欧洲引发了争议和喧

哗。这些东西要么被接受，要么被拒绝；要么被引用和捍卫，要么被攻击；要么被当作神谕来相信，要么被当作巫术受诅咒。无论如何，不论相信者还是怀疑者都广泛阅读了这些东西。值得注意的是，那些敌视这些著作的人对神圣罗马帝国迫在眉睫的“变革”的危险预言也最警惕，《兄弟会传说》中对此谈论了很多，它宣称玫瑰十字会兄弟会将通过“神秘的援助”改变帝国的处境。这些评论显然被理解为与身为新教联盟首领的选帝侯腓特烈有关。《兄弟会传说》提到“狮子”——腓特烈的象征——是这些即将发生的变化的代理人，已经让这一点变得非常明确。当腓特烈在白山战役失败而丢掉王位后，针对他和安哈尔特的克里斯蒂安的漫画和讽刺文章一下子满天飞，还有对他们与玫瑰十字会的嘲讽性言论。[7]

虽然玫瑰十字会有很多敌人，但仍拥有众多热情的追随者，从耶稣会会士和罗马天主教会到安德烈亚斯·利巴菲乌斯（Andreas Libavius）等负责任的学者，以及诸如米纳皮亚斯（Menapius）和艾雷尼厄斯·阿格诺斯塔斯（Irenaeus Agnostus）——都是笔名——等知识渊博的尖刻的批评家。《兄弟会传说》和《兄弟会自白》出版之后又有几十本书和小册子先后出现，这些出版物的作者希望秘密兄弟会注意到这些书籍，并邀请他们加入其中。热衷于学习玫瑰十字会秘密并希望加入这个运动的人也发出了直接呼吁。还有一些出版物的作者是那些要么自称玫瑰十字会成员，要么显然十分了解玫瑰十字会观点的人，其中就有约瑟夫·斯特拉图斯（Joseph Stellatus，笔名）、尤利亚努斯·德·康皮（Julianus de Campis，笔名）、西奥菲勒斯·施威哈特（Theophilus Schweighardt）等人。耶茨挑选出一个精通相关观点的明显的玫瑰十字会成员弗洛伦提努斯·德·瓦伦西亚（Florentinus de Valentia），他针对米纳皮亚斯反玫瑰十字会的书做出了详尽的答复，其中展现了对音乐、严肃艺术、建筑、航海、几何、数学和天文学等的卓越理解。在描述科学需要改革的时候——这里表现出培根的影响（这种影响也出现在玫瑰十字会的其他著作中）——弗洛伦提努斯说天文学是不完美的，占星术是不确定的，物理学的实验支持是不充分的，伦理学需要从新的角度重新考察。[8]

弗洛伦提努斯做出的这些评论都非常敏锐。它们使我们意识到，虽然玫瑰十字会的观点是赫尔墨斯主义、犹太神秘哲学和魔法等的混合体，但里面也包含严肃的方面。弗洛伦提努斯坚持认为，用各种正统基督徒使用的苛刻标准以外的标准来理解自然这一“神之书”并不是亵渎神灵。他说，那本书包含了我们需要恢复的由于亚当的堕落而失去的所有知识［很多人反复叙述过这个主题——研究自然即阅读神之书，其中就包括牛顿和下一个世纪的乔治·贝克莱（George Berkeley）］。[9]

有些研究思想史的人认为，这个阶段玫瑰十字会文献的泛滥有积极的一面，因为他们认为这是对科学探索自然的鼓励；同时这些文献体现了对亚里士多德观点的拒绝，无论是其哲学内容还是其从事哲学研究的方法。这种探索自然和拒绝亚里士多德的态度遭到罗马天主教会的激烈反对，他们担忧新科学不断揭示的内容，而且天主教在教义上忠于亚里士多德的思想。天主教教义和神圣罗马帝国世俗权力的密切联系让人自然而然地认为，科学的反对者将强烈谴责玫瑰十字会的观点，他们认为这些观点颠覆了宗教秩序和世俗秩序。

双方以书籍和小册子形式进行的有关玫瑰十字会的辩论风暴在

1620年戛然而止。耶茨给出的原因是：玫瑰十字会的希望破灭了，他们希望和腓特烈的波希米亚野心结合起来，但白山战役使他们彻底失败了。1621年，出现了一本小册子，名为《警惕玫瑰十字会害虫》（*Warning against the Rosicrucian Vermin*）。里面并没有说出什么新的东西，不过是重复了针对兄弟会及其观点的标准控诉的老调，但真正令人耳目一新，也是非常重要的一点，是它的出版地——腓特烈曾经统治的普法尔茨首府海德堡，如今被哈布斯堡王朝军队占领，在巴伐利亚的马克西米利安公爵控制下。

1621年还出版了一本《凯旋赞歌》（*Palma Triumphalis*），这是对天主教会及其创造的奇迹的赞歌。该书出版于耶稣会会士的主要中心因戈尔施塔特，是献给斐迪南二世的。《凯旋赞歌》攻击玫瑰十字会的观点和目标，嘲笑其"恢复所有科学、点石成金和长生不老"的野心。[10]

虽然与玫瑰十字会相关的政治企图在白山战役之后已经破灭，但是运动本身还是出现了最后一个繁荣发展的时期。1623年，巴黎出现海报，宣称玫瑰十字会的成员已经进城，将"以可见的或不可见的方式停留……我们不使用文字或书本就能演示和传授如何说我们想去的国家的语言，并把人们从错误和死亡中拯救出来"。结果造成普遍的恐慌。在《告诉法国人玫瑰十字会的真相》（*Instruction to France about the Truth of the Rose Cross Brother*，出版于同一年）中，加布里埃尔·诺代（Gabriel Naudé）将这场恐慌描述为席卷而来的"谣言飓风"。教会对兄弟会在巴黎现身的反应是极力妖魔化他们，说他们不仅背弃了基督教，破坏了教会的权威，而且在表现自己荣耀的魔鬼撒旦面前低头。

在 1623 年恐慌中所有对玫瑰十字会的攻击，像从前一样，是尖刻的和歇斯底里的。诺代的讨论非常有趣，因为不是尖刻和歇斯底里，而是非常博学和温和的。他将玫瑰十字会置于文艺复兴神秘主义传统中，报道了大发现的新时代即将到来的前景，他使用“复兴”（instauration）来描述其知识更新的概念。使用这个术语展示出作者对弗朗西斯·培根的著作的了解，其中就有不久前出版的《伟大的复兴》（*The Great Instauration*）。[11] 诺代的目标是反对玫瑰十字会，但通过认真的评价分析，在解释了他认为代表其立场的话语之后，他说：“先生们，请注意，阿克特翁（Actaeon）展现给你的狩猎女神狄安娜是赤身裸体的。”他间接提到女神狄安娜在水池内沐浴，却被不幸的猎手阿克特翁撞见。在神话中，她圣洁而温和，她不愿意被男人看见赤裸的胴体，无论是凡人还是神灵。一怒之下，狄安娜将他变为一头鹿，被自己的猎狗追逐并撕成碎块。诺代诉诸这个神话的目的很明显：玫瑰十字会成员是虚假的哲学家，他们假装揭示真理，但最后被真正的真理打败。诺代的结论是赞同耶稣会会士对玫瑰十字会的指责，他称赞利巴菲乌斯严厉驳斥他们的观点。

勒内·笛卡儿在 1623 年的玫瑰十字会恐慌中至少扮演了跑龙套的角色，虽然事实上他起到的作用比看起来的更大。他一直在欧洲各地游历，那些地方都与三十年战争的动荡事件密切相关——这个事实本身就很说明问题，如果他在某种意义上是间谍的话。就在玫瑰十字会恐慌开始时，他出现在巴黎。皮埃尔·巴耶（Pierre Baillet）的描述值得引用一下。巴耶告诉我们，当笛卡儿到达巴黎时：

> 倒霉的普法尔茨伯爵成为公众热衷讨论的话题。他刚刚被

选为波希米亚国王……而且（1623年）2月15日在雷根斯堡，普法尔茨伯爵的选帝侯身份也被转授给了巴伐利亚公爵。[12]笛卡儿能够告诉朋友很多这方面的事，但反过来，他们告诉他很多令他们感到焦虑的新闻，这些消息似乎都有些不可思议。有好多天，巴黎一直在谈论有关玫瑰十字会的事情，而且开始有流言说，笛卡儿就是这个群体的成员之一。笛卡儿听到这个消息非常吃惊，因为这样的事与他本人的性格不符，他也不愿意将玫瑰十字会成员看作冒名行骗者或者梦想家。在巴黎，人们称这些人是隐身人，他们当中有六人来到巴黎，居住在玛莱区（Marais），但是他们无法与民众交流，除了以感官难以感受到的方式认同其思想之外，别人也不能与他们交流。他们与笛卡儿同时来到巴黎这一偶然性事件可能对笛卡儿的声誉造成不幸的影响，因为笛卡儿在旅行中习惯于与世隔绝，深居简出。但是，他驳斥那些希望将其与这些事件联系起来而诽谤他的人，使用的方式就是公开现身让人人都能看得见，尤其是让朋友们看得见，这样他们不需要其他证据就可能说明笛卡儿不是玫瑰十字会的成员或者隐身人。他使用了同样的论据来解释为什么他没能在德意志发现一个拥有隐身术的人。[13]

巴耶接着补充说，笛卡儿的故意现身和对指控漫不经心的驳斥“起到了平息他的朋友梅森神父怒火的作用”，此人曾经因为流言而特别沮丧，因为他并不赞同其他人对玫瑰十字会不屑一顾的看法。梅森相信玫瑰十字会是真实且危险的，因为他阅读过“几个德国人以及一个名叫罗伯特·弗卢德的英国人为玫瑰十字会辩护而写的东西”，他相信他们的论述。[14]

就在玫瑰十字会恐慌开始时，笛卡儿来到巴黎或许真的是个巧合，经过几年在动荡不安、危险频频的欧洲各地旅行，他可能是为寻找玫瑰十字会成员的耶稣会会士服务，来刺探他们的；在某些人的心里，他在某种程度上与玫瑰十字会有瓜葛或许是更大的巧合。但是，大量其他证据——尽管是间接证据，都支持这样的假设，即他并不是如他希望他在巴黎的朋友认为的那样没有任何瓜葛。这些证据显示，要么他的确是特务，几乎可以肯定是耶稣会的特务，为其调查或者观察所谓的玫瑰十字会成员；要么他事实上曾经是或者希望自己是玫瑰十字会的成员。这些证据在两种可能性中显得模棱两可，但可以明确证明笛卡儿的某些兴趣，下面将具体说明。[15]

笛卡儿在一个笔记本或日记本中写了一部名为《奥林匹卡》（*Olympica*）的著作，巴耶知道这部著作。哲学家戈特弗里德·莱布尼茨（Gottfried Leibniz）拥有这个笔记本，并从中抄录了一些段落，这也是我们现在还能看到其内容的原因。这个笔记本后来丢失了，非常可惜，因为里面记录了笛卡儿在1619年11月10日做的非常著名的预示未来之梦，他声称这影响了他后来的整个哲学世界观。这个笔记本的故事非同寻常：首先，在莱布尼茨从中抄录某些段落之后，原文丢失了；而莱布尼茨的原始抄本也在19世纪法国学者出版了一个版本之后丢失了；流传下来的是19世纪末期夏尔·亚当（Charles Adam）出版的一个版本。此人是《笛卡儿全集》（*Oeuvres de Descartes*）的编辑之一［与保罗·塔内里（Paul Tannery）合编］。我们假定这个文本具有可靠性，这里是笛卡儿写的很令人困惑和有隐含意义的话：

> 波利比奥斯·考斯墨珀里塔斯（Polybius Cosmopolitanus）的《数学辞典》（*Thesaurus Mathematicus*）教授了解决这门科学中所有难题的真正方法，展示了人类思想在这个领域能够走多远。这让那些承诺要在所有科学中创造奇迹的人三思而行，并拒绝鲁莽冒险。它也支持很多人（玫瑰十字会）的令人感到极度痛苦的研究，这些人夜以继日地纠缠于本学科中的某些戈尔迪之结*，徒劳地浪费精力。这项研究被再次提供给全世界的专家，尤其是德国最著名的F.R.C（玫瑰十字会兄弟会的缩写）。现在科学已经戴上面具，如果面具被摘下来，它们将呈现出所有的美丽。对于任何清晰看到将科学联系起来的纽带的人来说，牢记它们不会比记住一串数列更困难。[16]

这些话语暗示笛卡儿在计划写一本书，题目是《数学辞典》，笔名是波利比奥斯·考斯墨珀里塔斯，这是要献给玫瑰十字会兄弟会的书。波利比奥斯是笛卡儿实际使用过的笔名，当他在1620年夏天拜访乌尔姆（Ulm）的约翰·福尔哈贝尔（Johann Faulhaber）做自我介绍时就是用的这个名字。福尔哈贝尔描述他是“一个聪明的法国年轻数学家”。正如我们即将看到的那样，笛卡儿最迫切关注的内容之一是找到一种能够获得确定知识的探索方法，这也是自那以后哲学辩论一直争吵不休的话题。

而且，笛卡儿在笔记本段落中描述的梦与鲁多斐勒斯·斯托弗罗斯（Rudophilus Staurophorus）在1619年出版的玫瑰十字会著作

* 戈尔迪之结（Gordian knots），希腊神话中的一个难题。——译者注

《哲学的情感爆发》(*Raptus Philosophicus*)有令人印象深刻的相似之处。在这本书中，一个年轻人在十字路口停下来，思考究竟走哪条路，这时一个妇女走上前来说她是“自然”，给他看了一本包含所有知识的书，但里面的内容并没有按顺序编排。[17] 研究笛卡儿的学者斯蒂芬·高克罗格(Stephen Gaukroger)极为细致地指出，我们没有证据证明笛卡儿阅读过斯托弗罗斯的书，他同样认真地指出，他们共有的比喻无非是一种老生常谈——获取知识的道路上的岔路口，一个人(常常是智慧化身的女性，让人想到雅典娜女神)为人指明了道路。老生常谈人人都能使用。

但是，即便我们不认为《哲学的情感爆发》是笛卡儿在其里程碑式的梦想所使用的模式，另外一个同样似乎可信的玫瑰十字会模式是安德烈埃的《化学婚礼》。笛卡儿的梦中一个显著的意外是，传进耳朵的一声巨响突然将他从美梦中惊醒。在《化学婚礼》中，真理天使也是以号角向罗森克鲁兹宣示其到来的。罗森克鲁兹在途中遭到狂风的吹袭，使他连走路都十分困难，但是他成功地进入一个城堡，在那里他遇见了许多熟人，有人带领他参观了巨大的圆球，其中天体甚至在大白天都能看得见。他还发现了一本没有完成的百科全书，有个声音问他：“你要到哪里去？”这里显然有与笛卡儿的梦境非常相似的情节。

笛卡儿讲述了在同一个夜晚一连做了三个梦，或者更准确地说，两个梦境显然是被上文提到的怪异的一声巨响打断，那种体验类似于就在耳边听见一声爆炸或者一声枪响。睡觉前一整天，笛卡儿都处在激动兴奋和过度劳累的状态，冥思苦想什么样的探索方法能够可靠地获得知识。他觉得他已经快要发现这样的方法了。正如他的笔记所讲述的那样，他的怪异的“第二个梦”也证实了这一点，他上床睡觉时虽然疲惫不堪，但仍处于兴奋和狂热的状态，入睡之后第一个梦境就立刻进入他的脑海中。[18]

巴耶记录了笛卡儿对这个梦的陈述：

> 笛卡儿感受到他的想象力被某种幽灵的出现卡住了，这让他极度恐惧，以至于认为他在街上走路时，必须向身体左边倾斜才能到达目的地，因为他感受到右侧极度虚弱，根本无法笔直站立。他试图站直身体，感觉到这样走路太丢人了，但他仿佛受到旋风般的混乱冲击，这使得他以左脚为中心旋转了三四圈。他艰难地挣扎，感到自己每走一步都可能会摔倒，不过这并没有让他恐慌。看到途中有一所学校开着门，他就走进去准备躲避一下，想找到问题的解决办法。他试图找到学校的教堂，他的第一个想法是祈祷。但是，他意识到与一个熟人擦肩而过却没有打招呼，于是试图后退几步来表示敬意，却被吹向教堂的大风给挡了回去。就在此时，他在校园里看到另外一个人，这个人叫他的名字向他打招呼，并礼貌地告诉他，如果他要找N先生的话，希望他能将某个东西转交给N先生。笛卡儿接过那个东西，发现那是从国外进口的西瓜。更加令人吃惊的是，围着这个人试图与其讲话的一群人都站得笔直而且稳稳当当，而自己却仍然弯着腰弓着背，站立不稳。在几次几乎将其刮倒之后，大风没有那么强劲了。

巴耶说，笛卡儿醒来后发现他的一侧身体真的很疼，这让他认为是一个邪恶的神灵导致他做了噩梦。因此，他依靠另外一侧，向神祈求保护他免受噩梦带来的邪恶后果，原谅他犯下的罪过。他承认他犯下的罪过太多，罪行太重；虽然从任何平常的判断标准来衡量，他都是无罪的，他知道他的确理所应当受到天打五雷轰的惩罚。

他一时半会儿难以入睡了。经过两个小时的思考之后，他再度睡着并立刻进入了梦魇。巴耶写道："他认为他听见了突然一声巨响，以为是打雷了。惊恐之余，他立刻醒过来。他睁开眼睛，注意到房间里火星四溅。他之前经历过这种现象很多次了，这对他来说似乎并不奇怪，当他半夜醒来的时候他的眼睛闪烁着亮光，这让他能看到近在眼前的东西。"过了一会儿，他变得不那么恐惧了，他再次入睡，又做起了梦——不过这一场梦还算平静，而且很有意义。

笛卡儿这次梦见他在桌子上发现一本书，他不知道是谁把书留在那里了。打开一看，他发现那是一本辞典，这让他很高兴，因为辞典非常有用。同时他还注意到紧挨着辞典还有另外一本新书，仍然不知道是谁留下来的。那是一本多人创作的诗集，书名是《诗歌总集》(*Corpus Poetarum*)。他随手翻开，眼前是这样一行诗句"*quod vitae sectabor iter?*"意思是，"我的人生应该怎么走？"

就在此时，他意识到旁边站着一个陌生人，那人递给他一首诗，开头是"对和错"，陌生人说这是一首非常精彩的诗。笛卡儿意识到这一句引自奥索尼乌斯(Ausonius)的《田园诗》(*Idylls*)。这首诗就收录在他从桌子上捡起的那本诗集里面。为了向这位陌生人展示《田园诗》，笛卡儿开始找这首诗，并夸耀说他清楚地知道这本诗集的编排顺序。就在他匆匆翻阅书页的时候，陌生人问他诗集来自何处，笛卡儿说他不知道，但是就在不久前他在寻找另外一本突然消失不见的书，他也不知道这部诗集是谁带来的。他仍然在寻找《田园诗》，就在这时他看到那本辞典再次出现在桌子的另外一边，他注意到它已经不再像他第一次打开时那样完整了。

他终于找到了奥索尼乌斯的诗歌，但是“对和错”不在其中。笛卡儿告诉陌生人不要太在意，因为他知道奥索尼乌斯的一首更好的诗歌，开头是：“我的人生应该怎么走？”陌生人迫切想看一看，于是笛卡儿开始再次匆匆翻阅这些书页。在这个过程中他看到了若干铜雕版印制的画像，这让他不禁赞叹这本书制作得多么精良，但是没等他找到“我的人生”那首诗，诗集和陌生人就都突然消失了。

笛卡儿没有从第三个梦中惊醒，但是在梦中他纳闷刚才的经历到底是梦境还是亲眼所见的真实场景，他开始解释这个梦：“他判断辞典只意味着所有科学的集合，而题为《诗歌总集》的诗集用一种更特别和独有的方式代表了哲学和智慧的结合体。”

当最终醒来后，笛卡儿详细分析了他的梦境。他解释诗集代表了启示和热情，巴耶写道：“他并没有对这些喜爱感到绝望。”但是，“对和错”他理解为真理和谬误。巴耶补充道：“看到对这些东西的解释与他的个人倾向如此完美地吻合，他竟然如此大胆地相信真理之神（应该是上帝）曾经希望通过这个梦境向他打开所有科学宝库的大门。”

总而言之，笛卡儿相信梦境是有预兆性的。巴耶补充说，笛卡儿就在同一天确认了这个预兆性地位：“剩下的只需要解释他在第二本书中看到的铜雕版画像。同一天晚些时候，一位意大利画家前来拜访。在那次拜访之后他没有找到更进一步的解释。”笛卡儿相信预测未来可能性的观点令人迷惑，因为它与笛卡儿应当信奉的两个原则格格不入：一个是天主教认为预言是邪恶有罪的教导，另外一个是科学世界观的合理要求。或许做梦的日期能解释这一点——笛卡儿仍然年轻，他的观点还没有定型，尤其是关于科学方法的部分。

那声惊醒笛卡儿的巨响似乎具有重要意义，无论对他还是对撰写有关他传记的人来说都是如此。神经学现在认为这种现象是无害的，有时候将其归为“爆炸头综合征”（exploding head syndrome）。就像笛卡儿描述的那样，它指的是人在入睡后听到头脑内出现爆炸声，声音之大和突如其来足以令人马上惊醒。它既不由疾病导致，也不会产生不良后果：它就那样发生了，除了让做梦者醒来和震惊之外没有其他影响。这种爆炸似乎出现在疲劳过度和压力很大的人身上。这很可能是某种神经性的能量释放，类似于在一个人进入梦乡的时候产生的脚步轻快的感觉。迷幻的感觉或许是爆炸体验的轻微版，两者都是中枢神经系统重新启动以维持兴奋水平一致的方法。很多看似怪异的主观性神经学事件出现在睡眠的边缘地带，所以它们很容易被当成很重要的事件，除非你认识到它们不过是常见的、随意性的东西。[19]

这个题外话的要点是展示笛卡儿的梦境或者“梦想”——总是可能有一些虚构的细节——与玫瑰十字会描述的突然领悟知识的途径是多么相似。如果笛卡儿的梦不是上文引用的两个文本引起的，那么两者的相似性就更加不同寻常了。

与这些巧合有关的还有这样的事实：笛卡儿认识很多人，他们要么自称玫瑰十字会成员，要么自称对玫瑰十字会成员的理想表示同情。其中一位是雅各布·瓦森纳（Jacob Wassenar），他是笛卡儿在尼德兰联合省居住期间的朋友，此人自称是玫瑰十字会成员。1624 年出版的题为《历史文献》（*Historisch Verhaal*）的专著明确指出笛卡儿是玫瑰十字会成员，该书作者是尼古拉斯·瓦森纳（Nicolaes Wassenar），他正是雅各布·瓦森纳的父亲。这本书的出版比笛卡儿前往荷兰早四年。与玫瑰十字会有关的另外一个人是科尼利厄斯·范·胡赫兰德（Cornelius van Hooghelande），他是一个对炼金术感兴趣的医生。笛卡儿移居尼德兰联合省后与此人维持了长期亲密的友谊。与瓦森纳父子相似，胡赫兰德和他的父亲都公开宣称自己支持玫瑰十字会的观点。当笛卡儿 1649 年前往瑞典女王克里斯蒂娜朝廷任职之前，他的最后一个重大举动是把他的私人文稿交给胡赫兰德保管。

另外一则证据是笛卡儿与英国人约翰·佩尔（John Pell）的通信，他是无形学院的成员，无形学院后来演变成伦敦的英国皇家学会。佩尔是塞缪尔·哈特立伯和西奥多·哈克（Theodore Haak）的熟人，他们也是无形学院的成员。哈克是普法尔茨本地人，他的家人中有很多是选帝侯的顾问。他的家人在波希米亚战败之后离开了普法尔茨。他在牛津和剑桥读书，代表英国政府翻译外国文本，并从事情报收集工作。当腓特烈五世的儿子在 1648 年恢复普法尔茨的王位时，哈克被邀请担任秘书，但他拒绝了这个邀请，因为他希望继续留在迁居的国家。

哈克在欧洲大陆的广泛活动——其中包括帮助在白山战役溃败后被驱逐出波希米亚和普法尔茨的新教徒牧师——与哈特立伯的活动类似，他也帮助三十年战争造成的流亡者。这些流亡者是激发 17 世纪上半叶进步的观念交流的源头，正如 20 世纪 30 年代被迫离开德国前往英国、美国和其他地方的犹太人一样。

笛卡儿与玫瑰十字会的众多隐含的瓜葛，使有些人如1690年的丹尼尔·于埃（Daniel Huet）、1890年的夏尔·亚当和20世纪末期的沃森（Watson）得出结论说，笛卡儿的确是玫瑰十字会成员。于埃提出了一个异想天开的理论：笛卡儿并没有在1650年死于瑞典，他的死亡是个谣言；在虚假的葬礼之后，他继续秘密生活在瑞典北部的偏远地区，这样他可以继续从事玫瑰十字会的研究。于埃引用了据说是笛卡儿1652年和1656年的书信作为证据，而这已是在他史载的死亡时间2年和6年之后了。

那么，笛卡儿是玫瑰十字会成员吗？或者他是耶稣会派驻玫瑰十字会调查其组织、行动和原则的间谍吗？很多证据支持前一个假设，但也能支持后一个假设。如果后一个假设为真，这与他后来和瓦森纳父子以及胡赫兰德父子的友谊也不矛盾，因为到了那个时候，玫瑰十字会恐慌已经消退，他不得不前往荷兰流亡，他可能在玫瑰十字会文本中发现了一些智慧的态度，它们的一些观念与严肃的科学立场并非相距甚远。

我支持第二个假设。除了确认玫瑰十字会运动是否真实存在的困难之外——总是值得重申一下——笛卡儿本人是玫瑰十字会成员的说法令人高度怀疑，即使他至少对玫瑰十字会的某些观点持同情态度。第一点是他对耶稣会忠诚；第二点是他反对炼金术、犹太神秘哲学和魔法的立场从来没有任何改变；第三点是他的朋友和帮手马兰·梅森曾在拉弗莱什接受耶稣会教育，强烈反对玫瑰十字会。[20]的确，玫瑰十字会的法则和笛卡儿自己的法则如避世隐居、免费使用医学知识、寻找延长寿命的方法（在笛卡儿身上，是通过自然的科学的方法）之间存在一些相似性。他还迫切地渴望找到一种方法以稳定地获得知识，他对数学也非常热爱。但是，这些追求是普遍的，并不是只有玫瑰十字会才拥有的专利，所以这些假说远非结论性的东西。

在我看来，决定性的因素是笛卡儿与耶稣会的联系。他一辈子都忠诚于耶稣会，不仅非常谨慎小心地避免得罪他们，而且竭力获得他们的赞许，迫切渴望他们将他的著作当作学校使用的教科书。[21] 如果他的确是耶稣会的间谍，受委托探访玫瑰十字会活动并监督观察，那么他也只是众多受聘者之一而已。将笛卡儿描述为耶稣会间谍，在欧洲各地旅行以寻找有关神秘魔法活动的信息，鉴于当时欧洲的状况，这种描述既没有戏剧性也不令人吃惊。大部分能够旅行的人是学者、贵族、商人和士兵，只有前两者可能了解拉丁语，因而有机会接触玫瑰十字会可能聚集的圈子，如果这些圈子真的存在的话。所以，如果耶稣会知道有一个聪明的年轻人在玫瑰十字会所自称的诸多同样项目上有兴趣和技能，他们很可能会充分利用他。

因此，推测笛卡儿在年轻的时候可能受雇从事这种活动似乎是有道理的。我们知道他在 1619 年和 1625 年在欧洲游历，突然在很多关键的地方出现，有些是局势最为紧张的地方——这些地方与三十年战争的初期阶段有关联。他使用笔名，他访问了被称为玫瑰十字会兴趣中心的地区，在危机发生的时候他在波希米亚，在武装冲突即将爆发的时候他在瓦尔泰利纳山谷（Val Telline），在玫瑰十字会恐慌爆发的时候他在巴黎，所有这些都有传言说与玫瑰十字会有关。而且，虽然他继承了位于普瓦图（Poitou）的一座小农场，但他不是有钱人，这些年的广泛游历是要花很多钱的。或许他在这些敏感时期前往这些地方是有报酬的。

最后一个重要线索是为什么他离开法国前往荷兰流亡，多年后才短暂返回国内访问。1628 年在巴黎时，笛卡儿受邀与法国最有权势和最有影响力的人之一贝吕勒枢机主教（Cardinal Bérulle）私下会晤。这次会晤发生在耶稣会会士再次与法国政府交恶之时，就在法国政府重新表示了对三十年战争中新教一边的外交和军事的支持——其意图还是要限制当时处于上升势头的哈布斯堡王朝的扩张。在这次会晤之后，笛卡儿马上动身前往尼德兰联合省，此后十多年再也没有踏上法国的土地，而十几年后，他离开时的人和环境都已不复存在。我猜想，在那次会晤中，笛卡儿被告知他与耶稣会会士勾结支持哈布斯堡王朝，这是法国不欢迎的行为，因此被劝告离开这个国家。

玫瑰十字会的故事是所谓现代思想孕育阶段的终点，在这个阶段，探索行为开始获得越来越多的自由，摆脱了宗教正统和神秘魔法的严格限制。这个过程开始于文艺复兴初期的人文主义转向，人们的兴趣集中在当下这个世界的生活本身，后来因为宗教改革对信仰自由的确认而进一步巩固，这种信仰自由很快变成了追求普遍探索自由的欲望。[22] 思想的这种繁荣发展表现为一种鱼龙混杂、良莠不齐的混杂局面，既有真正的一丝不苟的科学探索，又有对超自然力量的无限热情，其结果是我们现在所知的科学和哲学的逐渐成熟。因此，从构成炼金术、犹太神秘哲学和魔法的思想混乱局面中诞生了科学。此外还有占星术和赫尔墨斯主义对数字的神秘运用，它们或相互支持或反对，但斗争的最终结果是科学的出现。科学很可能是多种猜测中最后被证明值得严肃对待的那个，而不是其他猜测形式的产物。

关于“神秘科学”繁荣发展阶段的开始和结束时间，一个合理的估计是1480年到1620年。或许这也恰好给出了玫瑰十字会的高潮阶段——请记住牛顿和玻意耳——但是后一个时间有另外一种意义：那就是培根和笛卡儿舍弃神秘主义者的方法而选择科学家的方法的时刻，后来的思想史显示，这是具有重大的意义。

另外需要补充的是对经院哲学——源于亚里士多德的逻辑、科学和形而上学的哲学传统——的反对，这种反对是很多神秘主义者思想的前提，也是培根和笛卡儿等人思想的前提。这给这个情景添加了有趣的复杂性，考虑到神秘主义者和科学家们*（尤其是一个人可能同时具有两种身份）共有某些思想前提，这些前提正如上文所述是与教会正统思想格格不入的。因此，情况并非神秘主义者和科学家思维方式的双方斗争或宗教和神秘主义之间的斗争或宗教和科学之间的斗争，而是一种三方混战，其中任何一方与其他两方之间都存在斗争时有时无的情况。这三方的思想相互推拉撕扯，是在宗教改革过程中的宗教分裂以及由此引发宗教冲突的背景下进行的。因此，很容易看到为什么宗教正统的各方，尤其是天主教会，都对新思想发难。虽然真正科学和神秘科学的支持者很难得出怪异花哨或富有成效的研究成果，但是宗教正统思想的捍卫者在面对威胁其信仰的所有新观点时仍然处于一种双重不利的境地，因为他们不敢

* scientists本来翻译成“科学主义者们”，正好与前者形成对照，但是它已经拥有了贬义，指的是相信科学是检验所有事物的唯一标准，科学能够解决一切问题的人。——译者注

肯定什么样的危险观点是他们最应该感到担忧的。当然，某些更加敏锐的人有可能区分迪伊博士和伽利略，但是因为他们都对宗教正统思想产生了威胁，两种思维方式都必须遭到禁止。实际上很难将乔尔丹诺·布鲁诺划入炼金术、犹太神秘哲学和魔法一方，将伽利略划入真正的科学一方，尤其是天主教会也觉得很难将他们分辨开。天主教会在1600年将布鲁诺烧死在火刑柱上，在1632年差一点也把伽利略烧死，如果他不公开认错的话。这说明一个人无论支持什么形式的异端思想，都带有危险性，人类新思想的诞生因此极端危险。

第四部分

从魔法到科学

16

从魔法到方法

对于那些试图将科学和哲学（正如我们现在所理解的这两个术语）与神秘哲学的捷径方法区分开来的人来说，关键的问题是方法。正如上一章显示的那样，科学与神秘主义或“自然哲学”与“神秘哲学”拥有很多共同的目标，它们常常表现出相似的兴趣和希望，有时候根本就无法将两者区分开来。但是，科学究竟是诞生于神秘哲学，还是两者共存共荣，还是一直水火不容，常常很难说得清楚。在 17 世纪的头 10 年，二者出现明显的分离，并渐行渐远。这是通过聚焦于方法而实现的。这个过程涉及三位主要人物，事实上，他们就是现代思想的助产士。他们是弗朗西斯·培根、马兰·梅森和勒内·笛卡儿。

培根的一生经历了英国迈向超级大国旅程的初始阶段，在此后的若干世纪，英国成为世界头号强国。其帝国冒险开始于爱尔兰和新大陆的第一批殖民地，以及英格兰和苏格兰两王国合并带来的超国家意识的逐渐增强。农业改革和工业发展加快步伐——在 1561 年到 1660 年的 100 年时间里，煤炭生产量从每年 200 吨增加到每年

200万吨。[1]能源的大量使用标志着工业发展和人口增长等各种变化。亨利八世时代修道院解散导致的财富释放，以及16世纪地主推行的农业圈地的严酷体制给经济带来了巨大的变化。同样具有重要意义的是，英国越来越多地被吸引到欧洲大陆的事务中，不再能够保持一种超然的态度，除了插手传统上的死敌法国之外还卷入了欧洲其他国家事务。

在这个变化的世界中，培根在若干不同的方面扮演了角色，包括政治家、律师、作家和新思维方式的哲学家。他出生于1561年，死于1626年。培根的家族有从政的传统：父亲尼古拉斯·培根爵士（Sir Nicholas Bacon）是伊丽莎白一世的检察总长，叔叔伯利勋爵威廉·塞西尔（William Cecil, Lord Burghley）是伊丽莎白一世的首席顾问。培根聪慧的天资很早就显露无遗。他12岁进入剑桥大学三一学院，第一次觐见伊丽莎白时就令女王对其早熟的智慧刮目相看。她称其为“年轻的掌玺大臣”。他进入格雷律师学院（Gray's Inn）攻读法律，并在1576年开始在欧洲的三年游学历程，钻研法国、西班牙与意大利的政府管理和社会运作，掌握多种外语并观察治国之道。

1579年，培根在父亲去世后返回英国。两年后，他进入英国议会。叔叔伯利勋爵给他很大帮助，推动了他在法律界的职业发展，为其谋到工作清闲而报酬优厚的肥缺。他担任伊丽莎白女王的红人埃塞克斯伯爵（Earl of Essex）的顾问，但此人在女王执政末期因为策划政变而陡然失宠。伊丽莎白女王要求培根担任埃塞克斯的检察官之一。可能是因为他反对伊丽莎白希望议会通过的某些法案，培根的公职生涯在伊丽莎白统治时期一直没有明显起色。等到1603年詹姆士一世上台之后，他就快速崛起成为显赫的政治明星。他当上了副检察长，1613 年当上父亲曾担任过的检察总长，最终在 1618 年获得他期盼许久的职位——不列颠大法官。伴随着职位上的晋升，他拥有了相应的显赫地位，先是被授予贵族头衔，接着是维鲁拉姆男爵（Baron Verulam），随后是圣奥尔本斯子爵（Viscount St Albans）。

培根的职业生涯因为 1621 年的一场丑闻戛然而止，因为他被指控二十几项收受诉讼当事人贿赂的罪名。这究竟是否政治陷害，人们的意见不一。有人认为是他的宿敌爱德华·柯克爵士（Sir Edward Coke）搞的阴谋，有人认为他是不幸的替罪羊，被人拿出来杀鸡儆猴——人人都这样做，当时当事人的贿赂是律师和法官的正常酬金。当然，第三种可能是他真的以权谋私，但考虑到他的性格和心态，这种可能性违背常理。他受到的惩罚非常严重。他被课以 4 万英镑的巨额罚款，并被关押在伦敦塔的监狱中，这让国王很满足。他被剥夺公职和担任议会议员的机会，还有人建议剥夺其贵族头衔。事实上詹姆士一世已经后悔做出这个处罚，3 天之后就把他从伦敦塔中释放出来，并允许他保留贵族头衔；这意味着刚才提到的第一种可能性并非没有道理——培根是其政敌或有私仇的人炮制的阴谋政变的受害者。

从后来的思想史视角看，培根被剥夺公职未尝不是一件好事。这让人想起西塞罗在公元前 45 年受到惩罚，脱离罗马政治生活而在图斯库兰（Tusculum）别墅度过的那个阶段。在那里他的创作力大爆发，撰写了一系列重要著作，其中包括《图斯库兰谈话集》（*Tusculan Disputations*）。在丢掉官职之前，自 16 世纪 90 年代以来，培根一直在撰写科学和方法方面的著作，希望以此作为促进思想进步的重要贡献。现在有了被迫获得的闲暇，他着手完成即将成为鸿篇巨制的杰作，如果成功的话，这将是类似普林尼的《自然史》或后世的狄德罗和达朗贝尔的《百科全书》那样的伟大著作。培根这个阶段最有影响力的著作是在1627年他死后出版的《新大西岛》（*The New Atlantis*），他在书中提出了"所罗门宫"的概念，即合作进行科学研究的研究机构的想法，该想法直接启发了1660年伦敦英国皇家学会的创立，学会的创始人都承认这一点。

培根推动科学进步的承诺拥有实用性目标，那就是通过更好地理解和控制自然而改善人类的命运。通常人们认为他只是喜欢方法的理论家而非直接从事科学研究的科学家，但事实并非如此，他参与了科学研究工作，创建了物理学体系而且还做实验。就是因为做冷冻实验（往死鸡的肚子里塞冰块来观察它能保存多长时间），他患上肺炎而最终丧命。他的物理学体系并不比笛卡儿的实空理论（theory of the plenum）更具猜测性，不过它是基于地心说的，在本质上属于亚里士多德式残余，虽然他公然反对亚里士多德主义。但是，他真正有重要意义的贡献首先在于他提倡科学应该是合作事业的概念，即要求以机构为基础进行实验和交流观点，其次是他的科学方法观点本身。他在1605年的《学术的进展》以及在未完成的著作《伟大的复兴》（*Instauratio Magna*）中就提到这些观点，后者的一部分，即1620年出版的《新工具》（*Novum Organum Scientiarum*）就有特别重要的意义。

培根是经验主义者，认为科学必须建立在对事实进行观察的基础上，通过推理从事实中提出理论。这个观点常常被讽刺性地描述为探索者随机搜集观察，然后找到理论来解释这些观察，但那显然是错误的方式，并非培根的本意。但是，培根方法的讽刺性描述被很多人接受，甚至得到牛顿和达尔文的认同，两人都支持这种说法。在《自然哲学的数学原理》的第二版中，牛顿写道："假说……在实验哲学中都没有地位。在这种哲学中，特定命题是由现象推导出来的，然后才用归纳方法做出推广。"同样，达尔文在其《自传》中描述他有关自然选择观点的演化过程时写道："在我看来，搜集在任何方面有关动物和植物在驯养或自然状态下的变化的所有事实，就可能给整个课题带来一些启发。我的第一本笔记是在 1837 年 7 月开始写的。我在研究真正的培根原则，在没有任何理论的情况下开始大规模地收集事实资料。"[2]

培根本人的方法更接近现在的标准观点，即收集观察结果用以检验先行提出的假说，观察结果可能会驳斥也可能会支持这个假说。他的想法显然是在《伟大的复兴》的"计划"中就确定下来，他本来打算让这部著作成为他论述自然和科学程序的代表作。

> 到现在为止，我们在探讨问题时一直依赖于从感官和个别事物得到最普遍命题的过程，从而确定论证的固定极点，然后再从这些极点中得到其余的中间项。这毫无疑问是捷径，却是归纳概括出的结果；虽然提供了容易的和现成的讨论方法，但永远不会认识事物本性。现在我的计划是定期地从一个公理逐渐转向另一个公理，直到最终得出最普遍的结论，但是当你来到它们跟前时，你会发现它们不是空洞的概念，而是清晰明确的，自然将真正承认其为第一原理，它是事物的中心和精华。

但是，我引入的最大变化是归纳法的形式本身以及由此得出的判断。对于逻辑学家所说的归纳法，通过简单的枚举是幼稚的，会得出危险的结论，因为总有可能被相反的例子戳破；只考虑已知的和普通的东西，不会产生任何结果。

现在科学所需要的归纳形式，应当能分析经验并将其分解，并通过适当的排除法和反驳过程推出必然的结论。如果逻辑学家实行的普通的判断模式都如此费力，那么为了运用这种大智慧，我们还需要付出大量的努力才能将智慧传授给其他人，这种智慧不仅产生于思想的深处，而且产生于自然的内核之中。[3]

显然，这个方法就是以观察和实验为基础的经验主义。现在我们知道，1843 年约翰·斯图尔特·穆勒在其《逻辑体系》(*System of Logic*)中提出了穆勒五法，培根一定程度上更早提出了这些方法，尤其是求同法和共变法。培根对怀疑论因素非常警惕，因其可能被用来破坏对感官经验的信赖，不过他做出了机智的反驳：

我们通过感官获得明确的直接信息，如果处理妥当……我对感官本身的信息进行了多种方式的筛选和检查。当然，感官会骗人，但与此同时它们也提供了发现自身错误的方法；只有错误出现在这里，发现方法就是寻找……我竭尽全力，千方百计地为感官提供帮助——如果失败就用替代物纠正其错误；这是我竭力要完成的东西，不是通过工具而是通过实验来完成。因为实验比感官本身要精妙得多，即使感官得到精确仪器的帮助；我的意思是，这些实验是经过精心而巧妙地设计的，其目的就是确定研究的要点。[4]

培根的科学思想中一个突出的特征是，他坚持认为科学应该以手艺和技能领域积累的实践知识为指导，包括泥水匠、屠夫、木匠、农夫和水手的经验，这些人与物质材料、与自然本身打交道，他们对万物运行和材料的用途有第一手的经验。在培根的探索形式中没有自上而下的先验性思考空间，但自始至终都遵循实事求是的经验原则。他认为，通过这种方式，我们才能确保科学探索的基础是事物的实际状况而非我们想象的那个样子：

在这场重建中，必须以自然历史为基础，这是一种以新原则为基础的新历史……因为首先，我提出的自然历史的对象并不见得适用于广泛的事物或者对实验的现有用途有多大帮助，但它能为科学发现照亮道路，并为年幼的哲学提供第一份食物。我指的不仅是自由且不受约束的自然历史（它不受任何干扰，能够以自己的方式运作）——如天体、流星，陆地和大海，矿产、植物、动物——而且更多是受到限制和干扰的自然；也就是说，通过技艺和人工被迫摆脱自然状态并受到挤压或锻造的自然。因此，我详尽地记载了工程技艺的所有实验，人文学科的操作部分，以及尚未成为所谓艺术的很多工匠手艺。我能对它们一直进行观察，并帮助它们最终成为艺术。（说到朴素的真理）事实上我也没有指望这些（人们可能认为它们很低级庸俗）能比其他给予更多的帮助或保障，看到事物的本质在艺术的烦扰之下比在天然的自由状态下更容易暴露出来……所有这些都取决于密切关注自然的事实，并简单地接受事物本来的样子。[5]

培根坚持实证研究的方法，相应地，他坚持认为科学应该是集体合作的事业——而不是因为嫉妒各自拥有的知识，炼金术士或魔法师采取的个体秘密行为——科学应该具有实用性，这一特点不仅体现在它所利用的东西，也体现在它意图要做的东西，培根是在竭力主张一种全新的、真正革命性的东西。现在看来这都是些老生常谈，但这掩盖了其言论的重要性。

当然，讲究实际的人总是观察世界，从中学习，并在此基础上发明和改进了农业、冶金和造船的技术。人是能够使用工具的最聪明的动物，这个概念就反映了这一事实。纵观整个人类历史，理论和实践之间有可能曾经并没有截然分开为两种知识（一个是为知识而知识，一个是为应用的有用知识）。这样的区分必须等到有一天，当富裕社会的有闲阶层能够不再需要制造和修补物品来维持生存，可以纯粹追求自己的思想兴趣之时才会出现。培根主张重新建立起这种纽带，认为理论可以从实践中学习的东西很多，在知识增长的阶段，甚至比实践能从理论中学习的东西更多。

培根的著作推动了关于知识本质的观念变化，这是那个关键时期的独特性之一。标准的观点一直认为，古代人在智慧和知识方面比所有后代更优越，他们的时代是黄金时代，后世只能带着敬佩去回顾那个时代，如果可能的话，后世可以效仿——但考虑到有很多知识（不仅是实用性知识）在教会霸权支配下的欧洲黑暗时代都丧失了，想与那个时代竞争是不太可能的。从罗马的工程师知道如何在罗马广场的马克森提乌斯大会堂修建穹顶，到后人在拜占庭的圣索菲亚大教堂和佛罗伦萨大教堂布鲁内莱斯基的穹顶的知识之间已经隔了很多世纪。带着敬佩回顾过去的表现之一是哥白尼的日心说理论被称为“毕达哥拉斯体系”，它标志着一种观点，即他的理论不过是重复古已有之的东西而已。关键在于神降临地球是要拯救古时的人类，一个进步的原因是一切自此都堕落了，不再美好和宝贵。

培根并不这样想。他的世界观具有文艺复兴时期的特征，文艺复兴并不只是过去的复兴，而是重新开始，是真正意义上的重生。科学是朝前看的，旨在有所发现，创造新事物，并不断改善和提高，目的是将人类的知识和能力提升到更高水平。

这样的进步要成为可能，科学探索就应该是真正自由的行为，这当然是本质要求。因为在他写作的时候，科学探索还不是自由的，培根发现有必要论证科学应该自由，尤其是找到一种将科学与宗教隔开的方式，这样一来后者就无法阻碍科学的进步了。这个任务的一部分就是与迷信作战，迷信是宗教天然不变的必然结果。培根写道：“让一个人观看挂在庙宇里的绘画，画面上是那些侥幸逃脱海难的人在郑重宣誓，然后问他是否承认神的威力，他回答得很好。再问他，可能还会回答‘是的’。‘但是，那些宣誓后在海难中淹死的人的画像在哪里呢？’”迷信的近亲是培根所说的“盲目而无节制的宗教狂热”，他将其描述为科学的“麻烦难缠的敌人”。古时有人认为雷击不是神引起的，而是自然现象，而这种人常会被指控亵渎神灵。培根就这个事实发表评论说，同样的事情发生在那些地理学家身上，他们认定大地是个球体，脚下大地的对跖点（在今天的澳大利亚）可能有人居住，“在我们自己的时代，有关自然的讨论一直受到更严厉的限制”。[6]

我将在下一章里探讨科学是如何摆脱宗教正统思想要求的。此处的重点是坚持将方法作为科学与神秘哲学的区分标志。与这个阶段有关科学与神秘主义关系的大辩论相应，人们自然会询问培根作为那些感受到内心纠结的人之一，内心会受到多大的影响，以及他有关方法和科学探索的集体合作必要性的观点在多大程度上来源于神秘主义，或者在多大程度上是对神秘主义做出的反应。在有关文艺复兴思想史的一项重要讨论中，保罗·罗西（Paolo Rossi）认为，培根不仅是之前神秘传统的产物，而且是科尼利厄斯·阿格里帕思想的直接继承人。[7]罗西写道：“魔法和炼金术的形而上学基础对培根没有或者很少产生影响，但他的确从该传统中借鉴了知识就是力量的观点，以及科学是协助自然运行的仆人的观点，它通过隐秘和巧妙的手段强迫自然屈服于人类的支配。”罗西认为，这一点很重要，因为他们为了确保人类的利益而拥有“支配自然”的共同目标。阿格里帕也表达过这样的观点，他认为“人是魔法师”，是控制万物的知识拥有者。

但是，如果认为这是证明培根是迪伊博士神秘主义捷径的信徒的证据就错了。阿格里帕有一段关键的叙述：“魔法师就像是大自然的仔细探索者，只不过引导自然朝着从前准备好的方向前进，将积极的与消极的东西结合起来，经常成功地预测结果，以至于很多人将这些事物当作奇迹，而事实上它们不过是自然运行的预测而已，就好像有人在三月制造了玫瑰花……因此那些相信魔法超越或违背自然的人是错误的，因为魔法源于自然而且与自然和谐共处。”[8]在这一方面，培根从阿格里帕那里学到了东西。不过，这恐怕是培根能够对从前传统表示赞同的唯一方面了。[9]

事实上，培根对于大多数的神秘主义重要观点是明确反对的。首先，他认为科学是多人合作的事业，需要公共机构的支持。这种观点就与神秘主义者的想法格格不入。阿格里帕写信给一个雄心勃勃的魔法师："你要确保将这个巨大的奥秘隐藏在你虔诚胸膛的最深处，保持沉默，永不泄露，因为只有不虔诚的人才会将充满神圣威严权力的话语泄露出去。"同样，吉罗拉莫·卡尔达诺（Girolamo Cardano）写道："施展魔法不需要合作伙伴。就我而言，60个发现中的20个都与其他人没有任何关系……那么，我应该与伙伴们分享什么东西呢？"结果是卡尔达诺的"永久秘密"知识和"宇宙及其包含的一切"是"来自一位守护神，这位神灵就是通过千真万确的证据来揭示起因和本质"。[10]

培根既不像魔法师那样将知识和力量据为己有，也没有卡尔达诺或者迪伊的那种超自然主义观念。他在批判前辈时全盘否定所有人，甚至包括可能非常亲近的人，至少在某些人看来，是与他非常亲密的人，如帕拉塞尔苏斯以及上文引语提到的阿格里帕。罗西写道：

> 培根无情地攻击了他们的态度和暗示的理想。在《论时代勇敢的产儿》（*Temporis partus masculus*）中，他将帕拉塞尔苏斯描述成恶魔和狂热的幻觉制造者，其探索总是被浮夸卖弄、黑暗手段和宗教纵容所包围。他将阿格里帕描述为把一切都变成徒劳笑话的小丑，卡尔达诺则是不知疲倦的蜘蛛网编织者，如果用谎言编织成的魔法有什么用途的话，那就是它富有新意

或者能激发别人的羡慕。[11]

(在别的场合，培根对帕拉塞尔苏斯稍微和善一些，提到他起码会试着鼓励探索者进行实验。)培根非常敏锐地评论说，科学的目标是让事物看起来不那么显著，竭力使其显得更加引人注目就沦为故意欺骗了。

在此问题上，培根最能说明问题的言论或许是这样的："在我看来，我特别支持一种观点，即人的智慧不需要添加羽毛和翅膀，而是要添加铅块的重量。"人们还远远没有认识到探索真理和自然是多么严谨和规范的事情，留给人的判断的空间是多么少。[12] 他觉得神秘主义者就是自称拥有羽毛和翅膀的骗子，他坚决反对其愚昧主义和神秘性。他反对神秘主义与他反对亚里士多德学院派哲学是相互关联的，他坚持认为必须用新逻辑和新方法再次开始探索。

如果有一位培根可能赞同并引用的更早时期的思想家的话，那就是乔治·阿格里科拉[Georgius Agricola，别名乔治·鲍尔(Georg Bauer)，1494—1555]了，此人被认为是地质学以及由此延伸出来的矿物学和冶金学的创始人。在其最著名的著作，1556年他死后出版的《矿冶全书》(*De Re Metallica*)* 的序言中，阿格里科拉写道："我略去了所有我没有亲眼所见的东西，或者从我可以信赖的人那里没有读到或听到的东西。也就是说，从来没有看过以及在阅读或听说之后没有认真思考的东西，那些我都没有写出来。同样的法则也适用于我的讲授，无论是叮嘱应该做的事，还是描述寻常之事或

* 耶稣会士汤若望(Johann Adam Schall von Bell，1592—1666)将其译为中文，名为《坤舆格致》。——译者注

者谴责已经做过的事。”阿格里科拉强调语言清晰的重要性，对设备和研究对象进行详细说明，并且避免使用夸张的、超自然的或传奇性的描述，将重点集中在有用和熟悉的东西上而非神奇、怪异和稀罕的东西上，因为这些往往会对别人造成干扰。[13]这些培根都会赞同。但是，在这方面，阿格里科拉是个不同寻常的人，他的严肃恳求被神秘主义泛滥的时代淹没了，而在培根所处的时代，世人可以听到培根提出的批评。

17世纪20年代席卷整个欧洲，或者至少在受教育阶层中出现并对神秘哲学溃败做出巨大贡献的纷争，并非欧洲各国王子的军队进行的战争，而是罗伯特·弗卢德、马兰·梅森和皮埃尔·伽桑狄的言论战争。

罗伯特·弗卢德1574年出生于英国（1637年去世），他给自己取的别名是罗伯特斯·德·弗拉克提布斯（Robertus de Fluctibus）。他是坚持帕拉塞尔苏斯医学思想的医生，是占星术士、神秘术士和炼金术士观点的捍卫者。他的父亲是伊丽莎白女王政府的大臣和议会议员。弗卢德本人在牛津接受教育，在欧洲游历时进一步学习了医学和赫尔墨斯主义，为自己建立起神秘主义信念辩护者的声望。在其行医实践中，他使用涉及重复耶稣之名的礼仪，将耶稣等同于犹太神秘哲学中的天使米达伦（Metatron），据说是弥赛亚和“万物之灵”在天堂中的形式。

弗卢德的创造理论从描述宏观世界在深渊中诞生开始，随后谈到作为微观世界的人的诞生。说到人，对于身体中的细胞而言，人是宏观世界，而对更小的微观世界而言，每个细胞又成为宏观世界，这个创造循环能一直持续下去直到完结。

将信仰和观念秘而不宣并不是弗卢德的做事方式。他将书献给玫瑰十字会的兄弟，他最亲密的朋友米夏埃尔·迈尔（Michael Meier），此人公开宣称自己是玫瑰十字会成员。这位在本国受到敬佩和怀疑的著名神秘魔法师，他的著作激发起法国人的兴奋和焦虑，这并不令人感到吃惊。梅森因而决心驳斥它们。

弗卢德的主要著作是《两世相隔》（*Utriusque Cosmi*），两个世界就是指宏观世界和微观世界。他接受了帕拉塞尔苏斯的观点，即盐、硫黄和汞是基本元素。他还认为，影响人类健康最重要的方面是“空中硝石”（aerial nitre），那是在空中神灵——太阳的居所形成的。它可以从小麦中收获，小麦捕获和提取了太阳的光线，从而表现出阳光的愈合威力。他的理论中存在很多此类东西，但是，这或许已经足够说明其大意了。

当玫瑰十字会狂热在1612年之后越来越严重时，弗卢德发表了为其主张辩护的若干文章，不是作为身份公开的十字会成员而是针对有人指控十字会观点异端和残忍而提供的一些反驳。[14] 就好像他为这些观点辩护还不够似的，他还参与了与开普勒等人就当时自然哲学出现引发的争论，所有这些使得他成为梅森的攻击目标。梅森在1623年的《创世记的著名问题》（*Quaestiones Celeberrimae in Genesim*）中就不遗余力地攻击他。

梅森指控弗卢德是异教徒，传播无神论和实施魔法巫术。梅森称他为“邪恶的巫师”，谴责其对神秘哲学、帕拉塞尔苏斯和炼金术的兴趣是想在基督教教义之外获得救赎。他认为弗卢德的观点意味着将基督贬低到天使世界的层次，他尤其不喜欢弗卢德的“万物之灵”（anima mundi）概念，认为“无论是人还是野兽”的个体灵魂都是从中引发出来的。

弗卢德用书面文字答复梅森的指责，随后两人之间的辩论连续多年吸引了欧洲的关注。[15]从梅森攻击弗卢德的言论中至少可以归纳出两个要点。一个是他对弗卢德的批评同时也是对科学探索本身的隐蔽捍卫，不仅反对魔法、犹太神秘哲学和炼金术等花哨的极端，而且反对教会对科学的敌视态度。如果魔法、犹太神秘哲学和炼金术招来当局的过多压制，真正的科学或许也会连带受到影响，所以有必要保护科学的声誉不会受到它们的玷污。一方面阻挡来自宗教正统思想的威胁，一方面阻挡伪科学的东西，这是非常微妙的平衡，但是梅森（连同笛卡儿和其他人）都认为这个任务有其必要性。

另一个要点是与弗卢德的争吵促使梅森认定应该建立起一个公共机构来研究自然哲学，它有责任制订研究的术语词汇以便将学者关注的焦点集中在自然探索上，排除宗教和神秘观点的讨论，把江湖骗子统统剔除出去。皮埃尔·伽桑狄与梅森一起攻击弗卢德，认为弗卢德等人鼓吹的观点无法通过实验展示或者量化论证。伽桑狄鼓吹的原子论——物质是由随机互动的微小颗粒组成——就是对弗卢德等人怪异观点的回应。梅森和伽桑狄都讨厌以弗卢德为代表的那种来自旧世界的思维方式，他们则代表了一种新思想。三者之间的交流是对方法和世界观问题中有利害关系的东西的净化过程。

虽然很容易看到魔法、犹太神秘哲学和炼金术成为真正科学探索的障碍，但很容易忘记的是，当局惩罚的威胁可能带来令人心寒的效应，压制和推迟人们去探索。梅森与弗卢德一边争论，一边还认真地为科学探索免受当局审查辩护。在那些年中存在着活生生的记忆，即科学与魔法和其他神秘哲学一样都能给探索者带来危险。伽利略是教会在这方面最后的孤注一掷，但此时的主要例子是朱利奥·切萨雷·瓦尼尼，他因为“无神论”观点于1619年在图卢兹被绑在火刑柱上烧死。

瓦尼尼成为科学反对者的仇恨象征，他采取科学的自然主义方式来拒绝宗教——因此，瓦尼尼的自然主义被解释为“无神论”。他成为耶稣会会士弗朗索瓦·伽拉赛（François Garasse）恶毒谴责的对象，此人将瓦尼尼描述为威胁宗教和社会的范例。17世纪末，皮埃尔·培尔（Pierre Bayle）为瓦尼尼辩护，称其为科学事业献身的殉道者，但是对这个世纪的大部分人来说，“瓦尼尼”是遭人咒骂的名字。

瓦尼尼最初是天主教加尔默罗会修士。他在那不勒斯、罗马和帕多瓦等地学习神学和医学，在欧洲游历广泛，结识了很多受到良好教育却一文不名的年轻人，这些人往往在贵族家庭担任家庭教师或秘书的角色。瓦尼尼被充满敌意地描述为一个同性恋者，陷入无尽的麻烦之中，而且因为曾经在一场决斗中杀了人，不得不逃到英格兰，在那里住了一段时间。在英格兰时，他放弃了天主教信仰。说他是个通缉犯毫无疑问有一些道理，因为当他回到法国后，使用假名“庞培·乌齐利奥”（Pompeio Usiglio）旅行，非常小心地待在法国南部，以私人家庭教师的身份秘密生活。他非常倒霉地被其中一个学生谴责为信奉异教思想，该学生说：“他嘲笑神圣之事，恶毒攻击道成肉身，拒绝神，将一切都归咎于命运，崇尚自然是一切存在之母。他已经堕落为不虔诚的、亵渎神圣的、玷污牧师身份的人，出版了一本名为《自然的秘密》的书。”[16]图卢兹政府选择与他作对，因为“新颖性对年轻人不可抗拒的吸引力为他赢得很多信徒，尤其是刚刚从学校毕业的年轻人”。[17] 瓦尼尼的观点包括：人并没有灵魂，而会像其他动物一样死去，圣母马利亚是像其他人一样的女人，所以需要和人发生性关系才能怀孕。对于当时的人们来说，这种言论简直就是大逆不道。

伽拉赛对瓦尼尼的猛烈攻击引发了人们对瓦尼尼的一致声讨和中伤。伽拉赛的批评根本没有针对瓦尼尼的观点，而是纯粹从个人偏好出发（*ad hominem*）。梅森在其《神的非神性》（*L'Impiété des déistes*，1624）中对瓦尼尼的批评要细致得多。[18]

瓦尼尼事件显示出投身于用新思维方式挑战旧思维方式的信奉者引发的恐惧。瓦尼尼被处决是前兆，预示着异端思想将遭受更多的攻击。另一个例子是1622年巴黎的让·丰塔尼耶（Jean Fontanier）被处决。让·丰塔尼耶是魔法师和炼金术士，他宣称在前往东方的旅行中获得了秘密知识。随后一年，诗人和社交界名流泰奥菲尔·德·维奥（Théophile de Viau）被指控宣扬无神论。他遭到拷打折磨，最后被判死刑，虽然刑罚后来被减轻为驱逐流放，几乎可以肯定的是，这归功于他强大的家族关系背景和巴黎社交界红人的身份。但是，他遭受折磨的经历破坏了他的健康，仅仅一年之后的1626年，他就在36岁英年早逝。

维奥被捕的导火索是他在《帕尔纳斯派》（*Le Parnasse satyrique*）上发表的“下流”诗歌。他也被怀疑是同性恋者。这些因素并不像一些人认为的那样，意味着对无神论的指控不过是以指控同性恋和淫秽下流的隐蔽方式出现。相反，后者被认为是无神论者的标志，虽然二者并不能直接等同，但如果有正统的信仰，他怎么可能是同性恋者或者对淫秽下流表示宽容呢？

这个背景解释了为什么在1624年，巴黎最高法院禁止了有关亚里士多德学说的辩论。三位“学问渊博的怀疑者”原本宣称他们有意就原子哲学的14点立场举行公开辩论，他们说，在此期间他们将不仅通过论证而且通过现场化学实验来驳斥亚里士多德的观点。这三人是安托万·维永（Antoine Villon）、埃蒂安·德·克拉韦斯（Etienne de Claves）和让·比托（Jean Bitauld）。因为古老的思维方式是亚里士多德式的，与宗教正统思想的关系非常密切，对于阿奎那思想以及刻板的耶稣会会士，这个挑战非常严重。

辩论计划定于1624年8月举行。这引起了人们极大的兴趣，维永及其同事预计会有上千人前往聆听。但是，最高法院禁止了这次辩论，并将三人全部驱逐出巴黎，违者以死罪论处。9月4日，仅仅几个星期之后，最高法院颁布法令，宣称讲授任何违背古代先贤的观点皆为犯罪行为，要被判处死刑，禁止就神学博士已经达成共识的内容举办公开辩论。并不奇怪的是，这个法令是在咨询了索邦神学院的博士们之后起草而成的。[19]

瓦尼尼、维奥被捕和有关亚里士多德学说的辩论被禁止等都与玫瑰十字会恐惧和弗卢德争议有关。17世纪上半叶，新旧两种思想还在激烈搏斗。

有传说认为，当处决现场的牧师建议瓦尼尼请求神的仁慈宽恕时，他回答说，如果有神的话，他会要求神用闪电轰塌图卢兹最高法院，如果有恶魔的话，他会要求恶魔将最高法院打入地狱。但是，因为两者都不存在，他不会乞求任何一个。就在他被绑上图卢兹萨林广场的火刑柱时，他用母语意大利语高喊：“我将以不辱没哲学家声名的方式含笑死去！”*

笛卡儿的哲学受到方法论的影响，他特别看重方法问题。他的方法思想包括两个方面：一个方面是采取精细的、认真的、系统的步骤从一个清晰观点转向下一个，认真评估每个步骤直到推理链条完整为止；另一方面是确保该推理链条的起点是不容置疑的、无可非议的和绝对肯定的。要达到确定性，要使用的方法就是怀疑。不容置疑的起点加上一丝不苟、精心设计的精细步骤，就可以确保获得真理。

因此，笛卡儿第一本公开出版的著作不可避免地与方法有关。该著作名为《谈谈正确引导理性在各门科学上寻找真理的方法》**（*The Discourse on the Method of Rightly Conducting the Reason, and Seeking Truth in the Sciences*, 1637）。在该书的第一部分，他写道：

> 我觉得自己非常幸运，从年轻的时候起，就摸索到几条门路，从而做出一些考察，得到一些准则，由此形成了一种方法。凭着这种方法，我觉得自己有办法使我的知识逐步增长，一步一步提高到我的平庸才智和短暂生命所能允许达到的最高水平。因为我已经用这种方法取得了那么多的成果，尽管我对自己的评判一贯从严，总是力求贬抑，不敢自负；尽管我用哲学家的眼光看世人从事的各种活动和事业，觉得几乎没有一样

* 有兴趣的读者可参阅科斯提卡·布拉达坦著，吴万伟译：《生死之间：哲学家实践理念的故事》，中央编译出版社，2018年。——译者注

** 常见中文译名还有《谈谈方法》《方法导论》《方法论》，本书中也简称为《谈谈方法》。——译者注

不是虚浮无益的，我还是抑制不住对自己认为在寻求真理方面已经取得的那种进展感到极大的满意，觉得前途无量，如果在正派人从事的行业中有一种是确实有益而且重要的，我敢相信那就是我所挑选的那一种。[20*]

笛卡儿谈到的“成果”是他在几何学、光学和物理学上的发现，他在后来的著作《哲学原理》中有更充分的描述。

在《谈谈方法》的第二部分，笛卡儿提出了方法步骤本身：

第一条是：凡是我没有明确地认识到的东西，我绝不会把它当成真的接受。也就是说，要小心避免轻率的判断和先入之见，除了清楚分明地呈现在我心里，使我根本无法怀疑的东西以外，不要多放一点别的东西到我的判断里。

第二条是：把我所审查的每一个难题按照可能和必要的程度分成若干部分，以便一一妥为解决。

第三条是：按次序进行我的思考，从最简单、最容易的认识的对象开始，一点一点逐步上升，直到认识最复杂的对象；就连那些本来没有先后的东西，也给它们设定一个次序。

最后一条是：在任何情况下，都要尽量全面地考察，尽量普遍地复查，做到确信毫无遗漏。

我看到，几何学家通常总是运用一长串十分简易的推理完成最困难的证明。这些推理使我想象到，人所能认识的东西也

* 这段译文引自笛卡儿著，王太庆译：《谈谈方法》，商务印书馆，2000 年，第 4 页。——译者注

都是像这样一个连着一个，只要我们不把假的当成真的接受，而且一贯尊重由此推彼的必然次序，就绝不会有什么东西遥远到根本无法达到，隐蔽到根本发现不了。要从哪些东西开始，我觉得并不很难决定，因为我已经知道要从最简单最容易的地方开始。我考虑到古今一切寻求科学真理的学者当中只有数学家能够找到一些证明，也就是一些确切明了的推理，我并不怀疑这些肯定是他们调查研究的法则。于是毫不迟疑地决定就从他们所研讨的这些东西开始，虽然我并不由此希望得到什么别的好处，只希望我的心灵得到熏陶，养成热爱真理、厌恶虚妄的习惯。[21*]

笛卡儿将他的方法应用在四个相关的基本问题上。一个关于知识的本质，两个关于物质宇宙的本质，第四个是形而上学的根本问题。第一个问题是：我能确定无疑地知道什么？两个物理学问题是：宇宙是由什么构成的？其根本成分之间的关系是什么？形而上学问题是：到底有没有神？正如在哲学中常常发生的情况那样，笛卡儿对知识问题的回答——又是方法问题——确定了他在其他三个问题上采取的立场。

他对知识问题的答案是：我确定无疑地知道我存在，作为有心智和能思考的“我”，即使在我没有身体时。笛卡儿接着开始论证说存在一个神，一个好的神——这个修饰语非常重要——能够被证明，错误是我们本质堕落的结果。从这些因素考虑，他得出结论说，

* 这儿段译文引自笛卡儿著，王太庆译：《谈谈方法》，商务印书馆，2000年，第16页。——译者注

我们负责任地发挥心智能力将让我们获得真理，这主要是因为好神不会给我们这样的心智能力：即使根据《谈谈方法》中概括的方法小心使用，也无法获得真理。

不过，笛卡儿描述的知识道路并不是一片坦途，比如心智与物质如何互动这样恼人的问题没有清晰的答案。但是，笛卡儿最终得出结论说，存在一个好的神，心智和物质的确成功互动这一可感知的事实可以留给更高智力的人去理解。

笛卡儿哲学的这些核心特征是整个学界要研究的话题。但是，考虑到笛卡儿的方案对 17 世纪思想革命具有典型意义，有三个值得评价的地方。一个是其全部认识论哲学的起点“我思故我在”；另外两个涉及笛卡儿的说明方法，这本身就是他关于思考的思想特征。

“我思故我在”（拉丁语是 *cogito ergo sum*，因此也被称为“the cogito”）的观点在后世流传甚广，甚至对笛卡儿一无所知的人都知道这句话。这句话的要点是，人们不能怀疑自己的存在，这为笛卡儿提供了寻找绝对确定性的立足点。该观点并非笛卡儿的发明。公元 5 世纪初期的圣奥古斯丁曾经说过，“我们能够怀疑一切，除了我们在怀疑这一点以外”，很可能他并不觉得自己的这句话有什么新意。大概让·德·西昂（Jean de Silhon）也不会觉得他的话有什么新颖之处，他的《两大真理》（*The Two Truths*）出版于 1626 年，书中有一句话：“一个有能力看待自身和判断其存在的人，不可能被欺骗而做出他不存在的判断。”

笛卡儿知道西昂的著作，《两大真理》比他的“我思故我在”至少早了五年（他在 1630 年左右撰写《谈谈方法》初稿，但直到 1637 年才出版），因为他很欣赏地写到这个观点，但没有说明是引用了谁。事实上，笛卡儿得益于西昂的不仅仅是“我思故我在”：在“我思故我在”的后来版本中，他还说到神存在的证据可以从自身的存在来建构——这是笛卡儿论证的关键一步，因为如我们所见，通过可靠方法获得的信念，其真实性不仅取决于一个神的存在，而且是一个好神的存在，正因为如此，我们才能通过可靠的推理找到真理。

笛卡儿呈现其观点的方法有一个显著的特征，即它采取了一种口语化的自传形式。对于他的目的来说，这是一种非常合适的方法，因为他通过显示自己如何得出这些观点而使他的观点显得很有道理。读者被置于思想者的视角之中——变成了“我”的视角，通篇都用第一人称代词，这样能让人感受到结论更可信。这对笛卡儿来说非常重要，因为他的哲学要求心智必须被从内心说服，即让心智感受到真理，因为这是思考的起点。因此，人的心智必须找到它所认为的外部世界情况的可依靠的基础。

笛卡儿是个喜欢重复的作家——他的三部主要著作《谈谈方法》《第一哲学沉思集》《哲学原理》都重复了同一套观点。原因之一是他急于表明他有关物理现实的观点，即哥白尼式的、唯物主义的和机械论的观点——并没有挑战基督教教义，事实上是与其一致的。在这方面，笛卡儿最终成了科学从宗教干涉中解放出来的关键因素，虽然在他自己的时代以及此后的几十年中，他的愿望并没有实现——他最希望说服的人即教会和耶稣会会士仍然不相信他。

笛卡儿的“怀疑方法”涉及将任何哪怕只有一丝顾虑的信念和知识主张放置一边，无论这种顾虑是多么不可能或者多么荒谬。一旦人们将一切东西都拿来质疑的话，其目标就是看看还剩下什么，如果真剩下什么的话。剩下的东西无论是什么，都将成为确凿无疑的东西。因为确定性是笛卡儿的目标，怀疑方法就至关重要。对每个信念进行严格审查需要的时间之长恐怕根本无法实现，因此，笛卡儿需要一个完全通用的方法将可疑的东西挑出来。他是通过使用怀疑者的论证做到这一点的。

他使用怀疑论并没有使其成为怀疑论者，相反，他使用这些论证不过是将其作为启发手段以确立其知识理论而已。因此，他配得上“方法怀疑者”而非“问题怀疑者”的称号，后者的意思是指那些认为怀疑主义对获得知识构成真正威胁的人。很多考虑过笛卡儿论证的哲学家得出结论说，他在回应怀疑者的挑战时并没有取得成功，因而怀疑主义确实是个真正的问题。我们可以猜测，笛卡儿并不赞同这个观点。

笛卡儿使用的怀疑论调我们非常熟悉。其中一个是提醒我们意识到，感官有时候导致我们误入歧途：认知错误、错觉和幻想能够并且偶尔让我们产生虚假信念。另外一个是我们睡觉时有时候会做梦，做梦时我们并不知道是在做梦。因此我怎么能排除此刻我不是在做梦的可能性呢？第三个是我们在推理的时候会犯错误，甚至在做简单算术加法时也会出错。但是，如果我允许自己想象存在一个邪恶的魔鬼，他在任何事情上都欺骗我，甚至是一加一等于二这样的事情，那么就会创造出最大的怀疑。有没有什么东西是这个魔鬼不能欺骗我的呢？有。那就是“我存在”。

这种方法的某些批评者已经指出，笛卡儿使用的怀疑论证并不奏效。比如，它们本身并不可靠；或者我们并不知道在谈论做梦或上当受骗时表达的意思是什么，除非我们将其与清醒和明智时对比，理解其区别，这似乎要求我们有时候知道自己醒着或没有上当受骗。但是，这并不表明笛卡儿的怀疑方法完全不能使用。似是而非的怀疑是没有必要的，即使它们实际上并没有那么似是而非，但这是无关紧要的。它们不过是启发式的，帮助我们明白“我存在”为何始终是真实的。

笛卡儿用在自己著作中的方法的最大弱点是，它事实上证明了仅靠自身是不够的——从清晰和显著的东西开始精心准备每一步还不够，因为它证明我们需要保证步骤本身的可靠性。正如我们看到的那样，这个保证就是神的善良。在《第一哲学沉思集》中，笛卡儿给出了神存在的两个论证，他自称证明了天启宗教传统中的神，即全能、全知和至善的神。两个论证都说不通，它们没能提供从体验的内在意识到外部的独立现实之间的认识论桥梁，这对他的方案来说至关重要。

笛卡儿的宗教承诺很可能是真诚的，从认识论的角度看，也是容易实现的。虽然他的大部分同代人或者继承者（尽管不是全部）与他的宗教观点相同，但很少有人将神的品质当作其思考方法的本质特征。不过笛卡儿思想的重要之处在于他关心方法，更重要的是，这方法不是神秘主义或魔法的方法，而是理性的方法。在这方面，除了神及其道德品质的观点之外，笛卡儿是17世纪革命中具有重大影响的人物。

17

科学的诞生

如果你深入研究魔法和神秘科学的另类历史，会发现16世纪的人们似乎为之倾注了所有的精力和努力，尽管如此，大多数科学史把恰好处在16世纪中期的1543年当作众所周知的“科学革命”的起点。“科学革命”这一表述非常恰当。就在这一年，尼古拉·哥白尼的《天体运行论》（*De Revolutionibus Orbium Coelestium*）和安德烈·维萨里的《论人体的构造》（*De Humani Corporis Fabrica*）相继出版问世。前者复兴了宇宙日心说，且得到了更好的数学支撑，这对古典时代的第一批支持者来说是不可能的。后者则首次将人类解剖研究置于坚实的观察基础之上。在这两本开创性著作之前，有关自然世界的理论大部分源自古希腊和古罗马的学术权威，比如亚里士多德、盖伦、老普林尼的《自然史》以及其他地方的权威。他们虽然是权威人物，但也经常误导后人。第一个向这些古代权威发起真正挑战的是一本小书，该书在哥白尼《天体运行论》出版的半个世纪前，即1492年出版，这一年往往令人想到哥伦布横跨大西洋的航海探险和西班牙驱逐犹太人等事件。这本小书名为《论普林尼和其他医疗作家的错误》（*De Plinii et Aliorum Medicorum*

Erroribus），作者是意大利费拉拉的尼古拉·莱奥尼奇尼（Nicolai Leonicini）。这本书细数了普林尼所著《自然史》中的错误，而《自然史》之前一直是人们公认的百科全书式的权威著作。莱奥尼奇尼的初衷是更正普林尼著作中的错误，几个世纪以来，一代又一代的抄写员因为失误、倦怠、疏忽或其他差错导致书中出现很多文本错误。他曾经与安杰洛·波利齐亚诺（Angelo Poliziano）通信讨论这个问题，这些书信就成为此书的基础。在写作过程中，他不得不处理错误是抄写员所致还是普林尼本人所致等问题。他得出的结论是，普林尼写的东西"没有经过他本人的充分研究和证实"。[1]这句话既指出古代权威也会犯错误，也阐释了科学的原则，两者都是迈向现代科学和现代世界的重要一步。

哥白尼之后，确保"充分研究和证实"逐渐成为那个世纪的科学原则。正是这一次与众不同的"离经叛道"，引发了后来的科学革命。通过运用实证研究方法和定量数学技巧，后来文艺复兴时期的探索者不仅能够挑战古代作家的思想霸权，更重要的是，还向宗教正统思想发起了挑战。正如我们所看到的，他们还将科学从伪科学中分离出来——伪科学企图通过更快捷、更容易的方法达到与科学大体相似的目的。

认同现代科学开端的传统日期，并不是否定从古典时代到16世纪中叶科学、数学和技术上取得的进步。这段时期这三个方面的进步很多，主要发生在印度、中东，尤其是中国。彼时彼地的诸多发现都与16、17世纪科学的兴起息息相关。同样还有各种仪器的发展，其中最主要的有前文已经提及的望远镜和放大镜。

但是，从16世纪中期开始的欧洲科学思想进步，其本质与以往不同，完全配得上“革命”的称号。人们只要环顾当今世界，看看那场革命的成果，就不会怀疑这一点了。关键的一点是科学革命是如何完成的。科学绝非一人之功——除了17世纪的人物如伽桑狄、伽利略、惠更斯、玻意耳、牛顿等，我们还可以继续添加一些后来者的名字，如普里斯特利（Priestley）、伏特（Volta）、法拉第（Faraday）、麦克斯韦（Maxwell）、爱因斯坦、玻尔（Bohr）、海森堡（Heisenberg）、狄拉克（Dirac），此外还有其他一些在主流科学史中很少被提及的人物。他们一起代表了一个共同协商、相互批判、同行评议、既协作又竞争的群体，也正是这样一个群体，构建了人类对世界的新认识。这种协同合作式的事业在17世纪完全定型。

要深入了解科学革命有多么彻底，将革命开始前和开始后流行的世界观进行比较，将会很有启发。最充分的比较可以在16世纪初受过良好教育的路德同代人的世界观和当今受过良好教育的人的世界观之间进行。但是，事实上，我们可以将这种比较的时间跨度进一步缩小，只需对比16世纪末法国国王亨利四世登基时和18世纪初英国安妮女王在位时人们的世界观即可。

1589年亨利四世登上法国国王宝座后，几乎所有的基督教神学家，当然还有罗马天主教会的神学家，都认为基督教神学和亚里士多德哲学的结合才是可以接受的宇宙观——因为它与《圣经》福音一致，并得到了教会圣师（doctors of the faith）的批准。完成这套思想体系权威结合的主要作者是托马斯·阿奎那（Thomas Aquinas），这一体系后来被称为“托马斯主义”（Thomism）。阿奎那通过将亚里士多德的科学理论、托勒密的天文学和盖伦的医学理论——它们描绘了人类存在的物质画面——与教会关于灵魂性质和命运的教义结合起来，使物质和精神融合在一个体系中。他将古代先哲思想合为一个统一的哲学思想体系，用来为神学服务。他不仅构建了一个赎罪的信仰体系，而且还防止了该信仰体系与之前更古老（就哲学而言也更丰富、更深刻）的传统发生明显的冲突。

这一套精彩的合成体系，阐释详尽充分，成为16世纪基督教所有教派（不仅是天主教徒）的思想家思考世界的框架。它还为哲学（也就是科学）研究提供了从神学的观点来看可以接受的基础规则。它确实做到了这一点，尽管事实上它早已为中世纪的经院哲学家留下了许多争辩的空间。但是，在整体结构上，这个世界观在神学上前后统一自洽，并被正统思想的所有捍卫者所接受。

在16世纪，与之前基督教时代的所有世纪一样，启示是理解上帝旨意和宇宙本质的主要来源。罗马天主教会从一开始就把它作为教义，认为启示是一个持续不断的过程，教会从神那里获得许可，作为所有问题的教义之源来发挥其权威。在神学和道德的问题上，宗教改革的支持者抛弃的正是这个观点。

但是，罗马的神学家和宗教改革运动的神学家都默认了一个不同但非常重要的观点：启示在所有科学问题上拥有最终的决定权。在新教徒看来，启示存在于《圣经》中；对于罗马天主教会来说，它既存在于《圣经》中，也存在于教会与上帝持续不断的关系中。在宇宙本质及起源问题上，两大教派均认为《圣经》本身已经充分说明了一切：它毫不含糊地表明上帝创造了天地，并创造了众多生物（《圣经》原文是“created beings”）聚居于此，还包括众多天使，其中三分之一——如果我们遵循弥尔顿在他的史诗《失乐园》中所改编的传统——起来反叛，并跟随大天使路西法（Lucifer）也就是撒旦进了地狱，从那里他们不断地努力破坏上帝对人类的计划。

关于宇宙宗教观，很重要的一点是，道德目的是其最重要的考量因素，这也是宇宙存在的目的。这就是为什么宗教教义将物质世界起源和本质的描述置于道德故事的宏大叙事之下。这个故事耳熟能详，但是有待重述，因为其中发生的事件和细节中存在着反科学的宗教偏见。

上帝首先创造了亚当和夏娃，并赐予他们美丽的伊甸园作为家园。但撒旦诱惑他们违背对上帝的忠诚，结果造成整个人类因为他们的堕落而遭受惩罚。这就是原罪："罪"意味着"不遵从"。此处的不遵从指的是偷吃禁果，即能分辨善恶的智慧树上的果实。原罪是由于不遵从禁令，在人类关注的中心区域寻求知识，这是非常说明问题的事实，这个事实直接与科学革命本身代表的人类反叛精神联系在一起。

那些反叛的天使，如今以恶魔的形象横穿人世间，寻找永堕地狱的可怜人，诱惑他们犯下异端、贪婪和欲望等罪恶，以及相信虚假的信仰。为拯救人类，上帝尝试了各种方法——用洪水淹死大部分人，只留下少数一些人，这样他能够重新开始自己的创世伟业；为启迪教化人类，他还向人间派遣教师和先知，而其中太多人要么备受冷落，要么被赶尽杀绝。最后，根据（大多数）基督教教派的说法，上帝降世为人，并牺牲自己，以弥合他与人类之间的关系。人们如何回应上帝的这个牺牲将在审判日那一天做出判决，基督教历史上几乎每一代虔诚的信徒都确信末日审判即将来临。

这些观点当然包括很多微妙的细节——这些细节导致很多持异见者（有时候或许是不理解这些观点的人）被烧死在火刑柱上。这些方面的教义在耶稣传奇式的死亡后数个世纪才开始成型，而且这些教义涉及“异端邪说”的诸多争议。这里“异端邪说”一词主要指辩论失败一方所持有的信念。但教会采用的自然世界理论要比其神学教义古老得多，而且在16世纪时基本上仍属于亚里士多德主义。

在亚里士多德理论中，物质世界是由四大元素——土、气、火、水组合而成。此外，还有被称为以太（aether）的第五元素“精华”（quintessence），是构成天球及其天体的元素。四种非以太元素又由干、冷、热、湿四种基本物性两两组合而成。它们的组合产生了物质实体的特性：土冷而干；水冷而湿；火干而热；气热而湿。这四种元素都有各自天然的位置。土因为重而倾向于成为宇宙的中心；水也重，但并没有土重，因而位于地球表面；气居于水和火的中间，火则是最轻的元素，火大多在地面以上。后世思想家称，围绕地球的天体上有许多小孔，在夜间人们可以通过小孔看到火花闪烁。

按照这个理论，我们从来没有见过纯粹的以原始形式存在的元素，它们只以合金或混合物的状态出现。这很容易通过化学实验来验证，通过加热，各种元素可以被分离或者提纯。这也是炼金术产生的原因：如果万物都是由这四种元素组合而成，并且混合物可以被分离提纯，然后按不同的方式重新混合，那么我们可以推断像黄金这样的贵金属能够从铅这种贱金属中冶炼出来，而且找到一种保证长生不老、青春永驻乃至肉体不朽的物质也是可能的。例如：黄金是最美丽、人们最想得到的金属，显然也是最有用的金属。这意味着它肯定是四大元素最完美结合的混合体。因此，由不同比例元素组成的贱金属，只需要按完美比例重新组合就能变成黄金。还可以进一步得出结论说，因为黄金是各元素完美配比组成的，所以它同样也应该是最好的药物。这种信念误导人们吞服液态黄金来治疗各种疾病。

亚里士多德从每个元素的“性质”推断出它们的“自然运动”形式：土和水自然向下运动，而气和火自然向上运动。但是，这种运动只有在其他东西向它们施加外力时才会发生，就像一个人抛掷鹅卵石。如果这种推动力停止，它产生的运动也会停下来。因此，在亚里士多德的科学中没有惯性概念。正因如此需要上帝的存在，首先让物体运动起来——比如说让恒星和行星这样的天体运动，接着还要维持它们继续运动，或者让其他外力推动它们。

基督教思想家基本原样采纳了古代的天文学理论。天体被认为是围绕着宇宙的中心——静止的地球运行的。这些天体位于上帝设置运转的“水晶天球”中，至于是谁让这些天体在其轨道上持续运行，有些权威教导说是一类高级天使（被称为“智慧天使”）推动的，其职责就是保持恒星和行星在各自指定的轨道上运行。天球由水晶制成，因为它们必须材料透明，质地坚硬，而唯一已知的兼具这两种性质的天然材料只有水晶。此外，水晶很漂亮，也是促使它担任这个重要角色的另一考虑因素。

月亮是天空中最低、离地球最近的天体，也是最不精致的，它围绕地球公转的速度最快。接着，按照离地球的距离远近依次是水星、金星、太阳、火星、木星、土星，每个都比它前面那个运转得更慢一些。它们不是由土、气、火、水组成，而是由第五元素“精华”构成的——它们环绕地球的运行轨道是完美的正圆形。它们自身也同样完美，就像柏拉图的“理型”一样，是永恒不变的。在它们围绕地球旋转时，玄妙的神曲倾泻而出——很像一端系着重物的绳子被人甩动时发出的低沉声音——我们人类是听不见的，因为我们的身体太卑贱。只有升天的信徒在到达天堂时才能听到。

这个理论还可以从医学心理学的“体液”论——我们说某人是抑郁质、黏液质、多血质还是胆汁质性格时仍会提到这一理论——到星相学有关人的性格与命运的理论，再到人类世界是从最高贵的国王到最低贱的农奴等神圣秩序的等级观点等方面做进一步的阐述。实际上，“等级”理论的应用范围远不止人类社会的等级划分，因为它从最高的上帝一直延伸到低贱的蜉蝣虫子。人类介于中间位置，上有天使，下有野兽，兼有两者的一些性质，可以说人类充当了人世和天堂的纽带。这个理论也有其微妙之处：天使比人类懂得更多，但人类比天使更善于学习；人类比野兽更有智慧，但野兽比人类更有力量，等等。[2]

从16世纪到17世纪，以上大部分内容构成了几百年以来受过教育的人（或许更多只是粗浅的教育）和未受过教育的人的世界观。现在很难想象用这些术语来思考会是什么样子。在很多方面，这是一个令人感到满意甚至舒服的观点——虽然恶魔及其手下四处游荡，企图引诱人们陷入永久的折磨之中：这真是一个恐怖的想法——它将人类及其世界置于上帝创造的中心，使其成为上帝的主要兴趣和关心所在，至少就世俗意义来看，让男人（man，这里我使用man这个阳性词是经过斟酌的）成为世界的主人。地球并非宇宙的中心，也不是静止不动的，相反它在一个大到超出人类想象的宇宙空间飞翔，宇宙实际上与人类无关或并非为人类而存在。这样的宇宙观与之前的观点大相径庭，令人深感不安，这不仅是对人类自尊的打击（人类不再是宇宙永恒剧中可能的主角可以说是一种大降级），而且这个观点本身往轻里说是让人眩晕，往重里说简直令人恐惧。

更糟糕的是，这些新理论直接挑战并在事实上抨击了《圣经》以及宗教的权威。在教会看来，地球绕着太阳做弧线运动这种看法比谎言还荒谬，简直就是对神灵的一种亵渎。请记住贝拉明对加尔默罗修士福斯卡里尼（Foscarini）的警告："《圣经·诗篇》104 篇第 5 节明确无误地宣称上帝'将地立在根基上，使地永不动摇'。"贝拉明更进一步提醒福斯卡里尼，上帝让太阳静止不动是为了帮助约书亚杀敌——这难道不是证明空中移动的正是太阳而非地球的确凿证据吗？也难怪教会计划处死那些拒绝将《圣经》当作科学真理宝典的人。

舞台已经布置好，两种冲突一触即发。一方是以观察和推理为基础、不受宗教教条约束的新世界观，另一方则是《圣经》和教会的权威。这是一场直接的对抗。在反宗教改革运动中，成立于 1534 年的耶稣会成为一股新的精锐力量，它敏锐地选择教育作为战争的主要武器，为罗马追回基督教世界中迷失的灵魂。他们的《学习纲要》（*Ratio Studiorum*）非常明确地描述了其课程："在逻辑、自然哲学、伦理学和形而上学中，必须遵守亚里士多德的观点。"这个指导意见是方济各·波吉亚（Francis Borgia）签发的，他通常被称为圣方济各·波吉亚，是耶稣会的总会长。他在一份备忘录中进一步指出，任何人都不得"在哲学或神学中捍卫或传授任何反对、贬低或不利于宗教信仰的东西。任何人都不得反对哲学家所接受的公理，比如：事物只存在四种原因，世界只由四种元素组成，自然物质只有三大原则，火热而干，气湿而热。任何人都不允许为如下观点辩护，即自然力可以不需要媒介远距离相互作用，这与哲学家和神学家的普遍观点相悖……这不仅仅是训诫，更是我们强制推行的教义。”[3]

“这是我们强制推行的教义。”因此，科学界提出的新观点遭遇强烈反对，有时候甚至遭到迫害，也就不足为奇了。尽管事实上，新思维方法的提倡者还没有冒险地将它们作为教会教义的替代品。哥白尼在其经典著作的序言中写到，日心说这一假说对科学观察和相关数学运算提供了更好的解释，但是必须只将其看作启发式的手段而已，他并不希望读者从字面上理解他的主张。[4]

因此，17 世纪初构成正统思想的前科学世界观与此后形成的科学世界观之间存在明显对比。当然，真正的对比是两种思维方式的对比，它们各自产生了看待世界的不同方式。正如伯特兰·罗素所说，真正重要的不是人们相信了什么，而是信念背后的理由是什么。17 世纪的人们可以通过不同的方式获得关于自然界的各种观念，这对人们转变观念起到了充分而恰当的铺垫作用。人们开始在探索的问题上拒绝服从宗教信仰，这是一个转折点。下面将对这种世界观的对立做一简述。

理想中的宗教为我们带来了来自上帝或者众神的教导。它主要要求我们相信上帝或者众神的仁慈管理，并做出相应回应——这意味着崇拜和服从，不去怀疑和质疑，只管全盘接受：这就是“信仰”的含义所在。在世界两大宗教基督教和伊斯兰教中，这是一种基本的美德。“伊斯兰”实际上意为“服从”；在基督教中，服从神的权威是核心要求——所有派别都出声祈祷，“我们在天上的父”，包括“不是成就我的意念，而是成就你的意念”，基督教把服从比喻为“舍去自我”（dying to oneself）和“把自己交给上帝”（handing oneself over to God）。基督教教义中最大的罪恶之一是“骄傲”，因为这意味着依靠自己的判断，站在自己的立场，从而否定了各方面脆弱无比的人类需要得到神的帮助和拯救的教义。面对理性和相反的证据还能接受信仰是一种伟大的美德，很多例子可以说明这一点：《约翰福音》中生性多疑的多马（Doubting Thomas）的故事（第20章第24—29节）以及索伦·克尔恺郭尔（Søren Kierkegaard）有关“信仰跨越”的教导（更准确地说是“跨越信仰”），该教导强调人需要跨越戈特霍尔德·莱辛（Gotthold Lessing）所描述的“丑陋的鸿沟”，莱辛自己不会跨越这一道鸿沟去相信基于宣扬神迹的宗教。就这点而言，莱辛是启蒙运动的真正信徒，是启蒙运动的领袖人物。与他几乎同时代的大卫·休谟（David Hume）说过，奇迹时代之所以没有终结是因为人们仍然怀有宗教信仰，这一事实本身就是一个奇迹。如果莱辛听到这句俏皮话，一定也会颇为欣赏。

科学显然是另一回事。在理想的情况下，科学是一种客观的、不带个人情感色彩的努力，在设计和验证假说以及坚持证据导向的过程中尽可能地做到理性可靠。它并不预设结论去寻求支持，那是教条主义者的做法。相反，科学尽其所能排除偏见，并以公开的、可解读的方式进行研究，其研究结果要接受公众的质疑和独立的核查，也要经得起重复验证。依靠科学观察、缜密推理、精心的实验设计和独立审查者的反复审查是科学研究的标准程序。所有这些，也是对任何一个想认真从事科学探索的人最起码的要求。

如果需要证据来证明科学的方法和规范所取得的成功，人们只需要说："看看当今的世界吧！"（*si monumentum requiris, circumspice*）当今世界的面貌正是科学研究成果的有力证明。技术的应用证明了科学的成功，也可以说科学进步就是为了探求世界的真理。然而必须承认的是，科学和技术在造福人类的同时，也带来了很多问题。[5]

这与我们正在讨论的思想革命当然有直接的相关性：因为科学世界观取代了宗教信仰，所以可以说17世纪是一种世界观被另外一种世界观取代的时代。其中"取代"一词十分恰当。科学揭示的宇宙与宗教所描述的各种宇宙是完全（*toto caelo*）不同的。后者以人类为中心，具有明确的道德目的，充当了人类的试验场，为人类死亡之后的真正存在做准备，即要么是天堂般的永恒现实，要么是地狱般的永恒现实。这里，人类的想象力限制了我们对自然界的认知，但是科学却拓宽了人们的想象力，尽管只是通过实验和数学的方式实现——数学是一种比人类幻想更广泛更精确的概念工具。纵观现代科学进步的历程，从伽利略和牛顿到相对论与量子理论，以及伴随而来的化学、生物和技术方面的进步，我们可以看到，科学揭露了前科学时期宇宙观的贫乏和人类想象力的局限。

科学思维方式的典型特征之一是怀疑主义和修正自己观点的意愿，如果有更好的证据或更具说服力的论证说明自己的观点不准确或者是错误的话。为此，科学需要表达自由和探索自由，它不能依照非科学的方式行事，无论是神学的还是政治的。如果神学教条对16世纪科学的影响不是足够有说服力的例子的话，请考虑"苏联生物学"取得巨大增长的农业奇迹，那当然是通过从其他地方收获的庄稼欺骗性地堆积起来的，这样当党的高级干部视察时，就能见证所谓的农业生产奇迹了。

苏联弄虚作假的思想风气与16世纪及之前存在的情形非常相似，教会以惩罚为威胁，要求科学探索不应该违背宗教正统思想。我们耳熟能详的是，教会随时准备惩罚异端分子以确保该要求得到严格遵守。一直被提及的例子就是伽利略。[6]

伽利略遭审判的例子之所以重要，是因为它标志着教会阻止或者至少控制科学革命的最后一次重大尝试。就像现代科学故事本身一样，故事依然开始于1543年哥白尼的经典著作《天体运行论》的出版。该著作提出宇宙日心说模式，其目标是提供一种比托勒密的地心说模式更容易的方式来描述恒星和行星运动的特征。地心说模式是在公元2世纪时根据千年以来观察星星而积累的数据形成的，它始于一个假说，即恒星、太阳、月亮和当时人们知道的五个行星都以正圆形轨道绕地球运行，原因是在所有几何图形中，圆形是最完美的。

但是，对星球的观察尤其是对行星运动的观察并不符合这一假设，人们观察到太多异常和不规律的情况。我们现在知道，因为我们太阳系中的行星围绕太阳以不同的速度和不同的距离沿着椭圆形轨道运行，有些在地球和太阳之间，有些远在地球的绕日轨道之外。所以在地球上的观察者看来，行星看起来好像在星座之间移动，时快时慢，甚至有时候还会出现逆行的现象。它们在“固定不动的星星”宏伟地旋转着的背景下遨游，这显然是不合常理的。为了解释观察者感知上的变化，必须对正圆形系统做出调整。

因此，托勒密提出虽然行星的确以正圆形运动，但它们并不是围绕地球本身做圆周运动，而是围绕一些点做较小的圆周运动，而这些点则在以地球为中心的圆周上运动。这些位于较大的地球轨道内部的局部轨道被称为“本轮”（epicycles）。这些点每个都位于水晶天球的一个格子中，这些水晶天球也以完美圆周运动，但也不是围绕地球本身而是围绕一套被称为“偏心匀速点”* 的点，它们位于离地球不远的地方。

这些改进显然是特设的（*ad hoc*），说明这个模式是草草拼凑出来的，所有调整和修饰都是用来使之前的假设（天体必须按正圆形运动）与相悖的观测发现保持一致。公元前 3 世纪（托勒密之前 500 年），阿利斯塔克（Aristarchus）提出过一个更古老的观点，即太阳位于宇宙的中心，地球和其他星体围绕它运行。这个观点在哥白尼看来似乎更简单，当他尝试时，发现它与观察数据的吻合程度更高，且更有效。

哥白尼是波兰人（不是丰特奈尔认为的德国人），出生于维斯图拉（Vistula）河畔托伦（Toruń）的一个富裕家庭。其父亲在 16 世纪初期送他前往意大利求学，其间他吸收了人文主义文化，学习了希腊语和拉丁语，并在文本之间进行语言互译。他本来到意大利是要学习医药和法律，但谋到一个挂名差事的优厚闲职，在家乡波兰弗龙堡大教堂（Frombork Cathedral）担任教士，这让他能终生投身于研究。[7]

他对天文学的兴趣是在意大利读书时激发起来的，他读到当时发表的对托勒密体系的总结，同时还有德国专家雷吉奥蒙塔努斯［Regiomontanus，他在学界名为约翰内斯·弥勒（Johannes

* equant，此概念借自吴国盛的译法，见库恩著，吴国盛等译：《哥白尼革命》，北京大学出版社，2003 年，第 68 页。——译者注

Müller），这是对其出生的城市柯尼斯堡（Königsberg）的拉丁化的致敬］的观察和质疑。在他的评论中，雷吉奥蒙塔努斯讨论了托勒密的地心说一个长期公认的问题，即它与我们所看到的月球不相符，其外观并不像托勒密体系所说的那样会出现大小波动。根据该理论，如果月亮在偏心匀速点以正圆形运动的话，月亮在接近和远离地球的过程中会规律性地显得更大和更小。哥白尼通过假设解决了这个问题。该假设认为虽然月亮的确围绕地球运动，但它和其他行星连同恒星的水晶天球都围绕太阳运行。这产生了令人欣慰的结果，即宇宙拥有单一中心，这就是太阳，而不是接近地球的一片偏心匀速点。

但是，它也带来了自己的问题。如果地球正在围绕太阳飞行，我们为什么感受不到运动带来的风吹在我们脸上呢？为什么海洋不会涌起，形成洪水在陆地上泛滥呢？我们知道如果桶旋转的话，桶中的水会漫溢出桶的边缘。如果太阳是一切的中心，地球和行星怎么没有掉落到太阳上呢？如果恒星水晶天球也围绕太阳运行，它肯定离行星非常远，在它们与太阳系之间留下了巨大缺口。神为什么要创造这样一个形状怪异的宇宙呢？

16 世纪很少有知识能为这些难题提供答案。但是，哥白尼模式的其他方面使其引人注目。其中之一是它让哥白尼能够回答另一个棘手问题：为什么金星和水星只能在黎明和黄昏被看见，而火星、木星、土星在任何时候都能被看见？托勒密的回答是金星和水星陪伴太阳绕着地球运行，但是，哥白尼判断这个不同必然意味着水星和金星拥有地球轨道内的轨道，处于离太阳更近的位置，而其他三颗行星的轨道在地球轨道之外。因此，通过日心说轨道模式，他能得出行星相对于地球的正确位置：按照到太阳的距离从近到远依次是水星、金星、地球、火星、木星和土星。这个简单结果在科学上是优美的。

虽然哥白尼在年轻时就得出这些观点，但他没有将其发表出来。因为意识到其危险的隐含意义，他直到生命的尽头才将其发表。事实上，据说他是在临终病床上看到由出版商送来的他的书的最终版本的。这是一个动人但很可能并不真实的故事。他本来有意发表，但他的朋友维滕贝格大学（Wittenberg University）数学教授雷蒂库斯［Rheticus，即格奥尔格·冯·劳肯（Georg von Lauchen）］说服他放弃了这个想法。几年前的1540年，雷蒂库斯已经发表过哥白尼体系的概要性描述。一个名叫安德烈亚斯·奥西安德尔（Andreas Osiander）的路德派牧师被聘用来整理哥白尼的全部手稿以便出版，这项工作在哥白尼晚年最后一次生病后变成了他一个人全权负责。该书在宗教改革开始之后的25年出版，就在罗马天主教会在特伦托宗教会议上最终开启反科学的反宗教改革运动的一年之后。

奥西安德尔是哥白尼著作序言的作者，他的序言经常被引用。序言中说，哥白尼体系不能被拿来当作对宇宙真实格局的描述，而应该仅仅被认为是一种模型或假说。他并没有在序言中署上自己的名字，让人以为序言是哥白尼本人所写。奥西安德尔的动机很容易理解：他知道，如果理论被认为是真实的，将招致教会的谴责。但是，虽然在序言中已经加入了免责声明，他的担忧很快被证实是有道理的。

这个故事在历史上的奇怪之处在于，当哥白尼在30多年前即1510年提出自己的观点时，他拟订了大纲，并用手稿的形式在熟人中传阅，题目是“一些评论”（*Commentariolus*）。这个小册子引起了人们的仰慕，甚至在梵蒂冈，一位名叫约翰·维德曼施塔特（Johann Widmanstadt）的教皇秘书曾在教皇克雷芒七世（Pope Clement VII）面前就这一话题发表演讲。在演讲的现场有一位枢机主教尼古拉斯·冯·勋伯格（Nicholas von Schönberg）后来写信给哥白尼，敦促他出版一个更加完整版本的理论。当哥白尼的书在1543年出版时，主教的信被放在开头。后来证明，用这封书信做遮羞布来保护那些因为接受哥白尼的观点而遭迫害的人是不充分的——甚至有人被烧死在火刑柱上。

哥白尼发表理论初稿的1510年正处于一个宗教迫害的间歇期，一边是托克马达（Torquemada）的西班牙宗教裁判所的过火行径的终结，一边是马丁·路德将他的《九十五条论纲》（*Theses*）张贴在维滕贝格教堂的大门上。那是伊拉斯谟影响力十分巨大的时代，他的名声及人文主义的和平本质产生了积极影响，虽然只是短暂地影响了欧洲思想。那还不是热忱关注自然哲学的深奥著作并对异端邪说抱有希望的时代。

仅仅30年之后，情况就截然不同了。哥白尼在出版著作时的犹豫不决就是很能说明问题的事实。同样还有奥西安德尔试图掩盖日心说理论不过是数学启发法的努力。奥西安德尔熟悉《圣经》，他知道《诗篇》第104篇，他知道《约书亚记》第10章说太阳在天空当中停住，不急速下落，约有一日之久，月亮也是如此。哥白尼和神的论述相冲突，除非哥白尼可以声明他并没有试图挑战《圣经》的真实性，否则就会有麻烦。

但是，当然，无论如何已经有麻烦了。不可避免的是，哥白尼模式的影响将吸引教会的注意。或许令人吃惊的是，它并没有在更早一些时候出现，16世纪后半叶是个因宗教战争而令人烦恼和痛苦的时期。需要一个特殊的事件才能让教会意识到哥白尼的影响，在此之前他的观点被人忽略或被漠视了。该事件就是乔尔丹诺·布鲁诺作为异端遭受审判以及他于1600年2月在罗马被处决。

布鲁诺不是一个谨慎的人。像16世纪后期的很多同代人一样，他在赫尔墨斯主义、神秘主义和其他很多方面都有广泛的兴趣，而且他公开表达接受哥白尼模式作为对宇宙的正确描述。他当时明明意识到其中的危险性，但仍然这样做了。在布鲁诺被处决后的20年里，愈发明显的是越来越多的专家被日心说理论的朴实真理所说服。哥白尼的《天体运行论》连同世界上最伟大的和最有影响力的其他著作一并被列入梵蒂冈的《禁书目录》，这无意中还提高了这些作品的知名度——《天体运行论》发出的数学光芒在此后的科学革命中永不磨灭。

促成教会这种典型的果断举措的事件在之前已经描述过，即福斯卡里尼试图说服教会相信《圣经》与哥白尼的观点并不矛盾。贝拉明代表梵蒂冈做出的反应也可能在之前一千年的任何时候出现，但不可能在50年之后再出现。尽管教会顽固坚持千百年来的信念，但已经无法强迫别人相信了。我们很难相信贝拉明及其在教会等级体系中的同事没有意识到历史潮流是反对他们的。虽然教会不愿意宽容那些与《圣经》抵触的理论，但是在那个时候它能选择的立场越来越少了。在这点上，它通过威胁判处死刑而让伽利略噤声其实是死亡前的最后一搏。

伽利略20多年来对教会来说一直是个问题，教会在宗教裁判所审判之前就曾因哥白尼问题指控他。麻烦早在1604年就开始了，当时他就开普勒的超新星观测发表演讲，表明它应该和其他固定的恒星一样遥远，因此它应该是发生变化的固定恒星之一——这与亚里士多德的恒星永远不变的观点正好相反（因而也与教会相反）。因此，在宇宙大小的问题上，伽利略的演讲产生了令人不安的影响。

伽利略制造了自己的望远镜，并通过望远镜做出了惊人的重大发现。他曾经听说荷兰有人制作了功能强大的“小型望远镜”，于是在1609年，他利用他兼具工匠和数学家的天赋以及对折射原理的熟知，自己制作了一架望远镜。他的第一台望远镜能将物体放大大概四倍，但是很快他又打磨出新的镜片，从而能放大八到九倍。他拥有创业家和科学家的天赋，他说服威尼斯参议院相信他是望远镜的发明者，而且望远镜在军事、商业和航海上等拥有巨大的应用潜力，这样就将他的望远镜变成了金钱。参议院给了他一笔可观的资金，以获得他的望远镜（perspicullum）的生产权。当威尼斯人得知他并不是望远镜的发明者，从他那里购买的望远镜专利权并不属于他时，他不得不匆匆逃离威尼斯。[8]

虽然伽利略对其望远镜的商业价值非常敏感，但他对其科学前景更加敏感。1609年12月，他用望远镜观察到了一种东西，使人类对宇宙不断变化的观念有了确切结果。他看到了月亮上的群山、太阳黑子、银河中数量更加庞大的独立恒星，还有围绕木星运行的几个卫星。他马上给这些卫星命名为“美第奇星”（the Medicean stars），将它们被发现的消息和名字连同一架精致的望远镜寄送给佛罗伦萨的美第奇家族统治者托斯卡纳大公科西莫二世（the Grand Duke of Tuscany, Cosimo II）。作为奖励，托斯卡纳大公以重金聘请伽利略为“公爵首席数学家和哲学家”。

伽利略在他的《星际信使》（*Sidereus Nuncius*）中发表了借助望

远镜所做出的发现，这本薄薄的小书让他在欧洲各地赢得大名。但是，他最令人着迷的发现还有待出现。他继续通过望远镜凝视，对木星的卫星进行更准确的观察。在思考他所收集的数据中存在某些不一致的情况时，他意识到，他必须考虑自己的位置相对于行星及其卫星的运动的变化，这些变化只能在地球自身也在围绕太阳旋转的情况下才能做出解释。这构成了强有力的证据，证明哥白尼的模式不仅是启发式的，还是对太阳系更准确的描述。

事实上，伽利略至少自 1598 年以来就确信这一点。那一年，他写信给开普勒说，他是哥白尼的信徒。但是，在此关键时刻，他并没有公开发表任何意见，他继续享受称赞和各种荣誉，包括当选罗马猞猁之眼国家科学院（Accademia dei Lincei）院士。

但是，哥白尼理论不可能一直保持沉默。伽利略从前的一个学生，比萨大学数学教授贝内代托·卡斯泰利（Benedetto Castelli，1578—1643）受科西莫二世及其母亲洛林女大公克里斯蒂娜（the Grand Duchess Christina of Lorraine）之邀就哥白尼模式与《圣经》之间的矛盾发表演讲。在演讲中，卡斯泰利为哥白尼模式辩护，并在此后写信将此事告诉了伽利略。伽利略在回信中表达了他的想法：《圣经》应该总是根据科学的发现来进行解释，而不是按照教会的要求用其他方式进行解释。不知怎么回事，他的信落入宗教裁判所手中。此时，宗教裁判所的审判者还没做出任何反应，很可能是在等待更好的时机找伽利略的麻烦。

不太明智的是，伽利略看到没有任何动静而变得更加胆大妄为，他在 1616 年给克里斯蒂娜女大公写信说：

> 我认为太阳位于天体运行的中心，其位置不会改变，地球在自转的同时围绕太阳公转。我不仅通过驳斥托勒密和亚里士多德的论据确认这一点，而且在其他方面提出了很多论据，尤其是一些与物理效应有关的论据，而这些物理效应的原因可能无法以其他方式确定。此外，我还获得了其他的天文学发现，这些发现明确驳斥了托勒密体系，它们绝妙地同哥白尼的立场保持了一致，证明哥白尼的日心说是对的。[9]

这封信后来也落入敌对者的手中，现在教会觉得不得不采取行动了。教皇保禄五世命令枢机主教贝拉明将伽利略的问题提交给禁书目录圣会（Sacred Congregation of the Index）。圣会的枢机主教们在 1616 年 2 月考虑这个问题。他们只接受神学家一方的证据，伽利略和其他任何科学家都没有被邀请答辩，也没有被要求提交书面证据。并不令人吃惊的是，枢机主教们得出结论认为，哥白尼的理论必须受到谴责，日心说观点不仅是“愚蠢和荒谬的”，而且是异端邪说，他们还指出，地球在太空飞翔的观点“至少在信仰上是极其错误的”。[10]

“在信仰上是极其错误的”，作为对科学观测的反驳，这个说法现在听起来或许怪异，不再带有宗教权威曾经拥有的浓重威胁意味。但是，甚至在 21 世纪，仍然有很多人觉得它具有重要意义，说明这是一个有待解决的问题。而在 17 世纪，是科学观点而不是至高无上的教义真理的概念在教会看来才是问题。

因此，枢机主教贝拉明召见伽利略，向他通报了禁书目录圣会的裁定，告诉他以后不能坚持、捍卫或传授哥白尼的理论。有些历史学家认为，无论是贝拉明还是教皇保禄五世都不希望看到伽利略陷入麻烦。他们甚至（有人补充说）希望他继续自由地传授哥白尼理论，为此他们的判决中并没有包含禁止传授哥白尼理论的内容。但是，当贝拉明向伽利略通报禁书目录圣会的裁决时，圣会其他成员都在场，这些成员渴望找到机会更进一步惩罚伽利略。他们把禁止传授该理论的禁令加了进去，为的是看看他是否同意。因为他们都在场，伽利略只好同意，贝拉明试图对他网开一面的努力落空了。这个经过美化的故事继续说，伽利略此后马上被邀请面见教皇保禄五世，教皇保证在他当政期间，伽利略是安全的。

但是，这个令人愉快的故事并不真实。如果贝拉明和教皇保禄五世是伽利略的盟友，进而也就是哥白尼理论的支持者，那么福斯卡里尼就不会受到警告了，伽利略也不会在教皇保禄五世在位的剩余时间里明显地保持沉默了。几乎可以肯定，他必须要等待梵蒂冈的新教皇——这个教皇对伽利略非常友好——上台才能出版第二本重要著作《试金者》（*Il Saggiatore*），这是有关科学方法的专题论者。

这个教皇就是乌尔班八世（Urban VIII），1623年登上圣彼得宝座。之前，他是枢机主教马费奥·巴尔贝里尼（Maffeo Barberini），长期以来一直都把伽利略当作良师益友。伽利略出版《试金者》后，将其献给教皇乌尔班。该书中包含一段至今都非常著名的文字：

> 哲学写在这本宏大的书中，宇宙一直矗立在我们面前，供我们凝视，毫无保留。但是，这本书不可能被理解，除非人们首先学会理解语言，并看懂用这种语言写成的文字。它是用数

学语言写出的，它的文字就是三角形、圆形和其他几何图形，如果没有这些，人们可能一个字都看不懂；没有这些，人们可能就要在黑暗的迷宫中摸索。

伽利略在《试金者》中嘲讽耶稣会会士，当这些被读给教皇听的时候，教皇乌尔班哈哈大笑。教皇邀请伽利略参加总共 6 人的聚会，向他表示了善意和友谊，从而使伽利略相信他能够恢复公开传授哥白尼理论，不仅仅是在他正忙于写作的代表作——《关于两大世界体系的对话》(*Dialogo sopra i due massimi sistemi del mondo*)中。这本书的写作进展很慢，因为伽利略健康状况很差，常常因病耽搁，屡屡推迟直到 1629 年才写完。写完之后他寻求罗马猞猁之眼国家科学院的出版许可，而因为当时科学院的院长首席猞猁死亡后科学院处于动荡分裂之中，虽然获得了审查官的许可，但伽利略决定在佛罗伦萨出版，此后又推迟了一段时间——这次是因为瘟疫的爆发——该书最后在 1632 年面世。[11]

一开始风平浪静，没有什么麻烦，但是伽利略的敌人在等待时机，他们很快就发现了机会。伽利略的主要敌人是一个名叫克里斯托夫·沙伊纳(Christoph Scheiner)的耶稣会会士，恰巧他刚刚写了有关太阳黑子的文章。(但在伽利略看来写得很愚蠢，因此遭到伽利略的嘲笑，这让沙伊纳感到非常气愤。他们相互指责对方抄袭，相互攻击；历史对沙伊纳不太厚道，他毕竟是研究太阳的专家，发明了绘图缩放仪。)沙伊纳及其盟友在这个事实中找到了机会，伽利略在书中加入了审查官的序言，但字体与正文不同，以示与其保持距离，而且书中对对话中论辩失败的一方有一则评论，大意是哥白尼体系不过是一个假说。这则谨慎的评论是教皇乌尔班八世本人向伽利略推荐的，作为保护这本书的一种方式。伽利略的反对者在教皇乌尔班面前挑拨说，伽利略在《对话》中借头脑简单、思想守旧的发问者辛普利邱之口，用教皇的惯用词句，发表了一些愚蠢可笑的错误言论，这是对教皇乌尔班的侮辱，乌尔班因此大为震怒。

耶稣会会士现在逮住了机会。他们查阅伽利略的著作以搜罗更多足以定罪的证据，在1616年的判决中禁止伽利略坚持、捍卫或者传授哥白尼理论，而他显然违反了，而且三样都做了——让《对话》中的获胜方阐述哥白尼理论并为之辩护。

伽利略被宗教裁判所再次要求出庭应讯。他尽可能地往后拖，声称自己因病无法前往。他从前的保护者佛罗伦萨的科西莫二世已经在数年前去世，年轻的新大公并不知道如何与梵蒂冈方面做政治交易。伽利略最终不得不屈服，并前往罗马。

他在1633年2月到达罗马，随即被审判。结果是毫无疑问的：伽利略已经69岁——当时已经是高龄老人了——关节炎、近乎失明、体弱多病，因此他公开认错了。他被迫说“我发誓弃绝、诅咒和谴责自己的错误”，并否认地球在运动。因此，他免于被处决的命运，正如上文提到的，他被判处终身监禁，这个判决被减刑为软禁在阿尔切特里（Arcetri）的家中。在人生的最后10年中，伽利略在那里非常积极有成效地撰写他的最后一本书《关于两门新科学的论述和数学论证》（*Discorsi e dimostrazioni matematiche, intorno a due nuove scienze*），书中描述和总结了他毕生的研究成果。里面包括了对钟摆、惯性和力学的描述，并扩展了他对科学方法的看法。他在阿尔切特里的家成为众多名流争相拜访的宝地，其中包括弥尔顿和霍布斯。[12]

毫无疑问，伽利略知道尽管他输掉了一场战斗，但科学还是赢得了这场战争。他的《关于两大世界体系的对话》，尤其是《关于两门新科学的论述和数学论证》在欧洲各地的学者间影响巨大，并推动了此后的科学进步。与欧洲其他地方相比，意大利因为宗教裁判所对伽利略的谴责而在科学上停滞不前，成为欧洲的落后地区。

17 世纪科学史的前进是无缝连接的，从伽利略到哈维、惠更斯、玻意耳和取得巨大成就的牛顿，其间 1660 年成立了英国皇家学会。失败的理论被人忽视，因为它们不是在通往现代科学的大路上的路标。但是，值得注意的是曾经有个时期出现了一个新物理学的竞争者——笛卡儿提出的体系。

17 世纪后半叶及其之后的一段时间，笛卡儿的科学理论被广泛讨论。此时吸引人们注意的不是成为当今大学研究内容的笛卡儿的哲学观点而是其物理学观点，尤其是他的“旋涡”理论。牛顿在《自然哲学的数学原理》第二部的最后向笛卡儿提出挑战，自己准备阐述物体的运动如何在“没有旋涡的自由空间”发生。[13]

笛卡儿的理论认为，宇宙是个充满物质的空间——一个由不同状态的物质组成的非真空的连续统一体。空间不可能是一无所有的，空间和物质是一回事。物体要移动，就必须被自身之外的东西所推动。笛卡儿认为，这意味着肯定存在无限多的本地旋涡或不同粗糙度和流动性的物质旋转，每个旋涡外部边缘的东西要比位于中心的东西旋转速度更快。因为位于旋涡中心的物质本质是在流体围绕物体旋转时形成的，旋涡的中心是各个恒星，宇宙流体向外产生的压力就是我们的眼睛转向它们时感受到的光线。天体是由更粗糙的物质粒子构成的，通过旋涡移动，地球本身并不移动，它没有自己的运动机制，而是被包围和支撑它的流体涡流携带着在太阳周围旋转。

笛卡儿根据他的力学理论解释了旋涡的运动，其中只使用了大小、速度、静止、运动等概念。物体的后两种状态取决于物体间的机械相互作用、传递运动或变化。旋涡含有三种物质：以太，由构成太阳和恒星的非常精细的快速运动粒子组成；微小光滑的球形粒子，笛卡儿称之为“宇宙物质”（celestial matter）；最后是更大的不规则粒子，它们聚集、融合成为行星或彗星。

虽然笛卡儿的理论看起来巧妙地支持哥白尼学说而非神学上的非正统思想——在他的理论中，地球确实围绕太阳转，但它自己并不动，因为它是随着旋涡被动旋转的——但其主要基础在于坚持那个根本不存在真空的原则。后来的科学史显示，笛卡儿在这点上是错误的，但他的错误产生了两个有益的后果。第一个与他的视觉理论有关，即视觉是宇宙流体给眼球施压而产生的结果。比如，太阳是旋涡的中心，它给予宇宙流体的向外压力转变为施加给朝向太阳的眼睛的压力。（牛顿反驳了这种说法，他指出，如果视觉是这种形式的压力造成的，任何人在黑暗中只要跑得足够快就能看见东西。笛卡儿的回答是：没有人能够跑得足够快以至于能在黑暗中看见东西。）[14] 笛卡儿的观点是把光线看作从一个源头散发出去的光波这一思想的先驱，就像一块石头被扔进池塘而引发的涟漪。在 17 世纪，克里斯蒂安·惠更斯（Christiaan Huygens）对此做了进一步探索。在某些事情上，笛卡儿是正确的。

第二，旋涡理论有很大的负面效用，成为牛顿在寻找自己的引力理论时反驳的靶子。牛顿的理论接受了“超距作用”，与看似更为合理的笛卡儿理论相反，后者认为不可能有“超距作用”这种东西。结果，笛卡儿一派和牛顿一派的争议非常激烈。笛卡儿一派坚持常识性观点，即物理的相互作用必须是力学可描述的分子之间碰撞的结果，或者（正如笛卡儿理论中）是下面一个事实的结果：任何事物都与充实空间内的其他事物通过物理连接，所以压力和运动是连续传递的。而牛顿一派认为存在一种没有连续性的超距作用，这一对立的观点产生了“场”的概念，该概念最终在19世纪麦克斯韦的电磁学研究以及物理学后来的整个发展中变得至关重要。但是当时牛顿声称，地球引力在任何距离上瞬间发挥作用，而没有一个中介的物理联系，似乎是求助于“神秘力量”，这是笛卡儿一派所坚决反对的。

然而，牛顿反对笛卡儿的旋涡理论是有充分的根据的。比如，他指出笛卡儿的观点与开普勒第三定律——调和定律（Harmonic Law）相冲突，此定律涉及两个数量，一个是行星绕太阳运行所需要的时间，另一个是行星与太阳的平均距离。开普勒第三定律指出，离太阳最近的行星运动速度最快，绕轨道一周所需要的时间最短，这与笛卡儿理论的推论完全相反。在笛卡儿看来，应该是离太阳最远的行星运动速度最快。而且，牛顿还表明，除非在每个旋涡的中心存在持续不断的能量输入，否则旋涡不可能持续存在。笛卡儿没有考虑这个问题。

可以说笛卡儿的最大成就是帮助解决了一个完全不同的问题，一个即便不是更重要至少是同样重要的问题。那就是科学与宗教的关系这个熟悉而紧迫的问题。伽利略的案例向思考这个问题的人表明，宗教与科学显然无法达成和解，也不大可能和平共处，因此迫切需要区分两者的领域或者找到区分两者的办法。解决这个问题的办法的另一个选择是压制科学探索，这是教会在此之前一直试图强力推动的做法。这是一个独立的问题，但同样非常紧迫，就像将科学与一直使人误入歧途的魔法、炼金术和犹太神秘哲学区分开来的方法论问题一样。

一个观点吸引了那些急于解决问题的人，那就是宗教和科学在同样的探索领域寻找真理时并不是竞争者。如果宗教能专门处理天堂和精神问题，而科学则局限于尘世本身，教会就没有必要对科学的假说和发现感到焦虑不安了，科学就能继续推进，且不会时而因破坏宗教情感而招致致命危险。

将宗教和科学两个领域分离的观点被同样的两位重要人物接受，他们主张将科学和神秘哲学区分开来，他们是勒内·笛卡儿和弗朗西斯·培根。正是因为笛卡儿对数学和科学做出了重要贡献，他的科学研究不应该被视为质疑教会的教义，这一点对他个人来说非常重要。这基于他竭力讨好耶稣会会士的迫切愿望，尤其是他希望耶稣会采用他的书作为学校的教材，因为他们仍然在传授笛卡儿激烈反对的经院哲学亚里士多德主义和托马斯主义。虽然笛卡儿曾经是拉弗莱什耶稣会的学生，或许还在三十年战争期间担任间谍，但是他的这个希望很快就破灭了，他的书很快就被列入梵蒂冈的《禁书目录》——就像哥白尼的书一样，这也是一种意想不到的荣誉。

宗教和科学的竞争性领域问题的解决办法在笛卡儿的《第一哲

学沉思集》提出的理论中找到了答案。其中，他认为精神和物质是本质上完全不同的实体——在这些术语中，“本质上”意味着“来自本质的或确定性的特征”，“实体”意味着在形而上学意义上的根本形式。他将精神定义为思维实体（*res cogitans*），将物质定义为广延实体（*res extensans*）。精神和物质的这种区分在其哲学继承者中引出了许多重要的问题，尤其是这两种东西如何相互作用的问题。正如伊丽莎白公主提问的那样，心智事件如何引发身体事件——“起床的时间到了”这个想法如何让我的身体从床上起来？身体变化如何造成意识事件，如感受到痛苦和快乐，情感和记忆等？

尽管存在这些问题，这个理论还是解决了教会教义是否受到纯粹以科学法则对待物理世界的威胁这一问题。解决办法是将物质领域视为神发明和启动的一种机械，它依据神确立的法则——科学法则来运行。17世纪科学界主导性的看法是将自然比作齿轮发条装置，正如丰特奈尔在《关于多重世界的对话》中描述的那样。物质被设想为由根据力学原则相互作用的原子或微粒（corpuscles）构成。笛卡儿的领域划分不仅旨在为科学探索者继续其自然机制的调查提供一张许可证，而且服务于虔诚的信徒，使其可以继续信仰宗教而不用感到焦虑。他隐含的意思是，科学探索不会触碰伟大的精神真理，相反，它们是对神的创造的赞美。

关于科学与宗教的关系问题，更为明确的界限是弗朗西斯·培根提出来的。如前一章所述，他希望具体说明能够产生真理和实用性的探索技巧，但我们很容易忽略他在这方面所取得的成就的重要意义。事实上，他颠覆了之前盛行观点的两个前提：认为古代人（不仅是古代哲学家而且是神秘主义者、赫尔墨斯主义者和魔法师）比现代人知道得更多，以及启示和教会权威的所谓确定性。更早的探索者和教会被认为是真理的两大源头，他们告诉我们事物是怎么回事。我们已经看到，培根反对这个观点，他认为通过观察和实验，探索者应该在不同的基础上重新开始，目的是发现事物本来的样子。他还认为，科学探索的结果应该被用来促进人类的实际利益。我们现在理所当然地认为，科学探索、技术发明和技术进步都将实际应用作为主要目标；我们也理所当然地认为，纯粹的研究和为知识而学习知识往往会换化成更为有用的实际应用。但当培根指出这一点时，绝非寻常之举。在他那个时期，如果知识探索得到许可的话，要么完全是为了探索知识自身而进行，要么被看作为信仰的正统思想提供支持。

从事实际工作的人——农民、铁匠、造船工人、木匠、石匠和之前提到的其他人——当然总是观察这个世界并从这个世界学习，因此他们发明了新技术，并改进了已有的技术。培根希望重建理论与实践之间的联系，这是象牙塔外经验主义的一个基本原则。关键在于铁匠和木匠等实际工作从来没有与教条产生冲突，事实上在这方面，木匠行业拥有最受尊敬的传承关系。

培根贡献的另外一个意义是，他不仅帮助人们改变了对知识本质的认识，而且改变了获取知识的可能性。他之前的思想家们对自身在创造知识方面取得独特进步的能力缺乏信心。培根改变了这一点。他代表了文艺复兴思想的一个方面，即不认为人们只能局限于重新发现和复制，而是能够发现和创新。

需要再次强调，根本的一点是，只有在科学探索能自由进行时，一切才有可能。这意味着在宗教和科学领域之间划出清晰的界限。培根特别强调，将科学和宗教“混合在一起”的做法一直是错误的。他的这种观点在将科学探索从遵从教义的要求中解放出来的过程中发挥了主要作用。

17 世纪科学和宗教之间的争论是有关权威的争论，即谁拥有对思想和观念的权威。在这个世纪之初，教会为了维持对思想的控制不惜杀人；到了这个世纪结束时，这样的控制在欧洲已经行不通了。不过，在当今世界的若干地区，思想控制仍然是可能的——这种状况显示世界的这些地区仍然在等待它们的 17 世纪及其之后的启蒙运动。

谁有思想权威这一观点的变化对于现代思想本身的出现至关重要。观察和理性才是权威，而非教会的教义，或从前的所谓智慧，这成为启蒙运动的一个前提。这个事实就是说明问题的证据。请注意：这个前提不是希望或者主张，而是被认为理所当然的东西，到现在为止已经把人们从教条的束缚中解放出来。科学态度——事实控制下的理性探索态度，致力于理解宇宙并将其与实际应用联系起来的献身精神——逐渐取代了先前严格监督思想和行动的思想权威。

这个变化是理解 18 世纪启蒙运动的关键。启蒙运动的核心是一种观念，即科学的方法和概念应该被应用在所有探索领域，只要它符合研究的主题。牛顿足以称得上是一个科学家，虽然他对神秘主义抱有兴趣和希望，在其《光学》（*Optics*，1704 年出版）的末尾有这样的话：“如果自然哲学的所有部分，通过采取这种方法（即科学方法）最后达到完美，道德哲学的边界也可能被扩大。”就像同代人的看法一样，“道德哲学”在他看来包括伦理学、政治学、经济学、心理学和历史学等学科。这是让启蒙运动成为启蒙的东西：科学途径被扩展到更加广泛的各种研究领域。这是狄德罗和达朗贝尔主编的《百科全书》蕴含的一个基础性观点。其后果包括了18世纪的重大政治革命。18世纪中期，大卫·休谟在著作中特别指出："在过去的50年里，在学问和自由的进步中，人们的观念发生了一种突然和可感觉到的变化。"[15] 在他写这些话的时候，主要是在描述英国而非在北美的英国殖民地和欧洲其他地方。但是，它们在任何地方都是足够真实的，足以为北美殖民地和法国出现改造政治与社会的伟大革命提供解释，最终在世界很多地方都出现了这种革命。

培根反复坚持的一个观点是，科学应该是集体的事业，应该有专门从事合作科学研究的机构。他强烈反对所谓的行家（cognoscenti）习惯，他们想方设法使他们知道的所有自然秘密秘不示人。从16世纪90年代起，他开始提出科学学会的概念；詹姆士一世登基之后，他提出应该鼓励古典大学建立科学研究机构，当这个主张愈发明显不可行时，他又重新回到了建立独立的学术机构的主张。这是他被认定为伦敦英国皇家学会创始人的主要原因——他是创建该学会的灵感来源。

早在16世纪就有人尝试建立科学学会，模仿柏拉图和亚里士多德的古代学院，这些学院存在了将近一千年后，在公元529年被信仰基督教的皇帝查士丁尼（Emperor Justinian）关闭。查士丁尼的理由是：

> 我们希望扩展我们和我们的先父从前制定的反对所有至今

仍然存在的异端邪说的法律——我们把那些持有和主张非天主教和非使徒正教教义的其他任何信仰都叫作“异端邪说”——这个法律也应该适用于撒玛利亚人和异教徒，因此，由于他们做出了如此巨大的伤害，他们不应该再拥有影响力，不应该再得到尊重，也不应担任任何学科的教师，以防他们把思想单纯的人引入歧途，因此让更多无知者远离纯粹的、真正的正统信仰。因此，我们只允许拥有正统宗教信仰的人担任教师，并得到公共资金的资助。[16]

16 世纪建立一个专门的科学研究院的主要努力——那时已经有文学和人文学科研究院——并没有产生更好的结果。那不勒斯多才多艺的博学者詹巴蒂斯塔·德拉·波尔塔（Giambattista della Porta）创建了自然奥秘科学院（Academia Secretorum Naturae），任何人都可以入会，只要他提交“自然科学上的新事实”。宗教裁判所在 1578 年对其进行调查，结果因为其涉嫌巫术魔法，被格列高利十三世下令封闭。毫无疑问，单单波尔塔的书名《自然魔法》（*Magia Naturalis*）就够吓人的了，难怪人们对它的怀疑越发严重。

下一个努力是意大利猞猁之眼国家科学院的创立，创立者是阿夸斯巴达公爵（the Duke of Acquasparta）的儿子费德里科·切西（Federico Cesi）。切西是植物学爱好者，他希望与创始团队一起把探索扩展到所有科学形式上。他们根据波尔塔的《自然魔法》封面图案——一只猞猁，将其学会命名为猞猁之眼国家科学院，因为传说中猞猁的视力非常敏锐，能够洞悉最微小的细节，甚至能穿过墙壁和石头，这正是科学家应该具备的品质。

切西在1630年去世后，猞猁之眼国家科学院实际上也就解散消亡了。[虽然它仍然在出版一套介绍墨西哥的动植物群和药物的具有里程碑意义的多卷本书籍，一直延续到1651年。这个科学院在19世纪得到复兴，现址位于罗马非常漂亮的科西尼宫（Palazzo Corsini）。] 它一直在倡导观察的理念——切西的座右铭是“关心最微小的事，产生最大的结果”（*minima cura si maxima vis*）——而且伽利略为成为该会的会员而深感自豪。

不过，1657年伽利略的一些学生在佛罗伦萨参与创建了西芒托科学院（Accademia del Cimento）。与其他科学学会不同，西芒托科学院从未建立起正式的组织，而是维系着一群朋友，在科西莫二世·德·美第奇的两个儿子的资助下，独立或协同从事科学研究。但是，他们对科学程序产生了重要的影响，阐明了对实验方法的坚持，并制作实验用的工具仪器，使度量衡体系标准化，坚持他们的座右铭“尝试再尝试”（Provando e Riprovando，或者解释为证实再证实）。该群体出版了一本手册，其中他们介绍了各种实验和他们为这些实验而制作的高精度仪器，以及为了记录重量、时间、温度和压力而精心校准的度量衡体系。该书名为《实验科学院实验手册》（*Saggi di naturali esperienze fatte nell'Accademia del Cimento*），历经五年多时间写成，里面有漂亮的插图，有仪器图示和操作指南。[17] 该科学院的成员与欧洲其他学会的成员通信交流，不过因为从来没有正式的机构，它最终因为成员年迈、离开本地或者死亡而解散了。

1652年在施韦因富特创建的“自然好奇心学院”（Academia Naturae Curiosorum）则与西芒托科学院情况不同，其更著名的名称是“利奥波第那科学院”（Leopoldina）。它作为德国的国家科学院仍然存在，直到现今都被称为德国利奥波第那科学院（Deutsche Akademie der Naturforscher Leopoldina）。因此，它自称是世界上最古老的持续至今的科学院，也是第一个出版期刊的科学院，期刊名为《珍品录》（*Ephemeriden* 或者 *Miscellanea Curiosa*）。一开始，这个学会主要对医学和生理学感兴趣。到了第一次世界大战之后，学院才有了永久的场所，之前都是在任会长住在哪儿，哪儿就是它的驻地（现在位于哈雷）。该学会因在纳粹时期驱逐犹太人成员而名声扫地，其中包括爱因斯坦。毫无疑问，这是该学会大多数杰出会员感到遗憾的一点，这一串名单除了爱因斯坦外还包括：歌德、达尔文、马克斯·普朗克、欧内斯特·卢瑟福和奥托·哈恩等。

在法国，一个非正式的科学院在作家和博学家亨利·路易·阿贝尔·德·蒙莫（Henri Louis Habert de Montmor）的组织下出现了，他曾经是在1634年成立的法兰西学院的创始成员之一。他希望创建一个类似的科学院，并邀请朋友加入他的事业。他是个严肃的科学家，在伽桑狄去世之后他编辑了此人的著作全集，模仿卢克莱修写了一首关于笛卡儿物理学的诗，题为《物性论》（*De Rerum Naturae*）。加入他的非正式蒙莫科学院的一些人非常了不起，包括皮埃尔·丹尼尔·于埃（Pierre Daniel Huet）、阿德里安·奥祖（Adrien Auzout）、吉拉尔·德萨尔格（Girard Desargues）、萨米埃尔·索比耶（Samuel Sorbière）、克劳德·克雷色列尔（Claude Clerselier，笛卡儿的同事）、雅克·罗奥（Jacques Rohault）、吉勒·罗贝瓦尔（Gilles Roberval）和克里斯蒂安·惠更斯。

这个学会持续到1664年，因为某些成员之间的争吵而解散，但其成员之一奥祖说服国王路易十四——或者更准确地说是说服他的首席部长让–巴蒂斯特·柯尔培尔（Jean-Baptiste Colbert），使他意识到公共资金支持的天文台和科学院的必要性。结果，在1666年，法国科学院应运而生。从一开始，它就像西芒托科学院那样没有常设机构，除了禁止讨论宗教和政治问题之外也没有正式的规章制度。他们在国王图书馆举行非正式的会面。1699年，路易十四最终给予它皇家特许权一样的东西：一整套规章制度，可自称为皇家科学院的权利以及在卢浮宫的一个场地。

在法国历来有趣的政治生活的动荡变化中，科学院的前缀“皇家”来来去去好几次，当法国革命将科学院纳入一个新的学院结构中时，其名称本身也多次改变。其成员也并不总是只有科学家：拿破仑不但被选为会员，甚至还成为院长（理由是曾经到过埃及）。它最糟糕的污点是直到1979年才吸收女性成员——这意味着两次获得诺贝尔奖的玛丽·居里（Marie Curie）被排斥在科学院之外。

伦敦英国皇家学会常常被认为是科学学会应该学习的典范。它源于17世纪40年代英国内战时期的无形学院，在1660年开始正式成形，当时，伦敦格雷沙姆学院（Gresham College）的天文学教授克里斯托弗·雷恩爵士（Sir Christopher Wren）同一群朋友决定成立“一个致力于推动物理和数学实验学习的学院”。除了雷恩爵士外，早期成员还包括罗伯特·玻意耳、约翰·威尔金斯（John Wilkins）和罗伯特·默里爵士（Sir Robert Moray）。成员们聘用罗伯特·胡克（Robert Hooke）作为他们的第一位实验管理者，每周聚会一次见证实验进展，并讨论交流。

罗伯特·默里爵士告诉查理二世学会的情况，国王表现出兴趣。1662年，国王授予学会皇家特许权，承认它是“旨在改善自然知识的伦敦英国皇家学会会长、理事会、会员”的组织。皇家学会采用的拉丁语格言是“*Nullius in Verba*”，这句话实际的意思是“不要轻易相信任何人的话”——自己观察和思考，寻找事实，进行试验和审查。它的第一部出版物是胡克的《显微图谱》(*Micrographia*)。

专门从事科学探索的“学院”观点并不是源于牛津或剑桥大学——尽管17世纪40年代的无形学院成员基本上都在牛津——而是来自培根在1627年出版的《新大西岛》中提出的“所罗门宫”的概念。书中的一个人物说：“(我亲爱的朋友)你们要知道，这位国王的所有丰功伟绩中，有一项最为卓越。那就是他创立了一个教团，或者说公会，我们称之为‘所罗门宫’；(我们认为)这是世上曾有过的最崇高的基业，是这个王国的明灯。它致力于研究神的造物。”这个机构的“会员或兄弟”的职责是冒险到海外学习其他社会有关知识和生产的任何东西：“要有所罗门之宫三位弟兄组成的一个使节团；他们的任务就是研究要去访问的那些国家里的一切事物和情况，特别是全世界的科学、艺术、创造和发明等等，而且还要带回来书籍、器具和各种模型。”*

军事技术的发展与科学发现常常是密切联系在一起的。比如行星运动和炮弹运动的研究是联系在一起的，望远镜既被用来观察卫星，也被用来观察敌国军队，新的工程原理被应用到防御工事上。这些进步带来的力量和技术很好地体现在1529年和1683年奥斯曼帝

* 此处翻译参考了何新译：《新大西岛》，商务印书馆，1959年，第18页。——译者注

国两次“维也纳之围”的差别上。第一次，土耳其人只是被击退，他们仍然拥有中欧的大部分和南面的巴尔干半岛——几个世纪后，这些地区的居民仍然将跨越这个古老边境的旅程称为“到欧洲去”。[18] 而1683 年的奥斯曼帝国入侵就是完全不同的事了。15 万人的奥斯曼军队遭遇了 6.8 万人的波兰德意志联军，而且被他们全面打败。14年后惨烈的森塔战役（Battle of Zenta）见证了 2 万奥斯曼军人战死，而奥地利匈牙利联军的损失只有 300 人，土耳其人的火炮和辎重全部丧失（同时丧失的还有苏丹穆斯塔法二世的 10 名女眷）。森塔战役是个具有显著意义的时刻：它终结了奥斯曼帝国在欧洲开疆辟土的野心。这场战役的日期是容易引人联想的——1697 年 9 月 11 日。而且，就是在 1683 年的 9 月 11 日这一天，维也纳之围被解除，这一年是土耳其征服欧洲的最后一场战争开始之年。那些在这些事情中找到显著意义的人——有很多过分强调这些巧合——自然会认为那些在 2001 年 9 月 11 日驾驶飞机撞向纽约世界贸易大楼双子塔和华盛顿五角大楼的人选择这个日子就是为了预示他们世界观的权力回归。

最终击退奥斯曼帝国威胁的武器的优越性是有关 17 世纪科学与战争关系这一更大故事的一部分。下一章将讲述这个故事。

18

战争与科学

17 世纪中只有 3 年是没有战争的：1669 年到 1671 年。1610 年是几乎没有战争的年份，除了几支庞大的军队在挺进中发生了零星的交火之外，并没有演变成普遍的冲突。1680 年到 1682 年，公开战争局限于欧洲远东地区，俄罗斯在与奥斯曼帝国作战。但是，在这个世纪，每隔一年就有一场战争，所有欧洲大国都卷入了与一个或者多个国家的战争，通常是作为联盟的成员，或者是与国内其他派别进行的内战，这些战争持续了半个多世纪。因此，战争是当时的常态，战争是壁纸。战争中投入的人力、物力和财力都十分巨大。

这个阶段的战争投入并不能通过部署的军队数量来粗略估算。17 世纪中期之前，很少有超过 5 万人规模的军队。而今天，这个数字不过是一支现代陆军两个师的兵力。第一次世界大战时，主要交战方动员的兵力都让这些数字相形见绌：俄罗斯军队有 1200 万人，德国军队有 1100 万人，英国军队有 890 万人，法国军队 840 万人，奥匈帝国军队 780 万人，意大利军队 560 万人，美国军队 440 万人，土耳其军队 280 万人。这些都是规模庞大的军队。当然，不是所有军人都携带武器或在战壕里作战，那场战争的后勤要求庞大的在编人员在战线后方工作以便为前线供应物资。[1] 当然，凡事都是相对的：17 世纪时，欧洲的人口相对来说也少得多。1600 年，英国人口是 400 万，法国人口是 2000 万，整个欧洲的人口大约是 7800 万人。此后并没有增加很多，到了 17 世纪末，人口仍不到 8300 万人。

17 世纪的冲突中军队人数相对较少的主要因素是军队后勤问题，比如装备、服装、住房、粮食、训练、运输和指挥等。军队行动时，粮食供应和交通运输通常由沿途地方供给，这样的结果是军队像大批蝗虫般降落到城镇和乡村，不仅对当地经济造成破坏，而且对当地社区及农田造成损害，民众也跟着遭殃。强奸和掳掠司空见惯，在敌国领土，士兵的残暴行径更是罄竹难书。[2] 三十年战争中最恶劣的事件就是前文描述过的 1631 年马格德堡劫掠。

17 世纪时国家军队的规模是个明确标志，代表着他们所服务国家的命运。在 1600 年，西班牙整个帝国中拥有军队 20 万人，当时分布在从中南美洲到意大利和荷兰等众多地方。一个世纪之后，其陆军不足规模最大时的四分之一，事实上曾经一度下降了很多；有人描述说在 1640 年葡萄牙人叛乱时，西班牙在伊比利亚半岛本地招募 1.5 万人的军队都困难重重。在 1600 年到 1700 年的同一个阶段，尼德兰自由省的军队从 2 万人增加到 10 万人，法国路易十四当权的高峰时期，军队规模从 8 万人增加到 40 万人；英国军队从 3 万人增加到 9 万人（它比荷兰更加依靠强大的海军），俄罗斯的军队则从 3 万人增加到 17 万人。

路易十四当政时法国军队人数激增，这是导致欧洲几乎所有国家都在这一时期大幅增加军队人数的主因。有些历史学家提到法国军力的快速增长是导致英国也成为军事强国的原因，但是更大的可能是英国内战自身的原因，因为内战中双方都有 14 万人的军队，这方面的影响不容小觑。来自荷兰的英国国王威廉三世在 1690 年战争中投入了 9 万人的军队。那时，人们认为如果一个国家组织严密，国力强大，它就能动员全国人口的百分之一参军。这是国家财政被中央政府掌握和运用的反映，除了现有人力和国民意愿之外，金融当然是关键因素之一。更高的征税效率以及因税收而增长的财富是军队规模扩大的支撑因素，当时的国际局势同样需要国家拥有更大规模的军队。政权的税收要求行政机器来管理，这台机器的本质和效率与筹建和管理庞大军队的机器就有了可比性。

另外一个大变化是战争形式本身以及可使用的武器。1600 年，唯一拥有常规陆军的国家是奥斯曼帝国。正是奥斯曼帝国的威胁让欧洲各国意识到有必要拥有组织严密的军队。渐渐地，传统的军队模式和封建制度被新组织形式取而代之。在英格兰，从中世纪开始，每个男人都得服兵役和练习射箭，但是，新世界秩序的要求使这种备战方式缺乏效率。在人口和领土迥然不同的神圣罗马帝国，军队主要由雇佣兵构成，早期他们是在夏季战争季节开始时受雇参战，到了秋季时拿报酬解散。到了 17 世纪，这样的做法已经被视为代价更高，而效率更低，人们意识到支付整个冬天的军饷维持训练有素的军队比每年征兵和遣散士兵更划算。

训练军队要求纪律；纪律以及对国家或者国王的忠诚导致了军队制服的出现；事实上，军装体现了维持军队成本的节约，因为它们能够按照统一模式大批量生产。为此，武器生产也必须标准化。国家成为服装、机器、武器、粮食、马匹、马车、帐篷等众多物资的买家，从而加速了欧洲经济中商业、工业、贸易方面的变化。

军队训练、装备和管理方式变化的一个突出例子足以说明17世纪的战争局面在这些方面造成的巨大差异。17世纪初，荷兰执政官拿骚的莫里斯在堂兄弗里斯兰省执政官威廉·路易斯（William-Louis）的帮助下对联合省的陆军进行了改革，最终帮助联合省战胜西班牙哈布斯堡王朝，并使得尼德兰永久性地一分为二。

莫里斯和威廉·路易斯对罗马军事方法重新发生了兴趣并颇为关注，他们将这些方法应用在自己的军队训练中。其中有些实验失败了，比如要求步兵携带盾牌。其他实验则取得了成功：像罗马人曾经做的那样，训练军队挖战壕不仅被证明在战场防御中非常有用，而且在严格训练的帮助下，对军队纪律和团体精神（*esprit de corps*）也大有助益。他们还考虑了战术和战略问题，使用大量士兵模型来讨论军队部署问题。他们将装备尤其是武器标准化，将步兵团的武器减少到仅仅两项：长枪和火绳枪。步兵团一般分为若干军团，在冬季营地继续训练，进行模拟战争的演练。

更重要的是，莫里斯和威廉·路易斯非常迅速地引入他们认为能够带来实际用途的技术革新。其中一个重要的工具就是望远镜。据说莫里斯是第一个爬上教堂塔顶通过望远镜观察敌军的指挥官。他的军队拥有第一个真正实用的定时引信，可以延迟炸弹爆炸，因而拥有最早的手榴弹。他下令骑兵装备刚发明不久的马嚼子（curb-bit）以便更好地控制马匹，马嚼子通过同时在马头上的柄和链在马嘴的若干不同部位进行杠杆运动发挥作用。年轻时，莫里斯曾受到数学家和工程师西蒙·斯蒂文（Simon Stevin）的指导，上任之后他聘用西蒙·斯蒂文设计堡垒，并请他在莱顿大学创建新的工程系，并担任陆军军需主任。

但是荷兰军队的技术和组织方面的领先优势并没有保持很长时间。其他国家很快迎头赶上，17 世纪见证了很多进步。瑞典在火炮技术上取得优势，路易十四当政时期的法国采用了刺刀，尤其是套在枪管外的套筒型枪刺（socket-bayonet）。随着这些进步的出现，应对策略和防御工事也相应不断重新评估，结果促进了军事技术的更大发展。有些国家落在后面，就在 18 世纪的前 10 年，萨克森军队仍然装备长枪。但是，战争的紧迫性不允许很多军方人员仍然对其他军队的技术和技能进步一无所知，在危险的年代，军备竞赛一直是其典型特征之一。

欧洲这些发展的后果是当欧洲帝国主义列强在世界各地遭遇民众抵抗时，他们在装备、火力和军队组织上的巨大优越性使其征服变得轻而易举。很早之前西班牙人就在新大陆了解到了这一点。

或许最伟大的战争革命就发生在海上。在第 11 章除了强调 17 世纪英荷海战对后来历史的意义之外，还探讨了这些战争的爆发原因，胜利和失败的依据，以及过去 100 年不断加速的船舶工程发展的基础。

直到 17 世纪，桨船海战的进步一直非常缓慢。局限于地中海的桨船海战在古典时期就开始了，这种方式持续了几个世纪一直到 1571 年的勒班陀战役（Battle of Lepanto），这是最后一次桨船大战，见证了奥斯曼帝国沿着地中海北岸领土扩张的终结。在第一个伟大的探险时代，跨越大西洋和环绕世界航行的船只是效率很低的小船；在 16 世纪末的海上冲突中，少数几艘专门定做的战舰在散乱的商船护航下匆匆驶入海洋战场服役，上面仅配有一些临时性的装备。这就是1588年伟大的西班牙无敌舰队，它就在英国海岸附近被英荷联军和恶劣天气打败。海上的大部分战争都是私掠者抢劫商船引起，私掠者行为和纯粹的海盗之间并没有多少差别，虽然前者有很大一部分得到了官方的批准。

打败西班牙无敌舰队的英国船只性能更强，这一直被归功于高超的造船工艺和伊丽莎白女王海军的主力舰设计。它们比西班牙大帆船更快捷、更灵活，与此同时却能携带更重的枪支。其典范是第一对竞速型战舰，1570年下水的“远见号”（Foresight），以及特别是1573年下水的“无畏号”（Dreadnought）。大帆船设计中独有的高前甲板和后甲板被拆除，因此有了“竞速型结构”（race-built）的描述——这样船只在外观上和实际结构上都变成了圆滑的流线型，风阻更小，船顶重量更轻，因此运行速度更快，也更加灵活。这在1588年与无敌舰队的作战行动中发挥了作用，英国战舰得以首先攻破西班牙舰队。一位研究海军的历史学家写道：“（英国海军）远远胜过它们”，英国战舰追击被驱散的船只进入北海，因为它们试图沿着英伦三岛北部海岸逃跑。在那里，西班牙舰队遭遇了严重的暴风雨，这使得很多战舰被吹至苏格兰和爱尔兰海岸。[3]

这些创新连同17世纪大帆船向快速战舰的设计转变是国家海上利益扩张的必然伴生物。但是，真正改变海战面貌的因素出现在17世纪后半叶。这就是前面章节中详细描述的英国和荷兰之间的三场战争。发生在1652年和1654年的战争完全是在海上进行的，它由若干重大战役组成，这些战役的双方都展示出完全根据作战目的专门建造的舰队，上面的水手经过专门的训练。从那以后再没有雇佣或者强迫商船为军队服务的情形了。在英国，一支稳定的海军军官队伍建立起来。大型战舰不断被建造出来，虽然仅仅能够在夏季月份作战，但因为效率非常高，以致小船已经从战场消失了。海军的后勤保障要求比陆军的要求更高，人员、装备和粮草都不能等海军已经到了海上的时候再供应，因此必须组建高效的陆上基地以确保海军一旦启航就能充分发挥战斗力。

这场变化的后果影响深远。在英国，16 世纪已经建立起来的木工业，造船业，帆布、钉子、齿轮制造，橡树林的保护和管理以及其他方面，如今有了更大规模的发展。从 17 世纪中叶开始英国一直维持着庞大的海军，而应对海军需要而繁荣发展起来的服务业和制造业的清单长得很。在共和国时期*，海军在罗伯特·布莱克的管理之下，在王朝复辟后，海军处在塞缪尔·皮普斯的管理之下。到了这个世纪的最后 10 年，荷兰舰队被纳入威廉三世领导下的皇家海军，英国海军成为世界上最大的海军。

从 1688 年英国革命直到 1815 年拿破仑战争结束，英国和法国之间的敌对状态不断出现，其中皇家海军发挥了核心作用。预示冲突本质的是这个事实：当威廉三世来到英国继承王位时，带来了由 100 艘战舰和 400 艘运输舰组成的舰队，上面载着 11 000 名步兵和 4 000 名骑兵以及他们的坐骑。几天后，路易十四宣布对英国作战以支持詹姆士二世，随后发生了一系列的海战，4 年后英国在拉乌格战役（Battle of La Hougue）中取得最终的胜利。英吉利海峡两岸两国海军的对抗由此决定了接下来这个世纪及以后的世界走向。

17 世纪接连不断的战争状态促进了陆军和海军的发展，其中两

---

* 共和国时期指 1649 年查理一世被送上断头台后英国进入的时期。——译者注

大因素是至关重要的：除西班牙之外的欧洲主要国家的财富增加，以及国家官僚体系的权力和效率不断提高。后者因为筹措资金为军队作战提供支持而成为必要，而战争中的后勤供应改善了国家机构的工作效率，它们必须应对涉及的复杂问题。指出这一点有其特殊意义：它显示了现代国家机构的出现是由军事紧急情况促成的，或者它至少在现代国家的形成中发挥了重要的作用。战争和紧急状况要求卷入其中的个人发挥创造力，这不仅直接明显地体现在与武器和战术相关的方面，而且还体现在离战争前线看似非常遥远的作战指挥室和工场车间等领域。现代行政制度的形成源于军事发展的观点是迈克尔·罗伯茨（Michael Roberts）在研究1560—1660年的瑞典时首次提出的。虽然尚有争议，但本书仍然有充足的理由推荐这一观点，这是理解现代世界观如何形成的另一原理。[4]

这是一个不仅涉及官僚体系而且涉及它所服务的政治秩序的问题。在这方面，这个世纪发生了认识论以及理解自然的重大变化。

第五部分

社会秩序

19

社会与政治

在 1648 年签订《威斯特伐利亚条约》那一年，巴黎和整个法国都因为投石党运动处于动荡之中，投石党是反政府的民间叛乱组织，反对年幼的国王路易十四和首相枢机主教马萨林（Cardinal Mazarin）。该运动的起因是纳税负担过重，因为法国参加三十年战争和针对西班牙的战争导致军费开支大幅增长。投石党运动之所以危险是因为贵族站在议会一边（尤其是巴黎议会），捍卫议会的封建自由，这事实上意味着国民已经起来反对国王，这简直就是赤裸裸的反叛。遭到很多人憎恨的枢机主教马萨林因为逮捕了拒绝纳税新要求的巴黎议会领袖而激起民变。他们的被捕导致巴黎公民上街示威抗议，人们设置路障，随着动荡蔓延到全国，越来越严重的暴力冲突逐渐演变成为内战。动乱持续到 1653 年初，这种动荡和不确定的状态总共持续了将近 5 年时间。

构成投石党运动（“Fronde”一词的意思就是投石：就像《圣经 · 旧约》中大卫做的那样，反叛者使用投石器投掷石头，故名投石党人）的事件进展不需要再重新描述，重要的是它的结果，即君王也就是路易十四本人的最终胜利，还有他对法国实施绝对控制的决心——事实证明非常成功。

在这方面，法国及其在17世纪后半叶的政府管理方式体现了一种退步，与其他地方尤其是英国进行中的政治理论与实践的现有进步潮流格格不入。路易十四的绝对君权为法国带来了伟大名望和权力，法国成为继西班牙之后的领袖国家，当时西班牙已经日落西山不再强大，法国用文化和语言给世界留下深刻影响，欧洲从大西洋沿岸到乌拉尔山的所有统治阶级都说法语，法语作为国际外交语言一直持续到当代。但是，专制主义的最终代价显然是法国大革命，路易十四或许被认为是最后一位通过所谓“君权神授”实行统治的大暴君。

要论证其他地方的情况多么不同，并同时了解17世纪思想发生了怎样的变化，看看一个著名国家的政治环境的演变过程或许是有建设意义的——从1603年伊丽莎白一世去世到1702年安妮女王继位之间的英国就值得关注。在这100年中，世界显示出了中世纪遗风的最后痕迹。就拿国王这个单一例子而言：从1606年上演的《麦克白》中的国王邓肯（King Duncan）被弑的恐怖，到1649年查理一世被砍头，再到1688年议会将王冠戴在奥兰治的威廉头上。这中间的差距的确非常巨大。在这最后一件事之后，议会在王位继承和权力方面拥有了最终决定权，随着时间的推移，君权受到越来越多的限制。这个成就基本上是之前几十年英国内战的结果。

英国内战的历史被称为“英国革命”。的确如此，但是它指向更大的事件，其持续时间比17世纪40年代王室支持者和议会支持者间的实际战争时间更长。这是因为它也是1688年“光荣革命”的前身，这次革命将国王詹姆士二世赶下王位，取而代之的是奥兰治的威廉和詹姆士二世的女儿玛丽的联合执政。玛丽是新教徒，与父亲有明显不同。詹姆士二世因为试图重新使天主教成为英国的国教，把天主教教义作为英国人生活的一部分而招来了麻烦。在选择威廉和玛丽取代詹姆士二世时，议会通过《权利法案》极大地削弱了王室的权力——《权利法案》明确规定了议会和王室的权力分配，而不是像西方政治传统中更晚近的那些权力法案那样，规定的是个人的权力。[1] 从1630年到1690年的60年中英国发生的历史事件在托马斯·霍布斯和约翰·洛克的著作中拥有截然不同的理论解释。[2] 后者的贡献，特别是对“光荣革命”的目标和成果的合理化论证，为后来几个世纪的政治自由主义奠定了基础。

这一时期英国政治和政府的戏剧性变化并没有在欧洲其他地区同样戏剧性地上演。正如已经指出的那样，法国朝着相反的方向发展，成为一个更加集权和独裁的国家。路易十四的立场最终因为投石党运动而得到了强化，这不单单是因为他对遭受的深刻侮辱感到愤怒，他和他的母亲奥地利的安娜在叛乱最猖獗时东躲西藏而经历过饥饿、恐惧和寒冷。一旦有了可能，他就立即在凡尔赛建立自己的朝廷，远离巴黎暴民，通过要求贵族毫无意义地上朝议事浪费时间、精力和金钱来削弱贵族的势力。他还通过授予数以千计的新贵族头衔，从而降低了贵族的身份，这一做法遭到了老贵族的蔑视。他这样做的结果，只是在1789年法国大革命之后的恐怖时期为断头台“吉约坦夫人”* 提供了额外的“食物”，这场革命本身是路易

* 约瑟夫-伊尼亚斯·吉约坦（Joseph-Ignace Guillotin，1738—1814），法国医生，他认为法国以前处决死囚犯的刑罚极其残酷，因而在1789年建议使用人道的处决方式，制作了新的斩首工具，也就是“断头台”（Guillotine），后来人们将这个刑具戏称为“吉约坦夫人”。——译者注

十四实行的专制主义的长期后果。

如果路易十四是绝对君权的范式，洛克的政治哲学是这个阶段对专制主义做出的最具意义的理论反驳。洛克不是1688年不流血的中产阶级革命的制造者，而是其解释者和辩护者。他撰文描述该事件诠释的原则，并为其提供支持。正因如此，他的文章对于他去世后的一个世纪里北美和法国的政治动荡才具有如此重要的意义。

洛克是沙夫茨伯里勋爵（Lord Shaftesbury）的医生和秘书，而这位贵族是詹姆士二世的对手，支持宪政新观念。反对王室的立场是危险的，沙夫茨伯里勋爵和洛克在詹姆士二世统治期间和之前都曾在荷兰流亡过一段时间。直接卷入导致英国成为君主立宪制国家的这些事件的核心，成为洛克政治写作的灵感来源。因此，他的话语在美国和法国革命的文件中被大段大段地引用并不令人感到吃惊。对法国启蒙运动的哲人来说，他就是英雄。

为了衡量洛克提出的政治自由主义思想的价值，看看他所反对的内容的具体体现或许是有教育意义的，即路易十四的绝对专制以及为这种专制统治辩护的观点。

专制君主是凌驾于法律之上的统治者，或更准确地说国王就是法律，在他之上没有更高权威。[若对傲慢自大的后果有足够的重视，有人会说“除了神之外”，但是当然，有些人认为他们是神，比如古罗马皇帝卡利古拉（Caligula）；有些是官方地认定他们是神，比如日本天皇。]因此，专制君主至少在理论上，其行为不受任何人的限制，除非他本人的良心愿意接受这些人的观点，或他愿意接受祖先的、国家的或民众的传统。当然，即使是专制统治者也很少是不受任何限制的，如民众的意见，对神灵报复的恐惧，或者他自己的伦理道德或人性意识。但是，他凌驾于法律之上，没有人能与他平起平坐，他也没有其他公认的限制；他拥有对臣民至高无上的权力，可以随意生杀予夺。当然，这个定义是有限定条件的，即专制统治者在“理论上”和“技术上”没有限制——而这些术语表达的现实是统治者总是对他们的权力有某种标榜，即使在遭暗杀的情况下或者因为残暴和滥用权力而激起叛乱的情况下也是如此。

路易十四的君主专制范式是封建主义死亡的长期后果。封建国王远非专制权力者，他们是主要通过武力实行集体控制的领袖群体中居首者或最年长者（*primus inter pares*）。表示贵族的“peer”一词表达了诸侯王几乎与君主平等的地位，他们与君主的关系密切，无论是血缘方面，还是政治必要性和便利性方面。在这种分配中，国王依靠诸侯的忠诚，复杂的习俗、传统、权利和税费，以及分配土地、爵位和特权的权力，这些支持了王室的权威，但同时也对王室权力产生了某种制衡。随着因为税收的要求和组建陆军与海军的需要而使得政府朝着更加中央集权的方向演变，国王的权力越来越大，贵族的权力却逐渐被削弱了。

政治理论中的核心问题是：管理机构的管理权力源于何处？统治者的权威源于何处？我们必须假定在历史的更早阶段，权力的源头就是单纯的实力。在封建时代，这个权力是追逐自我利益的贵族联合体共同实施的，其中国王是贵族群体中的高级成员。在民主社会，权威的最终源头来自投票箱中表现出的民众意志。但是，在封建时代终结和民主时代开端之间的这个阶段，权威的源头是什么呢？

对于从15世纪开始逐渐形成的越来越中央集权的国家来说，需要有一种对政府权威的新解释。实力或武力不再能够被当作合理性辩护，即使有这种可能性；贵族与国王之间不再享有真正的平等；君王实行统治——但是，他的统治权是谁授予的？答案是：君权神授。

这个答案源自一种实践，教会在中世纪时期即权力和影响力最大时曾经迫切推广这种实践。它确立了一种惯例，即教皇给予新国王祝福，意味着正式批准和认可其权力。从梵蒂冈的角度看，这是教会原则的直接表达，即教皇圣彼得王位是所有王位中的王位，基督教世界就像单一王国，更多的地方王国都从属于这个国王。即使各附属王国的国王对这种观点并不特别满意，但出于利益考虑，他们都遵从这种说法，尤其是在王位继承出现纠纷或有人使用武力挑战在任国王的情况下。

这里描述的过程中存在一个演变的过程。最初，拥有权力的象征——象征君主权位的权杖和王冠——是重要的，因为拥有这些象征就拥有权力，象征性与实际情况密切联系在一起。但是，后来神圣选择的批准或许可逐渐成为必要条件。莎士比亚有关国王权力的著作在这方面具有教育作用：在他的描述中，王权是神圣和魔力的混合体，某种既异乎寻常又神圣不可侵犯的东西（如果受到侵犯，世界秩序将陷入危险之中），人类生活和体验中本来正常的一切都会被放大成史诗的事件。

但是，历史对于君权神授这种有用的教义并不友好，神授予国王权力是通过加冕典礼完成的。加冕典礼刚一成为国王宣称其权威的基础，基督教王国就开始分裂成天主教和新教等不同的派别。在这种分裂诞生的不同政治派别中，统治者要求其臣民遵从他们选择的宗教派别，这就是“奥格斯堡原则”：教随国定，即国王的宗教派别就成为国民的宗教派别。在新教国家，国王登基时并没有教皇继承者把手放在国王身上作为神圣授权通道；现在，君权神授被认为是直接来自神，并不通过教皇中介。因此，观点仍然是国王由神任命，因此对国王效忠就是一种宗教义务。

理论家雅克-贝尼涅·波舒埃（Jacques-Bénigne Bossuet）在其《来自圣经话语的政治》（*Politique tirée des propres paroles de l'Ecriture sainte*，1679）中为路易十四国王的君主制辩护，而洛克则为“光荣革命”辩护，并为其提供理论支撑，从而产生了相反的影响。[3]在这件事上，波舒埃并不是最先提出这个观点的，他受到了16世纪律师和哲学家让·布丹（Jean Bodin）的影响，此人强烈支持独立的中央集权君主制国家，作为抗衡教皇权力的堡垒而不是作为控制国民的权威工具。路易国王拥有绝对权力的最著名体现是其名言：朕即国家（*l'état, c'est moi*）。

波舒埃充分使用了《圣经》中的段落，毫不含糊地支持君权神授理论。《箴言》第8章第15～16节说：“帝王借我坐国位，君王借我定公平。王子和首领，世上一切的审判官，都是借我掌权。”《罗马书》第13章第1～2节说：“在上有权柄的，人人当顺服他，因为没有权柄不是出于神的，凡掌权的都是神所命的。所以抗拒掌权的，就是抗拒神的命；抗拒的必自取刑罚。”在评价这些段落的时候，波舒埃写道：

> 我们已经看到所有权力都来自神。圣保罗补充说，君王是“神的用人，是与你有益的。你若作恶，却当惧怕，因为他不

是空空地佩剑。他是神的用人，是伸冤的，刑罚那作恶的。”君王充当神的用人，作为他在地球上的代理官。神就是通过他们管理他的帝国。想象你反抗掌握在大卫儿子手中的神的国度？因此，正如我们看到的那样，皇家王位并不是国王个人的王位而是神本人的王位。神“拣选了我儿子所罗门坐在以色列王国的宝座上”。再次，“所罗门坐在主的位置上”……所有这些显示出国王是神圣的，以任何形式攻击他就是亵渎神灵。神让先知为新国王登基举行涂油仪式，其方式与他为主教和圣坛举行涂油仪式一样。国王应该作为圣物受到保护，任何人如果在保护国王时玩忽职守都应该被处死。王权是绝对的。王子不需要向任何人描述其行为。

但是，波舒埃不是君主专制的愚蠢的辩护者，他并没有混淆专制权力和独断权力这两种不同观点：

但是，国王的权力虽然来自上天，他们却不应该认为自己是权力的主人，自己想怎么用就怎么用……他们在使用权力时必须诚惶诚恐和自我克制，因为权力来自神，神要向国王问责。国王在使用神赋予的权力时应该战战兢兢，他们应该想到如果他们使用来自神的权力作恶，亵渎神灵会有多么恐怖。我们注视端坐在主的宝座上的国王，他们手中握着神亲手交给他们的宝剑。坐在神宝座上的邪恶国王颁布违背神法律的政令，使用神交到他手中的宝剑做出残暴的行为，杀害他的孩子，那该是何等亵渎神灵和傲慢自大啊！[4]

波舒埃的描述中令人感到好奇的矛盾之处在于，虽然国王拥有绝对权力，却存在一个限制：如果他错误地使用其权威，他将违犯神的法律。可如果他违犯神的法律，他难道不应该丧失统治权吗？在此种情况下，教会能强迫他退位吗？民众——各个等级的民众：贵族、牧师、普通大众——能反对他吗？这个问题因为平行的考虑而非常有趣：在教会的教义中清楚写明的是，一旦牧师被授予圣职，他犯下了什么罪都已经不重要，他仍然能够管理圣事，因为授予他的权力是独立于他而存在的。这也适用于国王吗？在国王不可剥夺的统治权问题上，路易十四给出了这些问题的答案。但是，这不是新教徒神学家中多数派的意见，这成为认同其观点的君主的麻烦之源。

路易十四对君权神授所隐含的一切意义都了然于胸。童年时期，有人为他朗读过一本被称为《教育实验》(*Educatio Regia*)的书，里面敦促他每天早上牢记要在王国中扮演神的角色，每天晚上都要反省自己是否成功地做到这一点：今天是我，做的事，可接受的人……(*Hodie mihi gerenda est persona Dei ...*)明天是什么？(*Deusne hodie an homo fui?*)在他为王太子写的回忆录中，他说："抓住它就好像它是神之地，我们作为他的权威似乎分享了他的智慧。比如，对人性的洞察力、职务分配及奖励分配等。"[5]

就路易十四是否体现出任何神圣智慧而言，仍然没有定论。他任命的大臣不如他在刚赢得多数人支持时在位的大臣，这让人对其识人之智产生怀疑。但他是个能迅速学习的人，在掌握信息以及如何最好地使用信息方面，都是如此。他肯定不喜欢错综复杂的王位传统和风俗习惯，只要有可能，他会竭力摆脱这些东西的束缚。他取消了巴黎议会在治理法国方面的资格。在赢得多数人支持并开始个人专权（1662 年）的 3 年之内，巴黎议会不再是拥有主导权的机构。路易只是到了执政接近终结时即在西班牙王位继承战争（1701—1714）期间才召集议会 *。在他的朝廷里，牧师和贵族仅仅具有象征性地位，并没有政府管理方面的职责。他实行个人统治，手下有 4 个部长理事会和少数国务秘书为其提供帮助。[6]

这些国务秘书都是从两大资产阶级职业公务员家族——卢瓦家族（the Louvois）和科尔贝家族（the Colbert）中选拔出来，他们对路易都是忠心耿耿。毫无例外，他们也都非常擅长自己的工作。在路易长期执政的最糟糕判断中有一件事是废除《南特敕令》，即取消了对法国新教徒的保护。这个愚蠢的决定，加上持续不断地胡乱操纵国家金融以及发动的频繁且代价高昂的战争，令法国经济遭到重创，以至于需要花费 100 多年的时间来恢复。

但是，路易仍然牢牢确保两件事：贵族没有权力且精力分散，民众爱戴他。他非常简单地实现了第一个目标。因为他从来没有忘记投石党运动中贵族的背叛，他精心安排以确保他们不再有能兴风作浪的实力。他要求佩剑贵族（noblesse d'épée）前往凡尔赛几乎永久地陪侍，还得举行烦琐的典礼仪式，遵守涉及众多名义上的部门的复杂国事礼仪。每一个被任命的贵族都能在凡尔赛得到一座公寓，贵族之间为这些任命相互激烈竞争，无休止地投入时间和金钱用于讲排场撑门面，以及一些琐碎无聊的任务。路易国王则继续通过大批量地出售贵族头衔来为他常常空虚的国库输入财富，他创造数十

---

* States-General，1789 年前的法国议会。——译者注

个纯属装饰性的政府部门，进入这些部门成为贵族们的专属权利，还使新创立的长袍贵族（noblesse de robe）有权世袭，因而在地位上更接近于佩剑贵族。[7]

法国人对路易国王的爱戴的确令人感到困惑。在某种程度上，他们有一种将国王偶像化的情绪，或许因为凡尔赛宫的华丽庄严令人叹为观止，他们只是通过第二手资料或者通过绘画和小道传闻了解到的。他们不知道路易国王选择在凡尔赛建造王宫恰恰是为了尽可能离他们远一点儿。路易国王个子很高，总是面无表情，这给人一种他总是很威严和镇静的感觉。他发动战争，并向民众征税——战争所需的征税——这些本来就不可能改变他们的命运，事实上也无法解释民众对他的崇拜。

路易的专制主义体现在很多方面。他宣称拥有法国的所有土地。他说所有被认定为私有的财产事实上都属于他，名义上的所有者只拥有用益权（usufruct）。这是专制主权教义的逻辑结论，专制主权等同于“（包括对土地财物的处分权、使用权和占有权等的）完全所有权（dominium）”，就国王而言，就是对整个王国的所有权。在当时法国人中，路易的少数批评者之一是加尔文派的皮埃尔·朱里厄（Pierre Jurieu）。他声称，国王执政早期有个计划，要将私有财产收归国王所有，再租给原来的所有者作为敛财的手段。虽然最终他没有这样做，但很显然，在必要时有这样一个原则是有用的。不过，它也是对含有此意的专制王权原则非常有效的解释。

专制主义原则的另外一个隐含意义是，因为国王只对神负责，他并不受与凡人包括其他君主达成的协议或许诺的束缚——在路易看来，这就意味着他没有义务去遵守国际条约。他认为国际条约不过是临时性的方便措施，当它们不再方便时，就会被毫不犹豫地违反破坏。在他写给王太子的回忆录中有对这种观点的直白论述，他写道，永久友谊和永久联盟的声明不过是外交礼仪而已，除了条约的用途之外再无其他任何意义。

第三，专制主义认为国王凌驾于法律之上，对此，路易当然赞同。这使他可以根据方便与否随意地援用法律或忽视法律。在法国就像在其他地方一样，王位继承基本上是只传男不传女，这是一种传统。路易求助于这个古老的原则，支持西班牙腓力五世的主张，因而引发西班牙王位继承战争。但是，他又说如果没有合法继承人，就连他的私生子也有资格继承王位，可见他又忽略了这个原则。在路易看来一切都是权宜之计，这似乎是他遵守的唯一法则。

英国1688年的“光荣革命”是对神权原则彻底且毫不含糊的拒绝，取而代之的是议会政府原则。洛克着手为这种伟大变化辩护。总得有人提供论证来为这种政治权威的新基础辩护，洛克接受了这个任务。这个新基础是在实践中建立起来的，由于国王詹姆士二世逃亡，议会宣布在王位空缺时自己拥有这个权威。接着，议会邀请奥兰治的威廉继承国王宝座，但条件是他登基后能做什么和不能做什么需要和议会长期协商一致后才能确定。

这些行动的合法性在于内战爆发，当时站在议会一边的人认为自己做的事远远多于解决国王与议会之间的争端。要求成年人选举权和召开年度议会的独立派（Independents）和平均派（Levellers）正在寻求真正的变革，特别是建立一种民主形式的制度。还有其他的活动家：掘地派（Diggers）主张共同拥有土地以保证人人都有饭吃。

他们是一个多世纪以前开始的无情的圈地运动的受害者，当时土地所有者将许多人赶出了土地。这些人中有很多因饥饿而死。

掘地派的激进要求显示民众的心态已经发生多么大的变化。他们的要求得不到满足，过于保守和渐进的政局变化，难以为他们提供多大帮助。虽然如此，历史的趋势帮助促成了政治权力来源的转变，尽管只是从国王转向了议会。1688 年的事件给予辉格党政府管理的杠杆，随着时间的推移也给予对手托利党同样的东西。但是，由此开始的权力转移在 250 年之后最终形成了充分的成年人普选权和定期议会制度。

17 世纪中叶的激进政治气氛中思想成熟的一个突出的例子是《人民公约》[全称为《为在公众权利和自由基础上争取坚实和即刻的和平之人民公约》(*An Agreement of the People for a Firme and Present Peace, upon the Grounds of Common-right and Freedome*), 1647 年 11 月]。该文件是军人参政会（the Army Council）应议会军队士兵的要求而制订的。《人民公约》中写道：

> 我们最近的劳动和冒险已经向世界表明我们是多么高度地珍视我们的自由。到现在为止，神站在我们的事业一边，把敌人交到我们手中。我们现在掌握了自己的命运，彼此之间有共同的义务，要尽我们最大的努力争取美好的未来，避免回到奴役状态的危险和避免另一场战争给民众造成负担。我们无法想象如果这么多国民明白自己的利益所在，他们还会在这场争议中反对我们，那么，我们或许可以安全地向自己保证，当我们的公共权利和自由被清楚地界定时，他们试图充当我们主人的

努力将化为泡影。

《人民公约》接着要求议会进行改革，根据人口适当分配议会席位，每两年选举一次，并实现成年男性普选。

对议会民主的这个有说服力的要求——只是在一个很重要的方面犯了错误，即将女性排除在选举权之外——接着添加了其他内容：宗教宽容，军队不能强制征兵，法律面前人人平等，这一切都是为了改善民众的安全和福祉。《人民公约》继续写道：

> 我们宣称这些东西是我们天生的权利，因而同意和决心用我们最大可能的努力与任何敌对势力斗争来维护这些权利，祖先为我们树立了榜样，他们为了赢得自由常常徒劳地流干鲜血，我们也必须不怕牺牲。这些政府规则的确立是我们一直向往的，来之不易，我们经历了悲惨的遭遇，被迫将和平和自由的解决办法寄希望于他（查理一世）身上，但他却打算奴役我们并带给我们残酷的战争。

要满足这些要求，还需要几个世纪的时间，而且这些要求是否真的都得到了满足是有争议的。改革是以微小的步伐开始的，每次都足以扭转叛乱——1832 年为声援议会改革的要求，伦敦街道上的抗议群众痛砸窗户，但是因为公民权的小小扩大，抗议声就被安抚下来。这个事实对于理解洛克在 1688 年为议会应拥有更大权力的辩护很重要。

“光荣革命”确立了两个相互联系的要点——更准确地说，是同一点的反面和正面——承认议会主权和拒绝君权神授。议会按照自己的条款拥立威廉为王，事实上实现了有效的君主立宪制。议会还控制着国家金融和武装力量，有了这两样就决定了一切。这个解决方案也在本质上赢得了司法独立和申诉权，这些是自由社会的两大支柱。

洛克在其政治著作中描述了他的目标，在为威廉拥有王位并“在民众的同意下履行其国王的使命”辩护时，“人民”就意味着议会，虽然有笼统的模糊性，但在指代整个国家时显然是故意的。今天，他的声明可能被称为“引导舆论的编造”。这种编造是必要的，尽管不是每个英国人都对这种安排感到满意。很多托利党人对所发生之事的合法性深感不安，他们更倾向于坚持国王詹姆士二世拥有国王的适当权力。路易十四帮助了洛克论证的一个方面——他能做的只有支持“合法性”，国王詹姆士二世因而正当拥有王位，但他坚持承认詹姆士是英国国王，不仅让辉格党人而且让英国民众都站在新安排的一边。

洛克着手为“光荣革命”辩护的这个文本——后来立刻成为经典——就是他的《政府论·下篇》(*Second Treatise of Government*)。《政府论·上篇》是对罗伯特·菲尔默爵士(Sir Robert Filmer)展开的充分驳斥，此人在《先祖论，即论国王的自然权》(*Patriarchia*)中为君权神授观点辩护。菲尔默认为君主专制源于伊甸园中亚当获得的权威(人们可能会说，其论述有值得称道的完整性和彻底性)。那里，神授予亚当及其后裔对世上万物的永久支配权，菲尔默指出，因而君主专制是唯一正确的政治安排。洛克用极大的耐心在历史的曲折变化中追踪菲尔默，以证明他是错误的。洛克之所以花费这么多精力在菲尔默的论证上，那是因为《先祖论》的论证背后隐藏着更大的猎物，即霍布斯。

菲尔默的书有个副标题“为国王的自然权辩护，反对民众的非自然自由”。该书是在查理一世在位时期写出，但到了1680年才出版，有人认为不应该允许詹姆士继承查理二世的王位，因为詹姆士是罗马天主教徒。就像波舒埃一样，菲尔默依靠《圣经》和历史提供的先例，他指出在“实施管理权”问题上他同意霍布斯的观点，虽然在权力如何获得的问题上有不同看法。在菲尔默看来，这个权力是神赋予的，是通过合法继承王位而获得的，但对霍布斯来说，该权力是基于每个人自由达成的共识而获得。

洛克并没有直接写到霍布斯，因为霍布斯的名字是个禁区——人们相信他是无神论者，而在当时无神论被认为与恐惧有关。而且，霍布斯的观点同样适用于君主制和共和制。如果有人试图引用霍布斯的观点来为威廉有权担任国王辩护，威廉的对手同样可以很容易地引用霍布斯的另外一个观点来反驳。

霍布斯认为政治社会的成员身份是个人安全的唯一保证。如果没有防止在“自然状态”的不可预测和暴力环境下人对人的掠夺破坏的保证，正如他令人印象深刻的描述，生活将“孤独、贫困、污秽、野蛮和短命”。如果没有能够确保每个人安全的权威，就不可能有安全；即使是个人形成的自我防御条约也是不安全的：“永远不会有这么多的人。然而，如果他们的行动是根据他们的具体判断以及特定的欲望，他们就不可能期待有防御和有保护，既不能防范共同的敌人，也无法防止他人带来的伤害。”[8]

霍布斯认为，安全的唯一可靠来源是一种“共同的权力”，即霍布斯命名为“利维坦”的中央权威。利维坦的权威是社会的每个成员达成的协议授予的，他们愿意接受其无限的主权。利维坦可能是单个人，如拥有绝对权力的君主，也可能是群体如寡头统治集团，甚至是任何其他实体，只要它拥有绝对权力：

> 因为根据国家中每一个人授权，他就能运用托付给他的权力与力量，通过其威慑组织大家的意志，对内谋求和平，对外互相帮助抗御外敌。国家的本质就存在于他的身上。用一个定义来说，这就是一大群人相互订立信约，每个人都对他的行为授权，以便使他能按其认为有利于大家的和平与共同防卫的方式运用全体的力量和手段的一个人格。[9*]

以臣民的信约形式构成的主权者的权力，一旦构成之后，就拥有对他们的彻底的控制权，除了确保民众的安全之外不再受到其任何约束。霍布斯给予主权者两个不能被剥夺和不受限制的“权利”，这是他为了适当履行其功能而必须拥有的：他的权力不能被没收或被臣民打折扣，他绝不能被指控不公正地对待了任何一个臣民。霍布斯将这些“权利”归于主权者的理由是，他体现了人民的意志，是民众为了自己的安全而缔造的共同信约创造的。因此，试图要推翻主权者或者反对他的决策就是自我矛盾，因为民众将因此挑战自己最初构建那个主权者的理由：“既然像这样按约建立国家之后，

* 本段译文引自黎思复，黎廷弼译：《利维坦》，商务印书馆，1986 年，第 132 页。——译者注

每一个人都是主权者一切行为的授权人。因此，抱怨主权者进行侵害的人就是抱怨自己所授权的事情，于是便不能控告别人而只能控告自己。甚至还不能控告自己进行了侵害，因为一个人要对自己进行侵害是不可能的。”[10*]

这里提到的两个不受限制和不可剥夺的“权利”是让主权者的权力具有绝对性的东西。只有主权者能够决定战争还是和平，决定与其他国家的关系，决定什么能够在国内发表或者实施，决定财产、惩罚、官员任命、荣誉分配以及在法律上的所有最终裁决。霍布斯说这些权力是“主权的本质”：它们是“识别主权存在于哪一个或哪一群人的集体手中的标志，一个人或许辨认出什么人或者人的群体的标志”。[11 **]

虽然从本质上看，主权者凌驾于法律之上，在几乎每个方面都不容被挑战，但是毕竟还存在一个对他的巨大限制。这个限制就源于其存在的根本原因，即确保臣民的安全。其“职责都取决于人们赋予主权时所要达到的目的，那便是为人民求得安全这一点”。[12***]如果主权者在这个职责上失职，为自我保存的压倒一切的关心将给予他们违背主权者命令的权力，甚至起来反抗他。当所有其他自由都服从于主权者的绝对控制之时，自我保存仍是一种不能被取消的需要和义务。初看起来，这种让步妥协在霍布斯的主题核心中似乎构成一种矛盾：如果民众拥有推翻主权者的终极权力，而后者不能保护其民众安全的话，他们事实上就在国家问题上有了最终决定权。[13]

---

* 此句译文引自黎思复、黎廷弼译:《利维坦》，商务印书馆，1986 年，第 136 页。——译者注

** 同上书，第 139 页。——译者注

*** 同上书，第 260 页。——译者注

在上文刚刚引用的段落中，我们看到霍布斯求助于“自然法”的观点，要求主权者有义务确保民众的安全。但“自然法”的概念定义不清，因为所提供的回归原点的机会——回归到终极权威是主权者权威本身的基础——是临时性的（*ad hoc*）。如果自然法能为个人安全是首要因素的主张提供终极辩护的话，它们为什么不能在自然状态下发挥作用呢？或许是因为同样地被认为是自然的其他东西，也许可以说是“理性之光”？为什么每个个体不能“受自然法约束，并向制定自然法的神负责，而且只向神负责”来确保他自己以及别人的安全呢？

昆廷·斯金纳（Quentin Skinner）提出了对霍布斯的一种令人信服的批评。[14] 斯金纳指出，霍布斯对自由本质的描述损害了“共和自由”的更好概念（有时候被斯金纳称为罗马自由），即自由是没有依赖性的。自由人是那些不生活在任何形式的专制权力下的人，无论这种权力是否实施。认为自由是没有任何干预或限制的观点——或在霍布斯更具还原性的观点看来，自由是没有障碍的行动——是不足以让人享受自由的；无论权力的存在是多么仁慈，其存在本身就让自由人变成了奴隶。自由人只能存在于自由的状态。

斯金纳追踪了从古罗马到文艺复兴时期的共和主义自由观点的历史，认为它在 17 世纪 40 年代英国内战的时候发挥了作用，议会一方反对国王宣称的拥有自由决定权——这意味着随意性的权力——凌驾于议会或者个人权力之上的权力。斯金纳引用的共和主义自由观的辩护者例子有詹姆士·哈林顿（James Harrington）、阿尔杰农·悉尼（Algernon Sydney）和约翰·弥尔顿。

在最早期的著作《法律要义》（*The Elements of Law*）中，霍布斯认为君主专制的权威源于人们自愿将个人对自身的控制权交付给权力，他们这么做是为了自身的利益。霍布斯在他的下一本书《论公民》(*De Cive*) 中，反驳了这样一个观点，即政府本身的存在使人们成为奴隶——这就是共和派人士的观点——认为自由是“没有障碍的行动”，这与绝对主权的存在是一致的。在《利维坦》中，自由的这个定义最终被进一步修改完善为“没有外部限制”——这是斯金纳关注的在政治思想历史上一个标志性时刻，因为它引入了自由和权力的区分。斯金纳说这让霍布斯成为“第一个回答共和派理论家的人，他提出了另外一种定义，自由的存在被解释为完全没有阻碍而不是没有依赖性。”由此引发了后来对自由的所有思考，结果是忽略了很多方式的要点，真正的自由变得难以企及。

如果使用以赛亚·伯林 (Isaiah Berlin) 的积极自由和消极自由区分的话，“没有限制”的自由可被描述为“消极自由”。[15] 这是一种自由观念——无论是否受到了霍布斯的影响——很多人现在就是把这种自由理解为最基本的自由。斯金纳的“共和主义自由”是一个不怎么容易信服的概念，或许只是因为历史和地理，社会和人际关系的纯粹事实让完全独立的个人的概念成为非常难以置信的东西。自由的个人是自由国家公民的观点也没有多大帮助。的确，自由国家的观点是有关自由本身的思考的最深刻源头之一，这体现在（如果想看到显著的历史例子）希腊城邦国家反对波斯人的入侵，正如希罗多德 (Herodotus) 告诉我们的那样。一个城邦国家也许不依附于或受制于另一个城邦国家或邻近帝国，然而这里的居民本身或许不能免于城邦国家本身的管理方式所施加的内部限制。希腊城邦国家当然如此，其中的大部分人都没有公民权：女性、奴隶、“外国人”以及因为做了某种坏事而遭受惩罚从而丧失公民权的人。

斯金纳打算把焦点主要集中在独立于统治者或主人支配的观点上，因而在这个意义上确认了比纯粹的政治观更广泛的概念。但是，如果一个人甚至在通常的方式上都受到生活背景的限制（个人陷入的历史、地理和社会网络），无论谁说他的权利和行动是独立的，这种说法都根本没有任何权威，自由将被变成几乎空想的东西。无论如何，“没有主人”的观点——没有对人的任意支配权，即便未实施——实际上与选择和行动不受限制并没有什么不同。这种论证说“不支配”和“不干涉”的界限是真实存在的而非抽象的，这是一种没有功能差别的区分。虽然如此，斯金纳的观点尖锐而有趣，共和主义自由的概念作为一种理想特别有吸引力。

自然法和自然权利的概念在洛克的观点中也处于核心地位，但是，在他看来，它们导致了同菲尔默和霍布斯完全不同的结论。他也使用了文明社会创立之前存在“自然状态”的观点，但是对于洛克来说，它不是人们之间可怕且无休止的争斗的场所，而是个人享有自由的地方。那种自由的大部分必须交出来以换取在社会中生活的利益，但是，洛克认为那些权利中的一些权利，其中主要是生命权、人身自由和财产权，不能因为社会契约而放弃。这个事实本身让绝对主权这种东西根本不可能存在：从本质上说，绝对主义与民众在参与促成社会存在的互助契约时带入社会的自然权力格格不入。

自然法和自然权利的观点是密切联系在一起的。在洛克看来，自然权利基于下面这个事实：在自然状态下，个人可以自由地利用自然提供的东西，诸如住所、令人舒适的东西和食物等。自然法是指人们在自然状态下被允许或被禁止做的事情：“那是一种完备无缺的自由状态，他们在自然法的范围内，按照他们认为合适的办法，决定他们的行动和处理他们的财产和人身，而无须得到任何人的许可或听命于任何人的意志。”*（洛克描述这种事物状态的另一种说法是：“在最初，整个世界就像是美洲。”）[16] 这是因为在自然状态下人人平等；没有一个人享有多于别人的更高地位或者更多权利；谁也没有指挥他人如何生活的特权。洛克说，因为人人“既赋有同样的能力，在同一自然社会内共享一切，就不能设想我们之间有任何从属关系，可使我们有权彼此毁灭，就好像我们胜利是为彼此利用的，如同低等动物生来供我们利用一样”。[17]** 用这种方式，洛克驳斥了菲尔默的主张，即人们的高低等级差别被引入伊甸园中，神赋予亚当支配权，首先是支配其伙伴夏娃，其次是他的儿子，最后是全人类。

在这一点上，洛克论证的重要性是它确认了人人都有权自我保存，因而有相应的义务，尊重他或她的自我保存权利——事实上就是在这方面积极关心他人的福利。这里隐含着的义务已经不仅仅是克制自己不伤害他人，而且要求采取行动保护他们不受伤害，同时惩罚那些伤害他人的人。

洛克指出，在自然状态下，很难确保能够适当地保护这些权利和履行这些相关义务，他称之为自然状态的“不方便之处”。但是，他认为，要建立霍布斯式的主权来执行两者将比不便更糟糕，因为没有什么能阻止拥有一切权力的君主掠夺其臣民或发动针对民众的

---

* 此句译文引自洛克著，叶启芳、瞿菊农译：《政府论·下篇》，商务印书馆，2011 年，第 3 页。——译者注

** 同上书，第 4 页。——译者注

战争。因此，在原则上民众将权力交给绝对统治者是错误的，这样做不仅丧失了自我保存的权利，而且让他们没有能力履行他们对他人的相关义务。

> 这种不受绝对的、任意的权力约束的自由，对于一个人的自我保卫是如此必要和有密切联系，以致他不能丧失它，除非连他的自卫手段和生命都一起丧失。因为一个人既然没有创造自己生命的能力，就不能用契约或通过同意把自己交由任何人奴役，或置身于别人的绝对的、任意的权力之下，任其夺去生命。谁都不能把多于自己所有的权力给予他人；凡是不能剥夺自己生命的人，就不能把支配自己生命的权力给予别人。[18*]

在用这种方式回答霍布斯时，以及在提出论据反对任何形式的绝对主义的过程中，洛克提出了有主见但同样令人质疑的假设。在上文引用的段落中，他隐含的意思是，人们之所以不能放弃自我保存的权利，是因为他们不是自己的主人——他们为神所有，因此他们没有资格放弃自己的自由。这提出了另外一个有意思的问题，人能否让自己沦为别人的奴隶，有人能说他有权心甘情愿地去这样做吗？洛克认为，不能。霍布斯的观点是，社会的基础是民众不仅有权利而且有积极的需要来让渡他们的自由。

洛克的观点更具说服力。文明社会保护个人的生命、自由和财产。它建立在法律的基础上，人人都了解法律，有独立的法官来运

---

* 本段译文引自洛克著，叶启芳、瞿菊农译：《政府论·下篇》，商务印书馆，2011 年，第 17 页。——译者注

用法律，有公认的机构来实施法律。这种安排解决了如何正确行使这些权利和义务的困难。洛克写道：“（一个人）在自然状态中既然并不享有支配另一个人的生命、自由或财产的专断权力，他所享有的只是自然法所给予他的那种保护自身和其余人类的权力；这就是他所放弃或者能放弃给国家的全部权力，再由国家把它交给立法权，所以立法机关的权力也不能超出此种限度。他们的权力，在最大范围内，以社会的公共福利为限。”[19*] 如果一个政府的行为与社会的“公共利益”相悖，它就应该“废除”（dissolves）自己——这是洛克的说法——因为它使自己变成非法的东西。这就是国王詹姆士二世案例所发生之事：当他的行为违背了臣民的利益的时候，他的合法性就自我“废除”了。洛克的论点更强大：如果非法的政府试图赖在台上，民众不仅有权利而且有义务推翻这个政权，组建一个更好的政权取而代之。

洛克在《政府论·下篇》的最后一章阐述了这些观点，目的是通过这些方法论证英国议会废黜国王詹姆士二世并将威廉和玛丽送上国王宝座的合理性。这些话语深刻地影响了18世纪的思想，正如上文所指出的那样，它们被一字不差地引用在美国和法国革命的文件中。其影响力的一个重要原因是洛克引入了权力是一种受托人职责的概念，要拥有权力需要得到以其名义实施权力的人的认可。“谁来判断君主或者立法机关的行为是否违背了他们所受的委托？”在一个对民主观点的后来发展非常关键的段落中，洛克提出问题，并回答说：“人民应该是裁判者，因为受托人或者代理人的行动是否

* 此句译文引自洛克著，叶启芳、瞿菊农译：《政府论·下篇》，商务印书馆，2011年，第84页。——译者注

恰当并合乎对他的委托，除委托人之外，谁应该是裁判者呢？当受托人辜负委托时，委托人既曾给予委托，就必须有权把他撤回。”[20*]

哪种关于自然状态的观点更有道理，洛克还是霍布斯？后者设想的危险的无政府状态在洛克的观点中留下了一个痕迹，洛克承认如果没有文明社会和政府，自然法的权利和义务就更难行使。因此，一旦个人同意组建社会的话，就存在一种文明社会拥有优势的共识。但是，这些是唯一存在一些重叠的方面。在所有其他方面，他们的前提和观点都截然不同。没有文明社会和政府的生活——撇开同样的事务状况这个事实不谈，一个思想家会恶意诽谤，而另一个思想家则会用善意接纳。关键的差别在于他们各自的观点，即个人放弃什么才能达成社会契约。霍布斯认为，他们除了自我保存权利之外放弃了一切；洛克认为，他们保留了天赋权利，不仅有自我保存的权利而且还有自由和财产。在霍布斯看来，自然状态是无法无天的，但在洛克看来，它是自然法的领域。在霍布斯看来，文明社会引入了法律，主权法；在洛克看来，文明社会让先前存在的自然法生效。

在这些概念中起作用的人性观点也存在各自的显著差异。对霍布斯来说，人天生就是暴力的、贪婪的、剥削的和敌对的。但是，对于洛克来说，人们是理智的，对别人感兴趣的，在本质上是社会性动物。在霍布斯看来，文明社会是对自然状态涉及的恐怖事件的人为限制。而在洛克看来，文明社会是人性和自然法联合造就人类生活的自然结果。

---

* 此句译文引自洛克著，叶启芳、瞿菊农译：《政府论·下篇》，商务印书馆，2011年，第155页。——译者注

洛克将生活、自由和财产作为受到文明社会保护的基本权利是自然而然的事，因为这是英国内战中独立派人士提出的要求。对他来说，每个概念都有明确的意义。“自由”意味着个人有权做出自己的选择，并以此生活，唯一的限制是它们应该与自然法的要求保持一致。自由和自然法是一致的，因为后者的存在是要保护和加强前者：它们——如果举一个平淡无奇的例子——就像交通法规，遵守规则使每个人都有可能受益。

在洛克的范式中，财产权是一个不那么显眼的根本选择。洛克从一种假设中引申出这个权利，即虽然土地及其提供的东西通常是归自然状态所有，当个人将劳动与土地的部分结合起来，那些部分因而就逐渐成为私人拥有的东西。

在洛克的观点中，制造文明社会的契约包括了一些条款，规定和限制了君主的权力。霍布斯认为契约将所有权力交给主权者手中，而在洛克那里，权力仍然留在契约签订方手中，他们将这个权力委托给一个管理权威，如果对其工作不满意，他们可以将权力收回。在洛克看来，契约创造的是国家，他在任何地方都没有使用主权一词。“国家”和“政府”不是一回事：国家是契约创造的共同体，政府是共同体委托的多功能实体，履行旨在保护共同体中的个人权利和利益。

洛克认为，立法和行政的职能应该是分开的，这是至关重要的。立法机关可能召开会议以便通过法律，法律通过后，再次解散。但是，这样通过的法律需要付诸实施，必要时需要强制执行。这就是行政部门的任务。洛克认为不仅国家的两个部门应该分开，而且相关人员也应该清晰地区分开来。在这方面的失败可能产生事与愿违的后果：如果立法委员和行政官不是不同的人，他们“动辄要攫取权力，借以使他们自己免于服从他们所制定的法律，并且在制定和执行法律时，使法律适合于他们自己的私人利益，因而他们就与社会的其余成员有不相同的利益，违反了社会和政府的目的”。[21*] 这是反对专制主权的进一步论证，君主当然是将立法权和行政权集于一身的主权者。

这里随即产生一个问题：什么时候可以说政府滥用了它的权威？有必要允许一个政府偶尔犯错或做出不幸的选择，因此不能仅仅因为微小的判断错误就要求政府下台。如果在不充分或不合理的理由下发动叛乱，这是错误的。洛克区分了国王詹姆士二世的案例：他绕过议会，随心所欲地制定法律，试图重新引进罗马天主教，并与外国政府签订秘密协议等，所有这些都是为了扩展其权力范围，因此把他从王位上赶下去是正确的。这是对民众信任的背叛，唯一的补救办法就是起来反对他。[22]

因为他的观点，洛克被认为是我们理解的英国（不是美国）自由主义的起点。[23] 他表达了一种独特的现代观点，一种心态。他是在 17 世纪末写下这些话的，而在 16 世纪末写出这些是绝对不可能的。这并不意味着他是第一个提出这些观点的人，在英国内战期间有关宪法的辩论已经提出和讨论了类似观点，有时候还要激进得多。事实上，他的观点包含了许多旧的痕迹，如文艺复兴时期的观点，即事情在更古老的时候更好，历史事实上是个长期的衰败过程，从古代更加完美的状况逐渐恶化。人们在“完美自由”（洛克自己的话）

---

* 此句译文引自洛克著，叶启芳、瞿菊译：《政府论·下篇》，商务印书馆，2011 年，第 91 页。——译者注

中生活的“自然状态”的想法是这种态度的残余。但是，他表达自己观点的方式赋予这些观点在政治理论中的持久的地位，并解释了为什么它们在启蒙运动的文件中被引用。

当然，洛克并没有彻底击败专制主义。路易十四、普鲁士的腓特烈大帝、俄罗斯的叶卡捷琳娜大帝及其继任者，一直到 1917 年的孟什维克和布尔什维克革命、斯大林、纳粹、波尔布特、皮诺切特及今天中东国家的独裁者，还有世界各地数不清的袖珍暴君，都证明了专制主义的蓬勃发展，并将继续蓬勃发展。神权政治从本质上看是一种霍布斯式的专制主义。

而且，洛克隐含的民主的假象（不是设想的：他并不支持成人普选权）直到他自己的时代之后很久才出现。美国和法国是最先将其观点应用在实践中并产生真正影响力的两大政治实体。在欧洲的 19 世纪的大部分时间里，仍然存在将民主观点和暴民政治混为一谈的情况——柏拉图鄙视后者披着民主的幌子，让读过他的《理想国》受到教育的统治精英对扩大选举权推进得太远太快持怀疑态度。霍布斯特别严厉地批评他那个时代的英国长期国会，他将其描述为“民主的”，但这绝不是一种赞美，因为在他看来，这面临着回到自然状态的那种原始和血腥状态的威胁。在他看来，民主如果落入无知、贪婪和暴力的民众手中，民主就意味着陷入无政府状态。在他之前和之后的时代诸多所谓的民主都是如此。[24]

19 世纪的英国是一个典型的例子，连续不断的改革持续了几十年才勉强维持了普选权，来自英国社会更大派别的压力使得改革成为必要，为了避免引发革命，只好施以更多的小恩小惠来安抚那些要求改革的人。成人普选权于 1929 年在英国实现，这已是英国哲学家提出自由民主原则的 225 年之后。对于手握权力杠杆如此之久的统治精英们来说，这是一个很了不起的成就。

17 世纪及其之后的很长一段时间里，哲学家巴鲁赫·斯宾诺莎一直受到质疑，他在未完成的代表作《神学政治论》（*Tractatus Theologico-Politicus*）中宣扬民主、和平等观点，并为言论自由辩护。他对言论自由特别有兴趣，他说任何形式的政府都有很大的责任确保这一点。事实上，他说他会支持任何形式的政府，只要它确保言论自由，虽然他也相信民主和平等的制度是最有可能做到这些的。他也——因此没有将自己放在洛克的同一个阵营——认为所有形式的政府事实上都是民主的，因为所有形式的政府最终都建立在民众认可的基础上，即使在霍布斯式制度中也是如此，因为民众的最初认可是建立专制主权所必需的。因此，斯宾诺莎认为，这种减弱的意义上的民主是政治权威最根本和最自然的基础。[25]

斯宾诺莎和霍布斯的名声在接下来的两个世纪被掩盖，因为他们都被视为无神论者。这些思想家对现代思想形成的影响是巨大的，因为他们的论证并不是依据《圣经》的教义和启示、宗教传统或权威——总之，他们的观点是世俗的。但是，“这些思想家”事实上也包括了洛克，因为虽然他本人并不是一个无神论者，但也没有依靠教义、启示、传统以及其他东西来论证他的观点——即便他程式化地引用了一些相关内容。事实上他明确拒绝君权神授的概念，他也将政治权威的来源与宗教权威的来源问题割裂开来，这事实上也是一种典型的世俗主义。因此，正如在很多其他方面一样，现代思想的形成是从神学看法向世俗智慧推理转变的结果。

20

语言与信仰

正如前文一再表明的那样，17 世纪分为截然不同的两部分。在前半部分，科学探索是个人之事，探索者通过书信往来进行非正式的交流。到了这个世纪的后半部分，科学探索逐渐变得更有组织性，成为正式学院的事业，不再仅仅是自筹经费的个人事业，在最发达的地方，往往还得到国家的资金支持。伦敦的英国皇家学会就是一个典范。

其他变化也同样显著。这个世纪之初，文学的形式和风格在本质上仍然是文艺复兴时代的特征，到了马洛（Marlowe）和莎士比亚的时候，达到了顶峰。但是其他很多人——甚至包括本·琼森（Ben Jonson）和约翰·多恩在内——则证明了过分精雕细琢的铺陈文风开始走向衰落。在散文方面，英语写作呈现出一种华丽奢侈的风格，故意混淆参考文献，故意使用典故来卖弄学问，以显示作者的博学多才。到了这个世纪的后半叶，更朴素、更直白的风格逐渐占了上风。法语和荷兰语也同样如此，体现在弗朗索瓦·德·马勒布（François de Malherbe）节制简约的古典风格在法国受到崇拜，也体现在默伊登作家群（*Muiderkring*）在荷兰受到的欢迎。他们是以诗人彼得·霍夫特（Pieter Hooft）为中心的一群杰出作家，包括康斯坦丁·惠更斯和杰出的黄金时代诗人约斯特·范·登·冯德尔（Joost van den Vondel）、作家菲斯海尔姐妹（the Visscher sisters）等人。[1]

17 世纪初期英国巴洛克式华丽做作的例子是约翰·弗洛里奥（John Florio）对蒙田著作的翻译和托马斯·布朗爵士（Sir Thomas Browne）文辞华丽的沉思录。弗洛里奥的华丽辞藻和新词卖弄在下面这则权威的评论中剖析得很透彻："随便在什么地方翻开他的翻译，你就会发现华丽的辞藻已经脱离了原文花园的土壤。蒙田说：'Je n'y vauls rien（我一文不值）'，而弗洛里奥将其翻译为：'我一文不名，我永远无法成功。'遇到 soufflet（风箱），弗洛里奥就找不到比'耳朵中的嗡嗡声'更简单的词；遇到 finesses verbales（言语巧妙），他要翻译成为'言辞机智而富有诱惑力'。"他也忍不住脱离法语原文创造出一些新词："tintamare""entrecuidance""friandize"和"mignardize"等都是更具异国意味的怪异词汇，却没有一个永久留在英语中。[2]

同样，托马斯·布朗爵士觉得如果能用好几个词表达的意思，绝不满足于用一个词，或者如果能找到更华丽的辞藻的话，他绝不会使用普通词。布朗爵士在《美第奇家族的宗教》（*Religio Medici*）的致读者中写道：

> 若不是几乎每个人都受到报纸的折磨，或者若不是它的专制变得更普遍，我就不会缺乏抱怨的理由：但是，我生活在见证那种卓越发明的最错乱反常的时代，国王陛下的名声

被污蔑，议会的荣誉被剥夺；两者的作品都被印刷、被腐化、被抢先发表、被伪造；就私人而言，抱怨可能显得荒谬，处于我这种地位的人或许没有能力勇敢面对它，对修改错误感到绝望。

在你试图弄清他表达的意思时，数一数有多少音节。

这个段落与17世纪及之后的世纪更加朴素的英语散文风格形成了对比。这种华丽风格的主要清洁剂是科学和哲学思想的发展趋势，伴随着这个趋势很自然地出现了更清晰表达方式的需要。仅仅在英国皇家学会成立几年之后开始撰写的学会历史中，托马斯·斯普拉特（Thomas Sprat）写到，学会成员被明确要求采用“一种亲密、直白和自然的说话方式，使用肯定的表达，表达清晰的含义，带着一种本地的随意，并尽可能地像数学公式那样平直地表达一切”。同样，他们的文字风格是要“避免过于详述，离题和臃肿的风格，要回归到原初的纯真、简短，当时人们要表达多少意思，就用多少个词语，不多用一个词”。[3]

这些原则很快就传播到了所有形式的文明写作中。不止洛克和他之后不久的乔纳森·斯威夫特（Jonathan Swift）与约瑟夫·艾迪生（Joseph Addison）是其中的例子，尤其是后面两位成为现代英国散文的典范。艾迪生写到他主张“一种简洁思想的本质和内在的完美，超越于我称之为哥特式的写作方式”。[4]“哥特式”和“过于详述，离题和臃肿的风格”是对弗洛里奥和布朗写作方式的最贴切描述。

不仅是科学革命导致了这场思想及其表达方式的革命。科学或许驳斥了古代人的观点，但它保留并事实上推动了古代人表达观点的方式。拉丁作家直白而简洁的散文风格，尤其是用晓畅贴切的表达方式传达思想这一点受到推崇。说到散文，它对17世纪的影响是有益的，虽然就诗歌而言，可能未必如此。法国的尼古拉·布瓦洛（Nicolas Boileau）和英国的亚历山大·蒲柏（Alexander Pope）受到贺拉斯《诗艺》（*Ars Poetica*）的影响，导致蒲柏写出：

> 词语像树叶，哪里长得最繁多，下方就很难找到有意义的硕果。*

这很好地说明了散文的条件，或许对某些诗歌也可以这么说，但是在后者，它究竟能否像“有意义的硕果”一样与文学品质有关，是颇为令人怀疑的。这个对偶句出现在蒲柏的《批评论》（311—312行），是模仿布瓦洛以贺拉斯为基础的《诗歌艺术》（*L'Art poétique*）而作。布瓦洛有关诗歌形式——颂歌、抒情诗、史诗、挽歌、讽刺诗、田园诗、悲剧——的法则影响力非常大，但是，像所有试图指导如何进行创造性艺术的法则一样，过于限制性和形式化。作为同一法则的支持者，人们可以说蒲柏的诗歌——人们真能称之为诗歌吗？——是其中某些诗歌走得太远的例证。

古典主义主张和谐和纯洁，尊严和权衡。它指明这些特征不仅是风格问题，而且是风格要努力传达的情绪。对于希腊人后来的

---

* 此句译文引自何功杰编：《英诗选读》，安徽教育出版社，1998年，第222页。——译者注

崇拜者来说，最吸引他们的是希腊人能直面现实，并准备好在理性与非理性之间进行斗争。在17世纪，更加令人欣赏的是拉丁作者清晰朴素的风格，其典型特征是陈述有序和语言简练，近乎格言般的言简意赅。那些使用塞涅卡的“尖刻”或者警句风格作为典范的人，正在步蒲柏的后尘，即过分使用花哨风格——矫饰主义风格（mannerism）——这种风格甚至在古代都遭到批评家的攻击。他们认为这种风格太过于看重形式本身，而不是清晰和直白这两点，注意，其原因是这种写作很容易变成仅仅一味地堆砌格言警句。

莎士比亚是17世纪初期杰出的文学天才，但是，这片荣誉象征的“棕榈叶”到了后半叶传到了法国的戏剧家手中。这是戏剧中法国高蹈派*诗人的古典主义观点，它遵奉亚里士多德关于时间、地点和行动三者统一的观点，要求主题具有现实性，富有教益和提高修养——最后一点是对端庄得体（*les bienséances*）或道德品味提出的要求。当然，事实上常常要打破这些严格的法则以获得某种戏剧性影响，不过17世纪末法国的戏剧写作遵循的不只是这些严格的限制。

让·拉辛（Jean Racine）是这个时期和风格的领袖人物。莫里哀和高乃依是戏剧界的伟大人物，但拉辛甚至超过了他们。他创作的《费德尔》（*Phèdre*）和《安德罗玛克》（*Andromaque*）语言优雅纯洁，用每行12个音节的亚历山大体（alexandrine metre）写就，而在构思方面，他对语言的驾驭制造出一种激动人心的愤怒和

* Parnassian，又译巴那斯派，法国诗歌流派，强调韵律格式严谨，因诗集《当代巴那斯》而得名。——译者注

张力。人们常说他的诗歌不可译，那些跃跃欲试倾尽其能试图翻译的诗人如罗伯特·洛威尔（Robert Lowell）和泰德·休斯（Ted Hughes）最后也只能放弃——在德意志，席勒试图将其歌的效果传译出来。

俄诺涅（OENONE）:
Hélas! Seigneur, quel trouble au mien peut être égal?
La Reine touche presque à son terme fatal.
En vain à l'observer jour et nuit je m'attache:
Elle meurt dans mes bras d'un mal qu'elle me cache.
Un désordre éternel règne dans son esprit.
Son chagrin inquiet l'arrache de son lit.
Elle veut voir le jour; et sa douleur profonde
M'ordonne toutefois d'écarter tout le monde.
（啊我的主！什么苦难能与我的比肩？
女王即将走向生命的终结；
我日日夜夜在徒劳地观察她。
她也许将在我的臂弯里死去，
最终也不告诉我她的病症的真名；
永恒的凌乱支配了她的灵魂，
痛苦的不安把她从床上拉起；
她希望看到日光，但她深切的悲伤
令我把外面世界的丰富多彩关在窗外。）[5]

经典主题的高雅戏剧与这个时代并非不相关，因为人性是永恒的，所有时代最伟大的故事都是那些每次讲述后都去重新探索和澄清其所关心议题的作品。但是，这个时代的文学也探讨了该时代自己的议题。在马洛的《浮士德博士》(*Doctor Faustus*)中，悲剧的核心是依靠炼金术、犹太神秘哲学和魔法的捷径去满足对知识与权力的渴望。该剧本的开头是浮士德博士抛弃逻辑、医学、法律和神学转而更喜欢“巫师的形而上学和巫术书籍”：

巫师的形而上学，
还有巫术书籍都是神圣的；
线条、圆圈、场景、字母和文字，
这些正是浮士德最渴望的东西。
啊，这么多的利益和快乐，
还有权力、荣耀和全知全能，
承诺给勤奋劳作的工匠！
在安静的两极之间运动的一切
都应该听我支配：皇帝和国王
不过是在自己的领地有人服从而已，
他们不能呼风唤雨撕裂云彩；
但是他们的支配范围远不止于此，
而是像人的灵魂一般延伸到最深处；
可靠的巫师是法力无边之神：
在此，浮士德，绞尽脑汁去赢得一个神。[6]

在莎士比亚的《暴风雨》中，普洛斯彼罗做了浮士德渴望做的事：呼风唤雨。米兰达，同情那些她看到的受暴风雨威胁的一船人，因而向他恳求：

我最亲爱的父亲，假如您是用了您的法术使得这狂涛怒吼，
请把骇浪平息下去吧。
天空好像要倒下乌黑臭的雷雨，
幸亏海水直冲上了天，
要扑灭其间的电火。[7*]

两位戏剧家的写作都是在对炼金术、犹太神秘哲学和魔法希望的巅峰正在消退和科学本身正在出现的关键时期。但是，并非所有人都被新的世界观所充分说服，或有足够的勇气来接受和应用它，此时，人们仍然觉得古老的东西还有吸引力。有人回忆说，弥尔顿在前往意大利旅行时曾拜访过伽利略，他在《失乐园》中两次提到了后者对月球的观测。但是，当他让亚当询问大天使拉斐尔有关天体的运动时，这个大天使似乎非常落后于时代：

天动还是地动都无关宏旨，
算准了，就能得出这结果，其余的
那伟大的建筑师都巧妙地隐藏起来，
不让人或天使知道，也不泄露

* 此段译文引自梁实秋译：《莎士比亚全集》上卷，内蒙古文化出版社，1995 年，第 7 页。稍有修改。——译者注

他的奥秘，让他们看了该大为

吃惊。8*

《失乐园》的第一版出版于1667年，即英国皇家学会创立之后，因而是科学世界观胜利之后很久的事，伽利略为了保命而非常不情愿地放弃了这种观点。或许当诗人拜会科学家时，后者并没有在最后一刻添加“地球还在转”（*eppur si muove*）的话。另一方面，弥尔顿放在大天使口中的话有令人怀疑之处，因为“大建筑师”的确几次透露了答案——在《创世记》《诗篇》104以及《约书亚记》中，我们都被非常清楚地告知地球是“一动不动”的。或许天堂宫廷中的拉斐尔和梵蒂冈宫廷中的伽利略处在无所适从的同一个困境，都不得不含糊其词，模棱两可。但是，他在水晶球和伊甸园之间的摇摆可能给予他确定自己观点的实证性证据，那样一来，他就成为17世纪真正的大天使了。

但是，宗教如何呢？正如三十年战争证明的那样，17世纪是因为宗教问题进行的内部战争，其混乱和狂暴程度与从前的世纪一样，这个世纪上半叶的大论争——同一场战争——是从前的世纪就已开始的广泛而血腥分裂的直接结果。在17世纪的上半叶，加尔文派和清教徒对社会生活产生的压迫性影响与罗马教会的企图同样巨大，都竭力遏制“思想上的放荡主义”，即思想生活中的自由。在这个世纪的后半叶，放荡主义不仅变成了一种思想风格——一切都能被

---

* 此处译文引自弥尔顿著，金发燊译：《失乐园》，广西师范大学出版社，2004年，第344—345页。——译者注

质疑和讨论的风格，而且还成为一种生活方式，正如在凡尔赛和伦敦的宫廷那样，君主有公开的情人，第二代罗切斯特伯爵约翰·威尔莫特（John Wilmot）之类的人能够在街上胡作非为，年纪轻轻就死于放浪形骸的淫荡。

词汇“放荡”（libertine）在17世纪的变化中非常说明问题。20年代和30年代首先见证了自由思想意义上的“放荡阶段”，这时“放荡”指的是对新的和激进的观点进行无拘无束的讨论。怀疑主义和开放性探索是新时代自由探索的第一批成果。放荡主义中的自由意味着从两个限制领域获得自由：宗教正统思想限制和古代权威限制。

但是，“放荡”的意义并没有保持很长时间，这个词背后有着很有趣的历史。它最初被用作低地国家和法国皮卡第（Picardy）新教徒派别的标签，他们基于无可挑剔的逻辑逐渐得出结论：既然一切都是神创造和命令的，那就没有什么是罪恶的。他们根据这种观点行动，引起其他很多人的严重不满。结果，“放荡”这个词逐渐拥有了肉欲好色、堕落、道德败坏等含义。[9]这是现在熟悉的“放荡”一词词义的源头。而在17世纪的上半叶，该词指的还是科学家和哲学家，而不是纵情声色者。接着，因为与先进的哲学和科学观点联系在一起，它开始有了一种含义，即任何拥有这种观点的人很可能反对宗教原则。因此，“放荡”这个词是误导人的说法，因为当时并非所有科学家或者哲学家都是无神论者。有些人是虔诚的基督徒，或者至少接受宗教正统思想——从外部观察——不仅对个人安全而且对社会利益都是必要的。

放荡这个词在17世纪后期新出现的用法是指道德败坏的人，而不仅是指那些有思想兴趣的人，这是基于假设先进思想意味着反对宗教观念，而且更进一步假设反对宗教观念意味着道德堕落的观念。这当然是没有道理的。但是，这个观点在民众心目中如此牢固地确立起来，到了18世纪，在不道德的人和知识分子之间已经划出了清晰的界限。因此，“放荡”这个词继续被作为前者的标签，后者则逐渐被描述为“自由思想家”或者哲学家。虽然这个词仍然在转变中，像皮埃尔·培尔等作家不得不区分思想放荡和道德放荡的差别，描述前者的拥趸是“精神的放荡之徒”（*libertins d'esprit*），而后者的拥趸是“肉体的放荡之徒”。

在法国路易十四时代，道德和语言都同样被解放——道德主义者可能会说“世风日下”——以至于培尔所指的“精神的放荡之徒”或许也已经解放了肉体，同时有好几个情人，经常出入妓院，说话时充斥亵渎神灵的言语，所有这些在最保守的清教徒看来都不可接受。道德是一个时尚潮流问题：放纵和禁欲来来回回循环往复，独立于思想的长远进步。但是随着17世纪的逐渐展开，将思想解放和放松对道德的束缚联系起来是非常自然之事。这个联系不大可能是简单的因果关系，而是非偶然性的相关变量，无疑是基于这样一个事实：经过客观冷静的审视，会发现刻板的道德告诫中大部分内容是不合逻辑的、荒谬的。

17世纪20年代和30年代被某些历史学家贴上“放荡危机”的标签，因为那是将新旧思想区分开来的特别重要的时刻。这些年见证了旧思想方式的捍卫者压抑新思想的最后一次重大努力——瓦尼尼和伽利略的故事说明了这个事实。

仅仅几十年时间造成的差别令人印象深刻。在17世纪40年代，英国清教徒最终占了上风，关闭伦敦的戏院，将戏剧表演视为犯罪，宣称演员是“流氓和无赖”。依照当时通过的法律，任何人若被发现观看戏剧，将被处以5先令的罚款，而上台表演的人将受到鞭笞和被关进监狱。在16世纪的大部分时间里，宗教改革信徒中更为虔诚的人对戏剧充满敌意，甚至在青年莎士比亚来伦敦之前，他们就竭力阻止戏剧上演。内战使清教徒有机可乘。因此，反对戏剧的法律仅仅出台了不到20年，“无法无天”的罗切斯特伯爵就能够用下面这样的讽刺短文来逗乐朋友：

罗斯庄严地对塔斯说
让你的蛋蛋
挤出
精液。
美人啊，抬起你的屁股，
张开你的小猫咪来迎接
这个动作。
用力摩擦，
像马一样强烈：
用劲抖动直到我的小猫咪流出爱液……

如果人们认为罗切斯特不过是满嘴脏话的吹牛者，任何地方任何年龄的粗鄙年轻人中都不乏这样的人，那么他自己的诗歌则意味着，他属于那个时代而不是时代之外的人：

推杯换盏喝了很多葡萄酒，说了很多严肃的话
谁干了谁，谁更差劲
（诸如此类你经常在“灰熊酒吧”* 喝酒时听到的东西）
我仍然会注意到
淫荡能减轻酒醉，
我出门来到圣詹姆士公园
冷静我的头脑，点燃我的心。
但是，圣詹姆士上面有你的荣誉，
为棒子和猫咪祝圣。
在那里，通过最乱伦的生育，
怪异的树林诞生于拥挤的大地；
因为它们与古代人有关，
当古老的皮克特人开始逛妓院，
靠幽会欺骗自己
（抛弃情人似乎是一种时髦），
在这里，可怜的忧郁的情人
可能在大地母亲的脸** 上手淫；
那儿一排排的曼德拉草长得老高
它们猥亵的龟头戳向天空。
每一根摹形的枝条缠绕在
阿雷蒂诺*** 那可爱的凹陷处，

* the Bear，伦敦市中心的一酒吧名。——译者注

** mother's face 这里指地球。——译者注

*** 阿雷蒂诺（Pietro Aretino，1492—1556），文艺复兴时期欧洲意大利作家，出版有剧作、讽刺诗文和艳情十四行诗等作品。——译者注

每天晚上在树荫下
到处都是兽奸、强奸和乱伦。
在这个隐秘所有罪恶的小树林
商店外箱式房*和凉亭里的妓女，
贵妇人、侍女和苦工杂役，
拾荒者和嗣女疲惫地走过。
马车夫、牧师、大领主和裁缝，
学徒、诗人、恶棍、囚犯，
男仆、花花公子都来到此地，
他们在这里搞男女乱交。

塞缪尔·皮普斯是罗切斯特的同代人，他的《日记》对伦敦的印象没有什么不同，这个时期沿袭了20年前清教徒的伦敦的特征。几乎可以肯定的是，这是对清教徒禁欲的一种反应，但也是一种很大的反应，直到维多利亚时代，类似的压制性的道德主义才从宗教情感中产生。

这些因素令人意识到，宗教的巨大斗争并没有产生最狂热的信徒渴望产生的那种影响，无论他们处于争论的哪一边。到了这个世纪末，对于宗教冲突的厌倦已经出现，这表现在信仰开始从辩论前线部分退缩——虽然不是宗教机构的退缩。事实上，随着这个世纪的推进，宗教与科学的人员和话语渐行渐远。在英国，人们愿意完全放弃教义细节的争吵，只要人人都在口头上礼貌地支持其形

---

* the bulk 指的是商店外可用来跟妓女夜间幽会的一种箱形建筑，与酒店房间相比价格便宜。——译者注

式——所谓的“宗教自由主义”（latitudinarianism）态度——是对此变化的很好总结。

在宗教和科学领域都做出引人注目贡献的唯一人物是布莱兹·帕斯卡尔。他是个天才，是才华横溢的数学家，他对概率的研究具有持久性影响，而且还是一个证明了真空存在的科学家。他也是个业余的神学家，他在死后出版的《思想录》（*Pensées*）对某些信徒来说是经典，尽管人们欣赏它更多是因为其文笔的优美而非论证的有力。这部书是为基督教的长期辩护的一个片段。请注意这个事实：为基督教而辩，帕斯卡尔觉得这个时代的信仰丧失越来越严重，因而有必要为基督教辩护，这非常有意思。在教会的早期历史中，护教文学——解释信仰教义并为其辩护的著作——是奥利金（Origen）、奥古斯丁、德尔图良等人写的，目的是说服怀疑时代的人信教。到了中世纪全盛时期就不再需要护教者了，因为到这时不相信教义的人将被当作罪犯来处理。[10] 但是，17 世纪思想革命的成功使得为宗教辩护又有了存在的必要。在帕斯卡尔所处世纪之后的世纪又出现了众多论证“基督教证据”的书——威廉·佩利（William Paley）的《证据》（*Evidence*）是最著名的著作之一——再往后有 G. K. 切斯特顿（G. K. Chesterton）和 C. S. 路易斯（C. S. Lewis）以及很多不那么有名的人在尝试做同样的事。

《思想录》其中的一个论证已经广为人知了：即使神存在只有很微小的可能性——帕斯卡尔认为至少存在有神的可能性[11]——相信这一点并据此行动符合人的利益，因为这样做的好处无限大，而如果错了，承受的损失则十分有限。（伏尔泰尖刻地评论说，如果存在神灵，人们相信神灵存在的理由是利弊权衡，神灵对此肯定不感兴趣。）另外一种论证方式是说蒙田实践的和笛卡儿用来为积极的认识论开辟道路的那种哲学怀疑主义，显示人类思想的局限性和无能；这与无限的、全能的神灵观中体现出的承诺相反，让人相信后者和据此行动就有了合理性。帕斯卡尔将怀疑主义的存在当作是人类堕落的证据，也是人类需要神救赎的证据，以此为基础，他接受了基督教的整套教义。他写到，我们应该将自己彻底献身于教会，采取一种自我牺牲（self-renunciation，即舍去自我）的生活，放弃个人情感和依恋，接受人的自然状态——疾病、虚弱、痛苦和折磨等。活着就是走向死亡，但是以一种获得永久幸福的方式——这是赎罪生活的整个目标。

虽然帕斯卡尔的文笔优美，魅力无穷，但他的观点没有多大影响力。G. N. 克拉克（G. N. Clark）写道："能够欣赏他的论证的很多人稳定地转向了理性主义，无论是自然神论还是其他类别，不再将信仰视为能与理性和谐共处的东西，更不要说优越于理性了。"[12] 相反，正如主流宗教影响处于衰落状态时经常发生的情况那样，就17世纪而言，出现了众多的少数派运动，如米格尔·德·莫利诺斯（Miguel de Molinos）鼓吹的寂静主义（Quietism），路德派的一个更禁欲和非世俗的旁支提出的虔敬主义（Pietism），还有——在宗教"光谱"的终端——带着色情含义的狂喜神秘主义，如贝尔尼尼（Bernini）的《圣特蕾莎的狂喜》（*Ecstasy of St Teresa*）（1647年和1652年之间雕刻的）中描述的那样，可在罗马的胜利圣母教堂（Santa Maria della Vittoria）看到。阿维拉的圣特雷莎（St Teresa of Avila，1515—1582）曾经写到所看到的景象，她一再被基督的利箭穿透，在"融为一体的献身"中，感受到因为利箭刺入带来的"甜蜜幸福的疼痛”，伴随着“火热的光芒”和令人窒息的感受；当她从狂喜状态中苏醒过来时，她感到疲惫不堪，满脸泪水。在祷告中与基督或上帝狂喜地融为一体是一种性升华的形式，这一点的进一步例证是17世纪末的宗教人物如玛丽·阿拉科克（Marie Alacoque）和耶稣圣心的信徒。[13] 圣特蕾莎和罗切斯特各自体验的实质很好地体现了两个对立的极端是如此接近。

对于新教徒来说，《圣经》给予他们表达自我的形式，虽然其内容越来越多地被理解为比喻意义而非字面意义。对于天主教徒，正是教会的传说和教义在个人层面提供了参考框架。这些以各自不同的方式构成那个时代的人们不受置疑的生活背景，即使他们之间缺乏联系，并且由于科学尤其是天文学而形成了截然不同的世界观，这些意味着《圣经》和传统开始从信息领域向更像神话的领域转变。这样一来，古老的思想能够与新思想共存，虽然处在不怎么中心的地方，且存在方式不同。但是，那些仍然完全生活在古老思想中的人，无论数量有多少，现在都处于边缘状态，而新思想开创了能够改造世界的技术和社会结构。

由此产生了明显而具体的结果。一方面，正如我们已经注意到的那样，政治不再像从前那样一直受到宗教的影响。神学走上一条道路，科学和哲学走上另外一条道路；在科学和哲学两个方面，神学被归入“自然神学”，以应对尚不能解释的事物。这种解释直到两个世纪后的达尔文以及三个世纪后基于物理学的宇宙学出现才发生改变，其表明生命以及有生命以前的宇宙并不需要创造者。受到大众喜欢的著作如班扬的《天路历程》（*The Pilgrim's Progress*）在不了解科学的很多人身上引起共鸣，因为他们需要抓住这些寓言以获得解释和希望。班扬的读者和德国路德派牧师都蔑视知识和科学，甚至对它感到恐惧，在这点上，他们代表了一种总是伴随着知识增长的趋势，这种趋势更紧密地抓住知识的对立面——信仰的绝对确定性，以此作为堡垒来抗衡探索揭示的令人眼花缭乱的替代性选择。

第六部分

结　论

21

它是神话吗？

前文的命题是17世纪的欧洲通过改变人类对宇宙和自身的看法改变了人类历史的进程。我在第2章提出了有关这个变化的问题，并写道："战争、内部纷争和宗教改革运动之后教派冲突持续不断产生的颠覆性和破坏性在欧洲历史上都前所未有，但就在如此动荡的世纪，却人才辈出，彬彬济济。这是一个谜，或者应该算是个谜。"人们如何解释在如此动荡的时代天才济济、英贤踵接的奇迹？是不是这个世纪的动荡在某种程度上解释了它的天才和出现的那些变化及其背后原因？又或者假如这个世纪是和平时代，是否会出现更大的革新？

在我看来，答案是这个世纪的战争和动荡帮助促成了变革，因为在它们引起的混乱中，权威无论在理论上还是实践中都遭遇失败。政府对人员流动和观点交流的控制陷入瘫痪，尤其是观点的交流得到了比从前更大的自由。相比之下，在战争时期边防哨所可能会被放弃，人们可以不受阻碍和不受监视地进入邻国。事实上，这发生在17世纪尤其是上半叶。因为军队经过造成的破坏就像一群蝗虫掠过庄稼地，在欧洲土地上甚至曾经一度在英伦三岛上来回折腾，造成人口数量的波动和社会秩序的崩溃，当权者无暇顾及对自己至关重要的重大事务的看法，这些空缺和漏洞就为新观点和曾经会招致死亡的观点的传播开辟了空间，两者相互促进，推动了各自的发展。

“当权者无暇顾及”——我认为在这点上存在重要的线索。人们的确感到心烦意乱，忙于处理冲突和变化带来的棘手问题，根本无暇后退几步来密切关注人生剧场的场景已经发生的改变。设想生活在 17 世纪 20 年代和 90 年代之间的人们某天早晨醒来后，惊异地回想自己在 30 年代的青少年时期拥有的观念如今已经属于完全过时的历史陈迹，这完全是有道理的。

当然，其他人也非常清楚他们所处时代的痛苦。为什么霍布斯认为在自然状态下，人类的体验是每个人对每个人的战争，处于贫困、卑污、残忍和短寿的生存状态，难道不是因为他本人就是时代斗争陷入如此深刻混乱的见证人？此时，秩序和权威完全崩溃，个人沦为强势者肆意掠夺的猎物。在英伦三岛，中央政府的解体造成大约 8.4 万名军人的死亡，10 万平民死于和战争有关的疾病和饥荒。霍布斯的“利维坦”权力的概念是，人人都必须在它面前臣服，这一背后动机是出于确保和平的强烈愿望。在欧洲数十年的混乱之后，他身边的火焰、尖叫、尸体和灾难成了他立论的动机。

因此，时代的混乱、破坏和动荡帮助促成了变革的发生，甚至是无可挽回的改变，它可能成为恶风，不给任何人带来好处。但是，也有可能是危机让变化发生得比平时更快。明显的例子是军事技术和技能，人们永远不会忘记——举一个很近的但非常说明问题的例子——在 1939 年时，英国皇家空军仍然在让格罗斯特角斗士（Gloucester Gladiator）双翼飞机服役，但是，到了 1945 年，作战的就变成了惠特尔喷气式战斗机（the Whittle jet fighter）；德国进攻英国时使用的是巡航导弹和 V1、V2 火箭，美国在日本投下了原子弹。1945 年的世界显然与 1939 年的世界完全不同，因为在这些年中历史进程明显加快。世界观、科学、理论与信仰的关键位置互换了，在所有这些方面一切似乎都在快速向前飞奔，17 世纪作为这样的时刻进入人们的视野，它把一个时代抛在身后，迅速奔向一个新纪元。

但是，不是人人都同意这个观点。本书的论证是在重申一个神话吗？是用一个人类近代思想史及其支配的世界的新神话取代从前所有的神话吗？有些人特别赞同这一点。[1] 他们批判辉格党的、进步派的世俗主义者有关 17 世纪和 18 世纪的所有描述（让我们称之为长期启蒙）——这本书就是描写这个阶段的书之一——是理性化过程，批判其先入之见（*parti pris*）的描述，而不是对人类历史上伟大时刻（正如我用“时代”一词）的记录。

让我们拭目以待。前面的章节宣称下面这些观点：17 世纪思想革命的结果之一是承认人类是银河系边缘的一颗小行星上的动物中的一个物种，而银河系不过是宇宙中数兆星系中的一个而已；（同样重要的一点是）揭示这一点的相同知识也促进了技术的发展（包括医疗技术），这改变了动物物种及其居住的星球的存在方式，虽然并不总是变得更好，但在很多方面基本上如此。

这种世界观的转变，直到达尔文之后才算完成，这种世界观的应用，要求 19 世纪和 20 世纪的社会有更广泛的识字能力和普及教育，它通过技术重塑了全球的生活。然而，它甚至不仅是今天每个人的世界观，或者说不仅是当今大多数人的世界观，而是驱动了当今世界所发生的从技术到经济几乎一切有重要意义的东西的世界观，其产生的影响遍及几乎所有社会的社会和政治组织，甚至延伸到大部分人仍然坚守的17世纪前的心态和视野的那些社会。

我说“几乎所有社会”，是因为在世界某些地区的政治和社会影响力形式中，宗教原教旨主义仍然控制着人们的生活，使人们保持着17世纪之前的心态。在那个世界观中，我们的世界是宇宙中心，我们人类处于宇宙之巅，一切都在神的管理之下，它的要求旨在塑造人类生活的绝大多数方面，包括他们的选择与行为以及他们对待他人的态度。伊斯兰教的思想极权主义就是这种范式。

现代世界观已经成为社会权力的驱动力意味着，即使这个世界仍有大部分人生活在17世纪以前的时间里，在某种意义上仍然拥有前现代心态，但他们持有的观点其实在功能上已经处于边缘化地位。在极少数国家以及一些国家的少数地区，这个本来在功能上处于边缘化的心态仍然占支配地位，大部分是宗教冲突频繁和经济落后的地方——如果人们愿意进行必要和严肃的调查的话。

现在，在询问这个画面是否存在某种神话色彩时，人们不再问科学给17世纪以来的世界历史带来的重大影响有没有根据——这当然是无可否认的，即使那些最急切希望它没有根据的人也无法否认——而是说，这个故事的神话色彩在于：故事中的英雄和殉道者（科学家和哲学家）与黑暗势力（迷信和无知）做斗争，并最终取得了胜利。但是，在这些英雄和殉道者将人类从物质宇宙中心转移开的努力中，他们坚定地将人类置于更好的新中心：思想和知识宇宙的中心。因此，科学救赎已经来到黑暗世界——那里人们生命短暂，疾病缠身，受虚假信仰的限制，充满鸡毛蒜皮的斗争——解放了这个世界，至少是解放了那些能够利用这种解放的人。

这个故事似乎拥有了一些叙述的轮廓特征，其中困难重重，获胜希望渺茫的战斗最终取得胜利，虽然行进途中有悲惨的损失、挫折和不幸，有奥德修斯（Odysseus）和塞壬（Sirens）的诱惑，有珀尔修斯（Perseus）和美杜莎（Medusa），有哈利·波特和伏地魔，有齐格弗里德（Siegfried）和龙血，有圣杯和宝石戒指——黑暗和光明之间的摩尼教式冲突。

在思想革命的这个神话版本中，英雄是严肃的探索者，其中有人为了这一事业成为殉道者；恶魔是神秘主义者、亚里士多德派信徒和牧师；敌人是愚昧无知；奖励则是真理和进步。奖励是通过宗教裁判所火刑柴堆的烈焰而赢得的，是在反对历史及其幽灵大军的战争中赢得的。

现在，想想你喜欢的东西，这个故事的确有了史诗神话的轮廓。而这的确是真实的。不过，故事中有两个转折，任何一个转折都可能对设想中的大团圆结局产生致命性影响。它们是或者可能是相互有联系的转折。

其中之一是科学世界观变得更加遥远，其技术性、难度、数理性远远超出绝大多人的理解范围之外——人们只是在以对使用者最为友好的方式即触屏方式来体验科学（或者不那么频繁但更可怕的是：在成为无人机袭击的目标时）——因而留下越来越大的缺口需要用古老的故事和信仰来填补。古老的故事理解起来要容易得多，能提供干脆利落的叙述结构——开头、中间、结局和目的——这些是人类心理所喜爱的东西。世界任何一种主要宗教的基本故事和要求都能在 30 分钟之内解释清楚，30 分钟是大部分人的注意力能够集中的时间范围。相比之下，掌握物理学却需要多年的时间。人类的思想史从柏拉图的洞穴阴影中走到了建立在证据和理性基础之上的知识阳光下，要揭开这一段历史，需要应用性研究。要看到事物的客观真相而不是像很多人那样去主观想象事物的样子，这需要思想上的成熟。

第二个转折是古代故事和信仰在世界部分地区再次得以复辟，在那些地方，人们从来没有完全或部分脱离它们的控制。复辟者乐于使用新思想创造出来的技术去重新确认旧思想的支配地位：恐怖分子使用防空导弹和手机相互交流，这些发明来自400年前否认过他们的世界观的这个现代世界。因此，人性处于矛盾的瓶颈中，处于危险的时刻。新思想把旧思想落下太远，以至于旧思想试图把新思想拉回来，甚至试图彻底消灭它，而且把新思想的发明用在接近疯狂的极端自我矛盾之中。

解决办法是什么？这是个一直存在的问题，虽然从来没有被成功地应用过。解决办法就是教育。这听起来像是一套陈词滥调——但是，像大多数陈词滥调一样，其深刻真理性已经被我们视而不见了。几乎在任何地方，教育都没有得到真正的重视。真正的教育需要的时间、技巧、成本和承诺只是在很少的地方得以具备——只有最精英和最昂贵的学校以及世界顶尖大学的研究生院做到了，就整个世界人口而言，这几乎是沧海一粟。这不是世界各地学校尽职尽责的老师的错误，如果真的擅长这项工作，并拥有所需的工具和条件的话，老师就是地球上最重要的人，他们做的事是在启迪和激发学生的智慧。可惜所有这些东西，老师们拥有的都不够。世界在某些方面向前迈进，但在另外一些方面却因为新旧思想的冲突偏离轨道甚至倒退。在种类和数量上与 50 年前或者 100 年前没什么两样的教育继续让大部分人落在后面，根本没有赶上的希望。

因此，我们需要一场新的神话历险：让世界完全有能力利用 17 世纪革命催生的那种思想。

注 释

01 观察宇宙

1 Review by Laura Sangher of Paul Kléber, *Solomon's Secret Arts:The Occult in the Age of Enlightenment* (New Haven and London, 2013) in *English Historical Review* 129:541 (December 2014), p. 1508.

2 A. C. Grayling, *Berkeley:The Central Arguments* (London, 1986); 'Modern Philosophy:Locke, Berkeley and Hume', in *Philosophy:A Guide through the Subject* (London, 1998); *Descartes:The Life and Times of a Genius* (London, 2005); *Towards the Light* (London, 2007); 'The Enlightenment', in *Ideas That Made the Modern World* (London, 2008); etc.

3 哲学家对历史的兴趣不应该被理解为对所谓的意义或者目的的展开进行黑格尔式理论的探索——没有时间幽灵朝着一个目标努力，只有人试图阐明事物的含义，以前是通过信仰传统，而从现代早期开始，重新强调实证性探索和逻辑应用。伯特兰·罗素出于同样的理由喜爱历史，这促成了本书对其观点及其影响力的专注。罗素不仅在其《西方哲学史》(伦敦，1945年)，而且在《自由与组织:1814—1914年》(伦敦，1934年)、《权威与个体》(伦敦，1949年)、《理解历史》(纽约，1958年)以及其他著作中，都展示了这一点。正像本书一样，罗素关于这些主题的著作包括了对历史提供的东西的观察和反思；在这个意义上，哲学史在——重复上面所用的短语——我们要如何阐明事物含义的对话中有某种作用。

02 人类历史纪元

1 说“实证支持理论”更为准确，后来的结果可能削弱或者消除这种支持。

2 希腊语 *asteres planetai*（“漫游者”）源自 *planasthai*（意思是“漫游”）。

3 这次日食的日期存在一些争议（正如人们所料想的！）。这里给出的日期是得到认可的，但是存在一种可能性，即泰勒斯的预测与25年前即公元前610年在同一地区可见的日食有关。两次日食都可以从我们现在拥有的数据中找到，通过将时钟拨回太阳、月亮和地球的相对位置，可精确地回顾历史上地球不同地区看得见的所有日食。

4 我们不知道泰勒斯是如何成功地做出预测的。他之后的希腊人没能再次取得这样的成就，理由很充分：处于黑夜的地球上的人可以观察月食（发生在地球处于太阳和月亮之间的时候，月亮处于地球的阴影中）的时间超过一个小时，而观察日食的时间则少得多。因为当月亮处于太阳和地球之间，它的阴影在地球表面形成一个小长条，在任何一个地方都只能持续 7.5 分钟。因此要预测日食，你需要非常精确地知道月亮的运行轨道——事实上，精确到弧度的细微部分。但希腊人并不具备这种知识。

5 这是“根源谬论”的一个例子，这种观点认为某些东西得到支持或者怀疑仅仅因为其根源。关于这一点有很多话可以说，这涉及比最初看起来更加复杂，有时候谬论减少的情况。在我看来，将判断基于有关根源和发展的事实有时候是错误的，有时候并没错，这主要取决于问题本身。

6 绕行双星星系的行星的候选者之一是球状星团 M4 的 PSR B-1620—26。它被认为是一个巨大的物体，是木星质量的 2.5 倍，围绕着一个由一个脉冲星和一个白矮星组成的双星星系运行。

7 Carol Pal, C., *Republic of Women* (Cambridge, 2012).

8 17 世纪 40 年代在荷兰对笛卡儿观点的辩论引发了骚乱，请参阅拙著：《笛卡儿：天才的生平与时代》(*Descartes:The Life and Times of a Genius*，伦敦，2005 年)。

9 Kant, *Was ist Aufklärung*, *Berlinische Monatsschrift 1784*; T. Mommsen, ‘Petrarch’s Conception of the Dark Ages’, *Speculum* 17, 1942, pp. 226—42.

03 战争的起源

1 下面的描述是从众多出处中选出的，其中主要包括 Geoffrey Parker, *The Thirty Years War* (New York, 2nd edn, 1997); Norman Davies, *Europe* (London, 2014); Richard Dunn, *The Age of Religious Wars 1559—1715* (New York, 1979); C. V. Wedgwood, *The Thirty Years War* (London, 1938); and with great admiration P. H. Wilson, *The Thirty Years War:Europe's Tragedy* (London, 2009)。

2 C. V. Wedgwood, *The Thirty Years War*, p. 506.

3 Wilson, *The Thirty Years War,* p. 9.

05 雇佣军上尉

1 所有城市最终都落入帝国军队或者西班牙军队之手，虽然弗兰肯塔尔因为有英国雇佣军驻守而坚持的时间最长。

06 1629 年颁布《归还敕令》

1 D. Power, *William Harvey* (London, 1897), pp. 85—6.

2 J. K. Jue, *Heaven Upon Earth:Joseph Mede (1586—1638) and the Legacy of Millenarianism* (Dordrecht, 2006), p. 69.See also Bodo Nischan, ‘John Bergius:Irenicism and the Beginnings of Official Religious Toleration in Brandenburg-Prussia’, *Church History* 51 (1982), pp. 389—404.

3 这是法国和哈布斯堡王朝就意大利北部控制权的争夺，因为曼托瓦公爵温琴佐·贡萨加(the Duke of Mantua, Vincenzo Gonzaga)死后没有直系男性继承人。欧洲贵族和统治王室的家族和王朝错综复杂的关系中，斐迪南二世与过去三位贡萨加公爵的妹妹结婚，他支持瓜斯塔拉公爵费兰特二世(Ferrante II Duke of Guastalla)和萨伏依公爵查尔斯伊曼努尔一世(Charles-Emmanuel I Duke of Savoy)的主张，而法国支持讷韦尔公爵。

4 K. Cramer, *The Thirty Years War and German Memory in the Nineteenth Century* (Lincoln, NE, 2007), p. 149.

07 瑞典巅峰

1 G. Parker, *The Thirty Years War* (London, 2006), p. 83.

2 M. Roberts, *Gustavus Adolphus and the Rise of Sweden* (London, 1973).

3 这些事件的复杂性要比此处的简要概述复杂得多。威尔逊著有《三十年战争：欧洲的悲剧》（P. H. Wilson's *The Thirty Years War:Europe's Tragedy*, London, 2009）一书，仅其厚度就显示了恰当详尽的描述应该是什么样子。

4 我必须坦承困惑，为什么教堂是瘟疫（以及地震和其他自然灾害）的幸存者为表达感激而建造，而不是表达对造成这一切，包括瘟疫本身（和其他自然灾难）的始作俑者的愤怒。但是，所涉及的心态不是理性的。

5 M. Sharratt, *Galileo:Decisive Innovator* (Cambridge, 1994).

08 从华伦斯坦到布莱萨赫

1 See R. Bireley, 'The Peace of Prague (1635) and the Counterreformation in Germany', *Journal of Modern History* 48: 1 (March 1976), pp. 31—70.

2 法兰西学院有个很好的官方网站，上面有其创立和后来历史的详细介绍。其公告引起的争议并不是都提到了：http://www.academie-francaise.fr/linstitution/lhistoire。

3 R. Bireley, *Ferdinand II* (Cambridge, 2014).

09 签订《威斯特伐利亚和约》

1 弗雷德里克·威廉被称为"大帝"是因为他敏锐的政治头脑。在此，霍亨索伦王朝的最大影响是，通过承认贸易和商业的重要性，并因此支持在他的领土上崛起的中产阶级，恢复了勃兰登堡的财富。作为坚定的加尔文派，将物质上的成功作为拣选救赎的对象的标志是非常自然的。正是他的成就见证了勃兰登堡公国在他的儿子腓特烈治下成为普鲁士王国，因而从勃兰登堡腓特烈公爵三世晋升为普鲁士国王腓特烈一世。

2 C. Hill, *The Century of Revolution 1603—1714* (London, 1961, 2nd edn, 1980).

3 J. N. Hays, *Epidemics and Pandemics:Their Impacts on Human History* (Santa Barbara, 2005), pp. 113—14.

4 L. Auchincloss, *Richelieu* (London, 1972).

5 D. Croxton and A. Tischer, *The Peace of Westphalia* (Westport, CT, 2002).

6 Pope Innocent X, *Zelo Domus Dei* (1648).

7 G. Evans and J. Newnham, *The Dictionary of World Politics:A Reference Guide to Concepts, Ideas and Institutions* (Hemel Hempstead, 1990), p. 501.

8 A. Osiander, 'Sovereignty, International Relations, and the Westphalian Myth', *International Organization* 55:2 (2001), pp. 251—87.

10 在欧洲的废墟中

1 网站 Necrometrics 引用了有关死亡人数的各种来源，请参阅：necrometrics.com/pre1700a.htm#30YrW。

2 See D. Onnekink (ed.), *War and Religion after Westphalia* (London, 2013), passim.

11 海上冲突

1 J. R. Jones, *The Anglo-Dutch Wars of the Seventeenth Century* (London and New York, 1996).

2 Glen O'Hara, *Britain and the Sea since 1600* (Basingstoke and New York, 2010), p. 107.

12 通信员

1 P. Dear, *Mersenne and the Learning of the Schools* (Ithaca, NY, 1988).

2 对其中原因的初步猜测，请参阅拙著《笛卡儿：天才的生平和时代》的绪论。

3 这样的言论让研究中世纪的历史学家异常恼火，他们希望忽略罗马帝国衰亡之后给西方带来的读书识字、文化和普通知识的破坏性衰退，以及后来基督教统治权和拜占庭帝国的兴起。公元 4 世纪开始建造的马克森提乌斯大会堂和公元 6 世纪建造的圣索菲亚大教堂，以及公元 15 世纪在佛罗伦萨大教堂的布鲁内莱斯基穹顶，这种工程所需要的数学和工程技术都已经失传了。众多事实当中单单这一个事实就非常说明问题。

4 斯坦福大学人文研究中心的“文学界地图”工程是研究 17 世纪以及之后学术研究和交流网络的一个丰富资源，请参阅 republicofletters.stanford.edu。

5 Daniel Garber and Michael Ayers (eds), *The Cambridge History of Seventeenth Century Philosophy*, vol. I (Cambridge, 2003), p. 23.

6 Ibid.

7 以下论述主要源自 Laurin Zilliacus, *From Pillar to Post:The Troubled History of the Mail* (London, 1956), ch. V passim。

8 Ibid., p. 49.

9 Ibid., p. 50.

10 Ibid., p. 51.

11 Ibid., p. 57.

12 C. Adam and P. Tannery (eds), *Oeuvres de Descartes* (Paris, 1974—86, 2nd edn) Volume V, p. 72. 下文引用的时候标注卷数和页码，例如 AT V 72 即表示该书第五卷第 72 页。

13 这里对哈特立伯的描述引自 G. H. Turnbull, *Samuel Hartlib:A Sketch of his Life and his Relation to J. A. Comenius* (Oxford, 1920)。有关哈特立伯的教育、推广和科学方面的贡献的最好描述请参阅 R. H. Syfret, 'The Origins of the Royal Society', *Notes and Records.Royal Society of London* 5 (1947—8), pp. 75—137。

14 John Evelyn, *Diaries*, 17 November 1655, ed. E. S. de Beer (Oxford, 1955).

15 See G. H. Turnbull, *Hartlib, Dury and Comenius:Gleanings from Hartlib's Papers* (London, 1947), p. 167.

16 hridigital.shef.ac.uk/hartlib.

17 See Elizabeth Godfrey, *A Sister of Prince Rupert:Elizabeth Princess Palatine and Abbess of Herford* (London and New York, 1909).

18 Rodis-Lewis quoting the physician Samuel de; G. Rodis-Lewis, *Descartes* (Cornell, 1995), p. 151.

19 A. Nye, *The Princess and the Philosopher:Letters of Elisabeth of the Palatine to René Descartes*

(Lanham, MD, 1909).

20 Léon Petit, *Descartes et la Princesse Elisabeth: roman d'amour vécu* (Paris, 1969).

21 AT VIIIA 1—2, 4.

22 AT XI 323—4.

23 R. Watson, *Cogito Ergo Sum:The Life of Rene Descartes* (Boston, 2002). 华生的特有的气质让他对笛卡儿和伊丽莎白故事的描述成为书中最精彩的部分。

24 Z. Cope, *William Harvey:His Life and Times:His Discoveries:His Methods* (London, 1957).

13 知识捷径

1 罗吉尔·培根几乎被禁止研究和出版他的研究结果，因为圣方济会的宗教命令的要求：这让人纳闷有多少沉默不语、默默无闻的伽利略躺在修道院的坟墓里。或者，因为任何墓园中的正统思想的要求对人们的思想产生的影响。

2 很自然地，显微镜和望远镜的发展的故事要比人们希望的情况复杂得多。两者的发明都涉及扬森家族。以望远镜为例：17 世纪头十年，荷兰有不同的人申请望远镜早期版本专利的努力都被拒绝了，理由是到底是谁发明的有不同的主张。

3 Thomas Crump, *A Brief History of Science:As Seen through the Development of Scientific Instruments* (London, 2001).

4 See Frances Yates, *The Occult Philosophy in the Elizabethan Age* (London, 1979); Deborah Harkness, *John Dee's Conversations with Angels:Cabala, Alchemy, and the End of Nature* (Cambridge, 1999); Paolo Rossi, *Francis Bacon:From Magic to Science*, trans. from the Italian by Sacha Rabinovitch (London, 1968); Brian Vickers (ed.), *Occult and Scientific Mentalities in the Renaissance* (Cambridge, 1984), especially Vickers' Introduction, pp. 1—55.

5 笼统的思想史尤其是科学史的确关注了这个要点，其他的重要贡献有 Keith Thomas, *Religion and the Decline of Magic* (London, 1997) and Paolo Rossi, *Francis Bacon:From Magic to Science*。正如罗西指出的那样，在 17 世纪初，"知识分子更多地体现了中世纪的特征，而到了 1660 年前后，知识分子具有了更多的现代特征"（第 10 页）。

6 Richard S. Westfall, *Never at Rest:A Biography of Isaac Newton* (Cambridge, 1983).

7 1942 年是牛顿诞辰 300 周年纪念，但是因为战争，这个庆祝活动推迟到了 1946 年。凯恩斯就在纪念活动开始前去世，所以他有关牛顿的论文是他的弟弟杰弗里·凯恩斯（Geoffrey Keynes）向与会者代为宣读的。

8 Mark Rogers, 'Isaac Newton's Occult Studies', in *The Esoteric Codex: Alchemy I* (lulu.com, 2013), p. 138.

9 M. Boas, *The Scientific Renaissance 1450—1630* (New York, 1962), passim.

10 See M. Hunter (ed.), *Robert Boyle by Himself and His Friends* (London, 1994), pp. 29—30.

11 Rogers, *The Esoteric Codex,* p. 134.

12 Quoted ibid., p. 137.

13 Westfall, *Never At Rest:A Biography of Isaac Newton*《牛顿传》讲述了牛顿的生平故事，展现了他非凡的、聪颖而又好奇的思想。

14 Isaac Newton, *Philosophiae Naturalis Principia Mathematica (1687),* Book III.

15 在布赖恩·维克斯和其他人看来，新柏拉图主义是树干，犹太神秘哲学（甚至更小的程度）和赫尔墨斯主义不过是一些树枝。而在维克斯自己看来，赫尔墨斯主义仅能算作小细枝。对魔法和神秘传统的研究在相当程度上都要回到古代后期的各种调和主义，但其中最重要和最持久的是普罗提诺等人的思想。请参阅 Vickers, *Occult and Scientific Mentalities in the Renaissance*。

16 文本是摩西本人所写的说法在他死后得到了他的妻子的证实。Joseph Jacobs and Isaac Broydé, ‘Zohar’, *The Jewish Encyclopedia* (New York, 1901—6).

17 有关细节，犹太神秘哲学在希伯来字母和数字上的当代应用，请参阅托拉科学上的介绍文章：torahscience.org/communicat/hebrew_language.xhtml。在将近结尾的时候，作者写道：“另一种计算奇数个三角形的方法是将其乘以中点。”这里就是 55 × 28=1540。编者注：要明白这在物理上意味着什么，试图用一次性杯子搭建四面体。（真是天意啊，这正是我 12 岁的儿子在我开始撰写本文之前的一周做的事！）但是，整个的表现证明轻信是人类永久性的特征。

18 占星术和中世纪后期和文艺复兴时期拉蒙·卢尔（Ramón Lull）等很多人相信的占星医学之类的差别在耶茨芝的《伊丽莎白时代的神秘哲学》中做出了很好的区分，请参阅 Yates, *The Occult Philosophy in the Elizabethan Age*, pp. 12—13。

19 这个数字令人产生联想：道格拉斯·亚当斯（Douglas Adams）在《银河系搭车客指南》（*The Hitchhiker's Guide to the Galaxy*）中不可能引用后来的赫尔墨斯主义学者的东西，即使他尝试这样做。人们将会记住的是伟大的超级计算机“深思”（Deep Thought 是该科幻小说中的一个超级计算机的名字——译注），经过 750 万年的计算后得到“生命、宇宙以及万物”的终极答案：42。（问题是这个答案的问题是什么我们并不清楚，“深思”说它将制造一台比自己更大的计算机，而且要运行 1000 万年的时间来找到它。这个计算机就是——人类；800 万年后，渥罡人威胁要毁灭地球以修建一条星际快速道路。）虽然人们一直努力对亚当斯的数字选择赋予各种意义——比如用二进制表示 42 就是 101010，它是光从水折射产生彩虹的度数，光需要 10^{-42} 秒才能穿过质子的直径，等等——但亚当斯说他选择 42 只是因为它是一个有趣的数字，并没有什么隐含的指代。

20 F. Yates, *Giordano Bruno and the Hermetic Tradition* (Chicago, 1964).

21 Anthony Grafton, *Defenders of the Text:The Traditions of Scholarship in an Age of Science 1450—1800* (Cambridge, MA, 1991), pp. 145 et seq.

22 Ibid., pp. 147—8.

23 Quoted ibid., p.152.

24 Ibid., p. 153.

25 特里特米乌斯成为本笃会修道士有些偶然，他曾经因为暴风雪在修道院栖身，后来留了下来并最终成为修道院院长和历史学家（虽然有人揭露他编造历史）。无论是他作为魔法师的声誉还是玩弄历史的态度都没有阻止他成为维尔茨堡的苏格兰修道院（Schottenkloster）的院长。

26 甚至就在第二版正在印刷的时候它遭到宗教裁判所的谴责，这让阿格里帕赶紧在第三卷后添加了附录，做出免责声明和撤回。

27 Cornelius Agrippa, *The Occult Philosophy in Three Books,* Book I, translated by ‘J.F.’ (John French?Some say J. Freake) (London, 1651). 关于译文和其他细节，请参阅：John Ferguson, *Bibliotheca Chemica:A Catalogue of the Alchemical, Chemical and Pharmaceutical Books in the Collection of the Late James Young of Kelly and Durris* (2010), vol. 1.

28 Philip Ball, *The Devil's Doctor:Paracelsus and the World of Renaissance Magic and Science* (London, 2006).

29 Ibid.

14 迪伊博士和魔法艺术

1 Victoria County History, ‘The University of Cambridge:The Sixteenth Century’, *A History of the County of Cambridgeshire and the Isle of Ely*, vol. 3 (London, 1959).

2 J. Peter Zetterberg, 'The Mistaking of "the Mathematics" for Magic in Tudor and Stuart England', *Sixteenth Century Journal* 11 (1980), p. 85.See J. Aubrey, *Brief Lives* ed. O.L. Dick (London, 1949), p. xxix.

3 数字命理学是这个阶段的另外一个骗术幸存者：在线搜索你就会发现如何计算你的"生命之路数字""生日数字""第一个挑战数字""巅峰周期"以及你的"心欲数字"，等等。

4 笛卡儿被移动的圣日耳曼雕像的谈论打动，他们说服他相信动物似乎像人类一样有灵魂（感觉、知觉），但是如果没有这些，他们在他眼里就是自动机。他曾经在莱顿将一只猫从楼梯窗户中扔出去来证明这一点，虽然我看不出证据在什么地方。（我在写作的时候，坐在圣彼得宝座上的教皇方济各，对动物灵魂持有不同观点，说它们也能够升天。）17 世纪中期瑞典的克里斯蒂娜女王建造的戏院是个力学上的奇迹。碰巧的是，笛卡儿曾经写过的唯一一个剧本——尽管写得非常糟糕，但他当时还是在克里斯蒂娜女王的要求下不太情愿地写了——就在那座剧院上演。

5 16 世纪中期英格兰的特征请参阅 Keith Thomas, *Religion and the Decline of Magic* (London, 1997)。

6 布拉赫详细考察了这颗超新星，并在"关于恒星，任何人的生命和记忆中从来没有见过的新恒星"中记载了他自己的观察和其他很多人的观察和分析。请参阅 Brahe, *De nova et nullius aevi memoria prius visa stella* (1573)。17 世纪初期开普勒两次重印该书。

7 据托马斯·迪格斯（Thomas Digges）；请参阅 Johnson, F. R. and Larkey, S. V., 'Thomas Digges, the Copernican System, and the idea of the Infinity of the Universe in 1576', *Huntington Library Bulletin* (1934)，p.111。

8 另外一次预计到 2383 年才会出现，这给了我们短暂的休息时间。

9 在这方面，详细描述迪伊的事业的动机和内容的书，请参阅 Deborah Harkness, *John Dee's Conversations with Angels:Cabala, Alchemy, and the End of Nature* (Cambridge, 1999)。

10 Ibid., ch.3 passim.

11 天使对话的故事也在上书中有所讲述。迪伊的日记保存在大英图书馆。

12 Benjamin Woolley, *The Queen's Conjuror:The Life and Magic of Dr Dee* (London, 2001), pp. 253—4. 这是对迪伊的冒险和沧桑经历非常具有可读性的描述，对我们很有用。

13 Ibid., pp. 268—70.

14 请参阅拙著《笛卡儿：天才的生平和时代》。

15 玫瑰十字会恐慌

1 Frances Yates, *The Rosicrucian Enlightenment* (London, 1972). 这项无比宝贵的研究是我接下来研究的指南。

2 伊丽莎白一世称弗雷德里克公爵"马姆皮噶（Mumpellgart）表兄"，这是他的族姓，他应该是莎士比亚的《温莎的风流娘儿们》（*Merry Wives of Windsor*）中的"cosen garmombles"的原型，"Garmombles"是德意志公爵，在嘉德旅馆（the Garter Inn）出租马匹——暗指公爵在 16 世纪 90 年代拜访伊丽莎白等事情，后被授予嘉德勋章。See Yates, *The Rosicrucian Enlightenment*, p. 44.

3 Yates, *The Rosicrucian Enlightenment,* p. 49.

4 Ibid., p. 51.

5 Ibid., p. 56.

6 在上书的附录中《兄弟会传说》和《兄弟会自白》都被翻译了出来。这个段落，请参阅：第 297—298 页。

7 Yates, *The Rosicrucian Enlightenment,* pp. 73—81.

8 Ibid., p. 132.

9 See Berkeley's *Notebooks*；他从《人类认识原理》的手稿中删掉了这个术语。相关讨论，请参阅拙著《贝克莱：核心论证》(*Berkeley:The Central Arguments*，伦敦，1986 年)。

10 Yates, *The Rosicrucian Enlightenment,* p. 137.

11 培根的《新工具》于 1620 年面世，推动了实证性科学研究中的归纳推理法的使用，而他的《学术的进展》拉丁文修订版在 1623 年出版。在《学术的进展》中，他开始显示"学术和知识的卓越"，并"将其从一直以来遭遇无知者的诋毁和耻辱中解脱出来；但是无知严重地被掩盖起来，有时候表现出对神的热情和羡慕；有时候是政治的严酷性和傲慢自大；有时候是学者本人的错误和种种不足"。接着他解释了影响知识的这些障碍（这里引用他对第一种情况的评论）："我听过第一类人说，知识是那些应该非常谨慎和受限制地接受的东西，渴望拥有过多的知识是降临在所有人身上的最初的诱惑和罪恶，知识中有某种蛇的诱惑，因此它进入人的身体，让他肿胀，知识膨胀（SCIENTIA INFLAT）。所罗门指责说，没完没了地写书，太多地读书让人倦怠，在另外一个地方，在宝贵的知识中存在很多惊恐，知识的增加也增加了焦虑；圣保罗对此告诫，我们不能被无用的哲学毁掉，经验显示有学问的人是超级大逆不道者，有学问的人往往倾向于成为无神论者，对第二起因的思考破坏我们对神的依赖性，而神是首要起因。"

12《雷根斯堡条约》(The Treaty of Ratisbon)是重大事件，教皇格列高利十五世是主要参与者之一。他用金钱和外交援助等帮助斐迪南二世征服波希米亚和摩拉维亚，支持他对那里的新教徒实施野蛮镇压，派遣卡洛斯·卡拉弗（Carlos Caraffa）为驻维也纳大使，就使用的最佳手段提供咨询。格列高利很大程度上负责确保斐迪南向巴伐利亚的马克西米利安信守承诺，即将普法尔茨选帝侯之位转移给他——不仅是选举权而且是领地——因而获得了天主教多数派支持，选举他登上神圣罗马帝国皇帝宝座。作为对格列高利帮助的回报，马克西米利安把海德堡的普法尔茨图书馆里的藏书送给他，其多达 3500 册，包含很多神秘学文献。教皇格列高利立刻派遣代表团将书籍运回罗马，存放在梵蒂冈图书馆作为"格列高利藏书"(Gregoriana)。大约上千册图书与手稿在 1815 年和 1816 年又陆续返回到海德堡，作为教皇庇护七世（Pius VII）纪念拿破仑战争终结的礼物。

13 Baillet, pp. 51—3.

14 Ibid.

15 See A. C. Grayling, *Descartes:The Life and Times of a Genius* (London, 2005), ch.XX. 考虑到这些猜测与现有讨论的相关性，这里我重述早先的著作中给出的证据。

16 Quoted in Cole, pp. 25—6.

17 S. Gaukroger, *Descartes:An Intellectual Biography* (Oxford, 1995), p. 108.

18 下面的描述选自有关他生平的第二本书第一章的巴耶的报告，该报告本身直接来自丢失的笔记，因而很大的可能性是笛卡儿本人的话语笔录。

19 关于"爆炸头综合征"，请参阅安娜堡密歇根头疼和神经学研究所所长乔尔·萨普尔（Joel Saper）博士的文章：Joel Saper, *Detroit Free Press*, 24 October 2000。我也经历过这种症状，不过只是在极度疲劳的时候。在线信息：www.fasterdisaster.com/EAPstorypage.htm。

20 Yates, *The Rosicrucian Enlightenment,* p. 150.

21 虽然笛卡儿总是极度谨慎小心避免惹恼天主教会，尤其是耶稣会会士，或者至少试图这样做，知道他的观点可能很容易被贴上危险思想的标签，但是最终他仍然没有成功。虽然他在正统实践和公开宣称的正统信仰上一丝不苟，虽然他竭力讨好耶稣会观点，但他的著作最终仍然上了《禁书目录》，不得不提的是，一起被禁的还有几乎所有有意思的书——而且大学被禁止讲授他的思想。但是这是后来发生的事。

22 See A. C. Grayling, *Towards the Light* (London, 2007).

16 从魔法到方法

1 R. Allen, *The British Industrial Revolution* (Cambridge, 2009); B. Freese, *Coal:A Human History* (London, 2004).

2 Isaac Newton, *Philosophiae Naturalis Principia Mathematica* (1687), Book III, 'Rules of Reasoning in Philosophy', Rule IV, in a new translation and edition by I. Bernard Cohen, Anne Whitman and Julia Budenz, *The Principia:Mathematical Principles of Natural Philosophy* (Los Angeles, CA, 1999); C. R. Darwin, *The Autobiography of Charles Darwin, 1809—1882*, ed. Nora Barlow (London, 1958).

3 Francis Bacon, *Great Instauration*, 'Plan'. 培根的所有著作都已经可以在线阅读，这是 15 卷全集版，由 J. Spedding 等人编辑，可在宾夕法尼亚大学数字图书馆找到。

4 Ibid.

5 Ibid.

6 Francis Bacon, *Novum Organum* (1620), in *The New Organon*, ed. Lisa Jardine and Michael Silverthorne (Cambridge, 2002), Aphorism 89.

7 Paolo Rossi, *Francis Bacon:From Magic to Science*, trans. from the Italian by Sacha Rabinovitch (London, 1968).

8 Quoted ibid., p. 19.

9 Ibid., p. 21.

10 Quoted ibid., pp. 29, 30.

11 Ibid., p. 31.

12 Bacon, *Redargutio philosophiarum*, Spedding Book III, p. 573.

13 一个很好的例子是玛丽亚·博纳尔多（Maria Bonardo）写的《世界的丰富性》（*La Minera del Mondo*），罗西把它描述为“更像童话故事集”而不是现在呈现出来的纪实作品。

14 他的著作的名字就说明了一切：*Apologia Compendiaria, Fraternitatem de Rosea Cruce suspicionis...maculis aspersam, veritatis quasi Fluctibus abluens &c.*(Leyden, 1616).Against Libavius, *Tractatus Apologeticus integritatem Societatis de Rosea Cruce defendens &c.*(Leyden, 1617)。

15 William H. Huffman, *Robert Fludd and the End of the Renaissance* (London, 1988), and Allen G. Debus, 'The Chemical Debates of the 17th Century:The Reaction to Robert Fludd and Jean Baptiste van Helmont', in M. L. Righini Bonelli and W. R. Shea (eds), *Reason, Experiment, and Mysticism in the Scientific Revolution* (New York, 1975), pp. 19—47.

16 B. de Grammont, *Historiarum Galliae*, Book XVIII (Toulouse, 1643), iii, pp. 208—9.See also J. S. Spink, *French Free Thought from Gassendi to Voltaire* (New York, 1960), ch.1 passim and pp. 28—33.

17 Grammont, *Historiarum Galliae.*

18 William L. Hine, 'Mersenne:Naturalism and Magic', in Brian Vickers (ed.), *Occult and Scientific Mentalities in the Renaissance* (Cambridge, 1984), pp. 165—76.

19 Didier Kahn, *Entre atomisme, alchimie et théologie: la réception des thèses d'Antoine de Villon et Etienne de Clave contre Aristote, Paracelse et les 'cabalistes' (24—25 août 1624)* (London, 2001), and see also Gaukroger, *Descartes*, p. 136.

20 René Descartes, *The Discourse on the Method of Rightly Conducting the Reason, and Seeking Truth in the Sciences* (1637), Part I. Available as a Gutenberg Project ebook at http://www.gutenberg.org/files/59/59-h/59-h.htm#part6.

21 Ibid., Part II.

17 科学的诞生

1 这些页码作为证据出现在伍顿的《科学的发明》(伦敦，2015)中，该书的描述广泛而全面，可以作为这个话题的标准文本，请参阅 D. Wootton，*The Invention of Science* (London, 2015)。有关科学革命起源的指南，除了 M. Boas, *The Scientific Renaissance* 之外还有 P. Dear，*Revolutionising the Sciences* (Princeton, 2001)。

2 See W. McGucken, *The Jesuits and Education* (New York, 1932).

3 Angus Armitage, *Copernicus:The Founder of Modern Astronomy* (New York, 1990).

4 任何人如果不知道当代科学对这个世界可能意味着什么，是没有什么好的理由可以解释的：各领域的领导者都有精彩的普及性介绍，几乎绝大部分都探讨了科学方法和世界观。See L. Krauss, *A Universe from Nothing* (New York, 2012) and R. Dawkins, *The Greatest Show on Earth* (London, 2009).

5 J. F. Heilbron, *Hume* (Oxford, 2010).

6 D. Sobel, *A More Perfect Heaven* (New York, 2011), passim; A. Chapman, *Stargazers* (New York, 2014), ch.3 passim.

7 Chapman, *Stargazers*, ch.11, Part II, passim.

8 Ibid.

9 Ibid.

10 Sobel, *A More Perfect Heaven*, ch.7, pp. 1—4.

11 Ibid., ch.8.3.

12 Isaac Newton, *Philosophiae Naturalis Principia Mathematica (1687),* Book II, Section IX.

13 John Gribbin, *Science:A History* (London, 2002), p. 118n.

14 David Hume, 'Whether the British Government Inclines More to Absolute Monarchy, or to a Republic', in Eugene F. Miller (ed.), *David Hume:Essays, Moral, Political, and Literary* (Indianapolis, 1987), Part I, Essay VII (LVII.5).

15 并不奇怪的是，基督教辩护者花样百出地宣称没有发生过此类事件，或者并不是看起来的样子，只不过是地方性事件，不过是柏拉图的雅典学院，已经用完了资金。对这一辩论终止最接近现代的主要描述是：John Malalas, *Chronicle*, 18.47; see also Alan Cameron, 'The Last Days of the Academy at Athens', *Proceedings of the Cambridge Philological Society* 195 (1969), pp. 7—29, and P. Chuvin, *A Chronicle of the Last Pagans*, trans.B. A. Archer (London, 1990)。比基督教博客圈的辩护更具学术性的相反观点，请参阅 Edward Watts, 'Justinian, Malalas and the End of Athenian Philosophical Teaching in AD 529', *Journal of Roman Studies* 94 (2004), pp. 168—82。

16 Lois Magner, *A History of Life Sciences* (New York, 2002), p. 119.

17 W. E. Knowles Middleton, *The Experimenters:A Study of the Accademia del Cimento* (Baltimore, 1971).

18 埃利亚斯·卡内蒂(Elias Canetti)一家住在保加利亚的鲁斯丘克(Ruschuk)。他们沿着多瑙河而上到维也纳去购物、看牙医或其他医生。做这些事的时候，他们就将其描述为“到欧洲去”。

18 战争与科学

1 Simkin, J., *First World War Encyclopedia* (Spartacus Educational ebook, 2012) Skinner, Q., *Hobbes and Republican Liberty* (Cambridge, 2008).

2 无论它是多么带有喜剧色彩，伏尔泰在《老实人》(*Candide*，1759) 中的描述都给人们提供了一个令人胆寒的画面，当一支军队路过家乡的时候是多么可怕。

3 Geoffrey Parker, ‘Why the Armada Failed’, *History Today* 38:5 (1988), pp. 26—33; James McDermott, *England and the Spanish Armada* (New Haven and London, 2005).

4 Roberts, M., *The Military Revolution 1560—1660* (London, 1967).

19 社会与政治

1 See M. Goldie and J. Burne (eds), *The Cambridge History of Political Thought 1450—1700* (Cambridge, 1994).

2 J. Dunn, *The Political Thought of John Locke* (Cambridge, 1992); G. Rogers and A. Ryan, *Perspectives on Thomas Hobbes* (Oxford, 1996).

3 A. Gazier, *Bossuet et Louis XIV* (Paris, 1914), passim.

4 Ibid.

5 路易十四的生平和性格，请参阅 I. Dunlop, *Louis XIV* (London, 1999); B. C. Smith, *Louis XIV* (Cambridge, 1992)。

6 W. Beck, *Louis XIV and Absolutism* (London, 2012), passim.

7 R. Mousnier, *The Institution of France under the Absolute Monarchy 1598—1789* (Chicago, 1979), Vol. I ch.4, passim.4 passim.

8 T. Hobbes, *Leviathan*, ed. R. Tuck(Cambridge, 1996); online at Project Gutenberg, www.gutenberg.org/files/3207/3207-h/3207-h.htm. 下面的参考文献是与在线版本一起使用的章节标题（没有页码标记）。

9 Ibid., ‘The Definition of a Commonwealth’.

10 Ibid., ‘Nothing Done To A Man’.

11 Ibid., ‘These Rights are Indivisible’.

12 Ibid., ‘The Preservation of the Good of the People’.

13 学者们对到底是否如此辩论不休。See Jean Hampton, *Hobbes and the Social Contract Tradition* (Cambridge, 1986); David Gauthier, *The Logic of Leviathan* (Oxford, 1969); Deborah Baumgold, *Hobbes' Political Theory* (Cambridge, 1988).

14 Quentin Skinner, *Hobbes and Republican Liberty* (Cambridge, 2008).

15 Isaiah Berlin, ‘Two Concepts of Liberty’ in *Liberty* (Oxford, 2002).

16 J. Locke, *Two Treatises of Government*, Second Treatise, pp. 25—51 passim.

17 Ibid., ch.2, passim.

18 Ibid.

19 Ibid.

20 Ibid.

21 Ibid.

22 See T. Harris, *Revolution*: *The Great Crisis of the British Monarchy 1685—1720* (London, 2007), Part 1, passim.

23 不是美国政治右翼所使用的贬义含义，对这些人来说“自由主义的”就是“社会主义的”的替身，在他们的词汇中两者都是该遭诅咒的说法。

24 See A. Apperly, ‘Hobbes on Democracy’ in *Politics* (1999) 19(3), pp. 165—171.

25 See S. James, *Spinoza on Philosophy, Religion and Politics* (Oxford, 2014), passim.

20 语言与信仰

1 See Jean-Jacques Demorest (ed.), *Studies in Seventeenth Century French Literature* (Ithaca, NY, 1962); J. Leslie Price, *Dutch Culture in the Golden Age* (London, 2011).

2 *The Cambridge History of English and American Literature:An Encyclopaedia in Eighteen Volumes* (Cambridge, 1907—21), vol. IV:*Prose and Poetry:Sir Thomas North to Michael Drayton,* entry on Translators § 8:ohn Florio.

3 Thomas Sprat, *History of the Royal Society* (1667), p. 113.

4 Joseph Addison, *Spectator* No. 70 (21 May 1711), p. 181.

5 Racine, *Phèdre*, 1.1. 我的翻译。

6 Christopher Marlowe, *Doctor Faustus*, Act I scene 1.

7 William Shakespeare, *The Tempest*, Act I scene 2.

8 John Milton, *Paradise Lost*, Book VIII, lines 65—70.

9 这个世界观的另外一个说法是伊壁鸠鲁主义，它错误地使用了伊壁鸠鲁的观点，即善在于追求快乐和避免痛苦。伊壁鸠鲁本人认为喝酒和嫖妓是痛苦的，而快乐是坐在橄榄树下一边喝水一边讨论哲学。他的伦理学与现在人们设想的伊壁鸠鲁主义的内容完全相反。

10 革命运动开始于描述和劝说的工作；如果革命取得成功，从中产生的极权主义将拒绝接受教义的行为都视为犯罪，革命工作本身被奉为神明。这种模式不是宗教所独有的。

11 在这些概率问题上帕斯卡尔当然是正确的。但是，请注意，神存在的可能性和下面这些是一样的：有 50 个或者 100 万个或者任何数量的神，还有小仙女和侏儒土地神或独角兽，火星上居住着双头三足的智慧生物……也就是说，如果相信诸如此类的一些难以察觉的小概率事件或者据此行动会显得很不理性。要点不在于概率而在于理性："比值"意味着"比例"，个人的信仰和行为应该与证据及其真实性的概率相当——这样才会合理。帕斯卡尔提到的无限小的概率不是合理的信仰理由，甚至在务实和谨慎的基础上都没有合理性。

12 G. N. Clark, *The Seventeenth Century* (Oxford, 2nd edn, 1947), p. 320.

13 Ibid., p. 321.

21 它是神话吗？

1 See the *English Historical Review* (*EHR*) 129:541 (December 2014). 在这个期刊上有一篇书评批评了安东尼·帕格顿有关启蒙运动的意义的常规性说法，以及科学将"神学边缘化"的观点。请参阅 Anthony Pagden，*The Enlightenment and Why It Still Matters* (Oxford, 2013)。帕格顿的主要观点是基督教在历史上的失败与现代思想的胜利是一回事，因而"唯一可能的公正社会肯定是世俗社会"(Pagden, p.344)。这篇书评质疑该观点能否"在历史上得到证明"(*EHR*, p. 1508)。在被批评的要点上，帕格顿是正确的，本书对辉格党、社会向善论者和进步派的描述也是正确的。他的书和拙著都证明了这一点。看看过去三到四个世纪的历史，就会明白该书评的作者克拉克教授（J. C. D. Clark）说出了相反的东西，这是不可能的。而且，重要的是人们应该认识到现代思想像对待基督教那样打破宗教对思想和国家的霸权是我们当今时代针对伊斯兰教同样的要求所在，如果同样的启蒙运动及其伴随的启示要出现的话。

参考文献

Addison, Joseph, *Spectator* 70 (21 May 1711)

Agrippa, Cornelius, *The Occult Philosophy in Three Books*, Book I, translated by 'J.F.' (John French? J. Freake?) (London, 1651)

Auchincloss, L., *Richelieu* (London, 1972)

Ayers, M. and Garber, D. (eds), *The Cambridge History of Seventeenth Century Philosophy*, vol. I (Cambridge, 2003)

Bacon, Francis, *Great Instauration* (London, 1605)

—, *Novum Organum* (1620), in *The New Organon*, ed. L. Jardine and M. Silverthorne (Cambridge, 2002)

—, *Advancement of Learning (London, 1623)*

Ball, P., The Devil's Doctor: Paracelsus and the World of Renaissance Magic and Science (London, 2006)

Baillet, A., La Vie de Monsieur Descartes (Paris, 1693) Baumgold, D., *Hobbes' Political Theory* (Cambridge, 1988) Berkeley, George, *Notebooks*, ed. A. A. Luce (Oxford, 2010) Berlin, I., *Two Concepts of Liberty* (Oxford, 1958)

Bireley, R., 'The Peace of Prague (1635) and the Counterreformation in Germany', *Journal of Modern History* 48:1 (March 1976)

Bonelli, M. L. Righini and Shea, W. R. (eds), *Reason, Experiment, and Mysticism in the Scientific Revolution* (New York, 1975)

Broydé, I. and Jacobs, J., 'Zohar', *The Jewish Encyclopedia* (New York, 1901—6)

Cambridge History of English and American Literature (Cambridge, 1907—21), vol. IV: Prose and Poetry: Sir Thomas North to Michael Drayton

Cameron, A., 'The Last Days of the Academy at Athens', *Proceedings of the Cambridge Philological Society* 195 (1969)

Childs, J., Warfare in the Seventeenth Century (London, 2001)

Chuvin, P., *A Chronicle of the Last Pagans*, trans. B. A. Archer (London, 1990) Clark, G. N., *The Seventeenth Century* (Oxford, 2nd edn, 1947)

Cole J. R., The Olympian Dreams and Youthful Rebellion of Rene Descartes (Chicago, 1992) Cope, Z., William Harvey: His Life and Times: His Discoveries: His Methods (London, 1957) Cramer, K., The Thirty Years War and German Memory in the Nineteenth Century (Lincoln,

NE, 2007)

Croxton, D. and Tischer, A., *The Peace of Westphalia* (Westport, CT, 2002)

Crump, Thomas, A Brief History of Science: As Seen through the Development of Scientific Instruments (London, 2001)

Darwin, Charles, *The Autobiography of Charles Darwin, 1809—1882*, ed. Nora Barlow (London, 1958)

Davies, N., *Europe* (London, 2014)

Dear, P., Mersenne and the Learning of the Schools (Ithaca, NY, 1988)

Debus, A. G., 'The Chemical Debates of the 17th Century: The Reaction to Robert Fludd and Jean Baptiste van Helmont', in M. L. Righini Bonelli and W. R. Shea (eds), *Reason, Experiment, and Mysticism in the Scientific Revolution* (New York, 1975)

Demorest, J-J. (ed.), Studies in Seventeenth Century French Literature (Ithaca, NY, 1962) Descartes, René, The Discourse on the Method of Rightly Conducting the Reason, and Seeking

Truth in the Sciences (1637), Gutenberg ebook at www.gutenberg.org/files/59/59-h/59-h.htm#part6

Dunn, R., The Age of Religious Wars 1559—1715 (New York, 1979)

Evans, G. and Newnham, J., The Dictionary of World Politics: A Reference Guide to Concepts, Ideas and Institutions (Hemel Hempstead, 1990)

Evelyn, John, *Diaries*, available online

Ferguson, J., Bibliotheca Chemica: A Catalogue of the Alchemical, Chemical and Pharmaceutical Books in the Collection of the Late James Young of Kelly and Durris (London, 2010)

Gauthier, D., *The Logic of Leviathan* (Oxford, 1969)

Godfrey, E., A Sister of Prince Rupert: Elizabeth Princess Palatine and Abbess of Herford (London and New York, 1909)

Grafton, A., Defenders of the Text: The Traditions of Scholarship in an Age of Science 1450— 1800 (Cambridge, MA, 1991)

Grammont, B. de, *Historiarum Galliae* (Toulouse, 1643) Grayling, A. C., *Berkeley: The Central Arguments* (London, 1986)

—, 'Modern Philosophy: Locke, Berkeley and Hume', in *Philosophy: A Guide through the Subject* (London, 1998)

—, Descartes: The Life and Times of a Genius (London, 2005)

—, *Towards the Light* (London, 2007)

—, 'The Enlightenment', in *Ideas That Made the Modern World* (London, 2008) Gribbin, J., *Science: A History* (London, 2002)

Hampton, J., Hobbes and the Social Contract Tradition (Cambridge, 1986)

Harkness, D., John Dee's Conversations with Angels: Cabala, Alchemy, and the End of Nature (Cambridge, 1999)

Hays, J. N., Epidemics and Pandemics: Their Impacts on Human History (Santa Barbara, 2005)

Hill, C., *The Century of Revolution 1603—1714* (London, 1961, 2nd edn, 1980)

Hine, W. L., 'Mersenne: Naturalism and Magic', in Brian Vickers (ed.), *Occult and Scientific Mentalities in the Renaissance* (Cambridge, 1984)

Hobbes, Thomas, *Leviathan* (1651, revised 1668), full text available at ebooks.adelaide.edu.au/h/hobbes/thomas/h68l

Huffman, W. H., Robert Fludd and the End of the Renaissance (London, 1988)

Hume, David, 'Whether the British Government Inclines More to Absolute Monarchy, or to a Republic', in E. F. Miller (ed.), *David Hume: Essays, Moral, Political, and Literary* (Indianapolis,

1985)
Hunter, M. (ed.), *Robert Boyle by Himself and his Friends* (London, 1994) Innocent X (Pope), *Zelo Domus Dei* (Rome, 1648)
Johnson, F. R. and Larkey, S. V., 'Thomas Digges, the Copernican System, and the idea of the Infinity of the Universe in 1576', *Huntington Library Bulletin* (1934)
Jones, J. R., The Anglo-Dutch Wars of the Seventeenth Century (London and New York, 1996)
Jue, J. K., Heaven Upon Earth: Joseph Mede (1586—1638) and the Legacy of Millenarianism (Dordrecht, 2006)
Kahn, D., Entre atomisme, alchimie et théologie: la réception des thèses d'Antoine de Villon et Etienne de Clave contre Aristote, Paracelse et les 'cabalistes' (24—25 août 1624) (London, 2001)
Kant, Immanuel, *Was ist Aufklärung* (1784), full text available at gutenberg.spiegel.de/buch/- 3505/1
Kléber, P., Solomon's Secret Arts: The Occult in the Age of Enlightenment (New Haven and London, 2013)
Locke, John, *Two Treatises of Government* (London, 1689), full text available at www.gutenberg.org/ebooks/7370
Lockhart, P. D., Sweden in the Seventeenth Century (London, 2004)
McDermott, J., *England and the Spanish Armada* (New Haven and London, 2005) Magner, L., *A History of Life Sciences* (New York, 1979)
Marlowe, Christopher, *Doctor Faustus* (first performed *c.* 1594, published 1604), full text available at www.gutenberg.org/ebooks/779
Middleton, W. E. Knowles, The Experimenters: A Study of the Accademia del Cimento (Baltimore, 1971)
Miller, Eugene F. (ed.), David Hume: Essays, Moral, Political, and Literary (Indianapolis, 1985)
Milton, John, *Paradise Lost* (1667), full text available at www.gutenberg.org/ebooks/20 Munck, T., *Seventeenth Century Europe* (London, 1990)
Necrometrics website, necrometrics.com/pre1700a.htm#30YrW
Newton, Isaac, *Philosophiae Naturalis Principia Mathematica* (1687), in *The Principia: Mathematical Principles of Natural Philosophy*, trans. and ed. I. Bernard Cohen, Anne Whitman and Julia Budenz (Los Angeles, CA, 1999)
Nischan, B., 'John Bergius: Irenicism and the Beginnings of Official Religious Toleration in Brandenburg-Prussia', *Church History* 51 (1982)
Nye, A., The Princess and the Philosopher: Letters of Elisabeth of the Palatine to René Descartes (Lanham, MD, 1909)
O'Hara, G., *Britain and the Sea since 1600* (Basingstoke and New York, 2010).
Ollard, R. L. and Tudor-Craig, P., For Veronica Wedgwood These: Studies in Seventeenth- Century History (London, 1986)
Onnekink, D. (ed.), *War and Religion after Westphalia* (London, 2013)
Osiander, A., 'Sovereignty, International Relations, and the Westphalian Myth', *International Organization* 55:2 (2001)
Pagden, A., The Enlightenment and Why It Still Matters (Oxford, 2013)
Pal, C., *Republic of Women* (Cambridge, 2012)
Parker, G., 'Why the Armada Failed', *History Today* 38:5 (1988)
—, The Thirty Years' War (New York, 1997)
—, Global Crisis: War, Climate Change and Catastrophe in the Seventeenth Century (London, 2014)
Parkinson, G. H. R., Renaissance and 17th Century Rationalism (London, 2003) Pennington, D.,

Europe in the Seventeenth Century (London, 1989)
Peterson, G. D., *Warrior Kings of Sweden* (London, 2007)
Petit, L., Descartes et la Princesse Elisabeth: roman d'amour vécu (Paris, 1969)
Power, D., *William Harvey* (London, 1897)
Prak, M., The Dutch Republic in the Seventeenth Century (Cambridge, 2005) Price, J. Leslie, The Dutch Republic in the Seventeenth Century (London, 1998)
—, Dutch Culture in the Golden Age (London, 2011)
Racine, Jean, *Phèdre*, full text available at abu.cnam.fr/cgi-bin/donner_html?phedre2
Roberts, M., The Military Revolution 1560—1660 (London, 1967)
—, Gustavus Adolphus and the Rise of Sweden (London, 1973)
—, 'Isaac Newton's Occult Studies', in *The Esoteric Codex: Alchemy I* (lulu.com, 2013) Rossi, P., *Francis Bacon: From Magic to Science*, trans. Sacha Rabinovitch (London, 1968) *Sangher, L., Review of P. Kléber, Solomon's Secret Arts: The Occult in the Age of Enlightenment in English Historical Review 129:541 (December 2014)*
Saper, J., *Detroit Free Press*, 24 October 2000
Shakespeare, William, *The Tempest* (1611), full text available at shakespeare.mit.edu/tempest/full
Sharratt, M., *Galileo: Decisive Innovator* (Cambridge, 1994)
Simkin, J., *First World War Encyclopedia* (Spartacus Educational ebook, 2012) Skinner, Q., *Hobbes and Republican Liberty* (Cambridge, 2008)
Spink, J. S., French Free Thought from Gassendi to Voltaire (New York, 1960) Sprat, Thomas, History of the Royal Society (1667)

致　谢

感谢人文新学院（NCH）的同事和学生，感谢杰出的编辑比尔·斯温森（Bill Swainson）、凯瑟琳·克拉克（Catherine Clarke）、汉娜·道森（Hannah Dawson）博士、尼克·汉弗莱（Nick Humphrey）和罗恩·威顿（Ron Witton）博士的灵感、帮助和鼓励，感谢你们所做的一切。

译后记

译者吴万伟翻译 A.C. 格雷林教授的文章始于 2010 年 1 月 15 日。译者在《新人文主义者》2010 年（第 125 卷）第 1 期上看到《如何为启蒙辩护——英法两位哲学家关于 18 世纪思想遗产的一次对话》，非常感兴趣，遂将其翻译出来，后发表在上海社科院办的《国外社会科学前沿》上。该文是他与法国哲学家茨维坦·托多罗夫（Tzvetan Todorov）就其新书《为启蒙辩护》展开的一次对话。格雷林认为科学主义是将理性过分简化，认定科学能解决我们的一切问题，或解释人类本质或告诉我们道德的善是什么等。世界上只有一个科学，却有很多宗教。科学探索追求客观性，与之相反，不同信仰体系及宗派主义却把人类分成不同群体。格雷林下面这段话令人印象深刻："和平是独裁者创造出来的东西。论证和讨论是健康的标志，因为一个社会不断与自己协商总是存在众多可能性。这是宝贵的教训，当然也是启蒙的教训。因为启蒙的特征之一是崇尚多元性、差异以及辩论是健康和建设性的这一观念。"* 此后，译者吴

* 《如何为启蒙辩护——英法两位哲学家关于 18 世纪思想遗产的一次对话》，《国外社会科学前沿》第 14 辑（2010 年），第 84 页。

万伟特别留心他的信息，先后翻译过若干文章如《公共知识分子有多重要？》* 和威尔·伯德尔对安东尼·格雷林的采访记 **。因此，当译者肖志清在获得从中信出版社提供的书目中挑选自己喜爱的书的机会时，两人就毫不犹豫地选中了《天才时代》。有趣的是，当时译者并没有注意到该书的作者是谁，故而在得知真相后倍觉亲切。这或许就是一种缘分吧。

本书作者 A.C. 格雷林是英国著名哲学家，2011 年 6 月创办了学费 1.8 万英镑一年的高端私立大学——伦敦人文新学院。2011 年之前他一直是伦敦大学哲学教授，牛津大学圣安妮学院编外研究员，著述颇丰，出版哲学和其他著作 30 本，是很多学术期刊的编委，英国哲学协会“亚里士多德学会”的荣誉秘书，英国人文学者协会副主席，英国皇家文学学会会员，皇家艺术学会会员。他也是《卫报》和《泰晤士报》专栏作家，《伦敦评论》和《展望》杂志编辑，经常为《泰晤士报》《金融时报》《经济学人》《新政治家》《展望》撰稿。他相信哲学应该在社会中发挥积极和有用的角色，是英国最著名的公共知识分子之一，经常做客英国广播公司（BBC）3 台、4 台和全球服务频道。他还是达沃斯世界经济论坛前研究员，联合国人权理事会代表。

格雷林曾发表过一篇文章《经过审视的生活：哲学家的秘密人生》，那是为詹姆士·米勒（James Miller）的《经过审视的生活》写的书评。该书的结论是：哲学家失败的地方，我们不可能指望取得成功。苏格拉底的雄心壮志代表了“没有终结的探索，没有明确

---

* 爱思想网，2013-05-09，http://www.aisixiang.com/data/63812.html。

** 《请抽空想一想哲学问题》，爱思想网，2013-01-01 ，http://www.aisixiang.com/data/60335.html。

的目标，没有确定的报酬，无论结果如何，除了经受短暂的对智慧和过智慧生活的渴望之外，什么也没有。”格雷林指出了不同意作者结论的两个理由。寻求自我理解（认识自我）反思自己的选择和价值观与据此生活的要求不是一回事，正如重要的是旅程本身而非目的地之类的陈词滥调。至少哲学家努力尝试过，罗素说：“很多人宁死也不愿意思考，很多人就是这样。”第二个理由是，如果选择不同的哲学家的话，米勒的结论可能不同。他选择的是苏格拉底、柏拉图、第欧根尼、亚里士多德、塞涅卡、奥古斯丁、蒙田、笛卡儿、卢梭、康德、爱默生和尼采。（这让译者吴万伟想起多年前曾经翻译的书中列举的八位哲学家：卢梭、叔本华、尼采、罗素、维特根斯坦、海德格尔、萨特和福柯。*）其中几乎一半都不是当今大学里研究哲学者学习的经典。西塞罗曾说，学习哲学就是学习如何死亡，因为如果人不再有对死亡的恐惧，他就真正获得了好生活的自由。不同的人物选择会得出不同的结论。严格按斯多葛派主张而生活的哲学家、为理念殉道的哲学家、遵循自己的原则勇敢面对生死的哲学家能够说明反思的力量给予苏格拉底命令要求的东西。爱比克泰德和马克·奥勒留、乔尔丹诺·布鲁诺、斯宾诺莎、休谟和黑兹利特都能成为一致性和原则的典范，是苏格拉底理想的实践者。** 在他看来，作者对哲学的作用有些过于悲观了。***

格雷林在《哲学指南》的编辑序言中说，哲学探索的目标是获

---

* 吴万伟译：《行为糟糕的哲学家》，新星出版社，2010 年。

** 有兴趣的读者请参阅：Costica Bradatan, *Dying for Ideas: The Dangerous Lives of the Philosophers*, Bloomsbury, 2015, p. 256。吴万伟译：《生死之间：哲学家实践理念的故事》，中央编译出版社，2018 年。

*** A. C. Grayling, “Examined Lives”: The secret lives of philosophers, Salon, 2011-01-25, http://www.salon.com/2011/01/25/examined_lives_james_miller/.

得对有关知识、真理、理性、现实、意义、心智和价值等问题的深刻见解。其中探索和反思是核心。因为哲学问题是自古就有的、持续不变的，研究哲学史成为哲学教育的重要组成部分。哲学史研究不仅有趣，而且因为过去的杰出哲学家对哲学做出的贡献是我们必须掌握的，以便从事现在的工作。研究哲学史就是研究哲学，因为几乎所有伟大问题都被前辈描述和探讨过。在格雷林看来，对现代哲学做出巨大贡献的哲学家是笛卡儿、斯宾诺莎、莱布尼茨、康德、洛克、贝克莱和休谟。前三者是理性主义者，后三者是经验主义者。他认为哲学在 17 世纪诞生了自然科学，在 18 世纪诞生了心理学，在 19 世纪诞生了社会学和语言学，在 20 世纪诞生了电脑科学认知科学和人工智能。*

本书《天才时代：17 世纪与现代思想的诞生》正是描述 17 世纪现代思想诞生的专著。格雷林雄辩地证明“冲突不断，天才频出”的 17 世纪是人类思想史上的里程碑，解释了“最优秀的人如何在动荡的时间里从中世纪思想转为现代思想”。作者对比了 1605 年民众观看莎士比亚的《麦克白》中弑君的场景和 1649 年民众目睹国王被处死的场景时的不同反应，在前者，人们相信弑君会导致天崩地裂，而在后者，人们兴高采烈。仅仅过去了不足 50 年，人们的心态和世界观已经发生了翻天覆地的变化。在此动荡阶段，科学从约翰·迪伊的炼金术与占星术转向伽利略的辛苦观察和天文学，从教会仍然偏爱的亚里士多德古典主义转向培根的以证据为基础的有组织调查。牛顿这个理解地球引力和运动定律的大科学家虽然仍

* A.C. Grayling, Philosophy 1: A Guide Through the Subject, http://www.acgrayling.com/philosophy-1-a-guide-through-the-subject.

终身痴迷于炼金术——但到了这个世纪结束时，最伟大的思想变革已经发生。格雷林信手拈来、栩栩如生地描述了这个世纪的重要人物，如笛卡儿、莎士比亚、塞万提斯、弥尔顿、霍布斯、斯宾诺莎、帕斯卡尔、伽利略、牛顿、伦勃朗、荷兰画家维米尔的独特观点和杰出贡献。此外，作者还揭示了思想界是如何互动和交流的。由于廉价纸张和公立私立邮政服务的繁荣，书信往来非常发达。作者特别提到法国修道士梅森曾经与150名杰出数学家、天文学家、哲学家书信交流，简直就是“17世纪的因特网服务器”。格雷林还考察了更广泛的科学变化，描述了科学方法的崛起，对比了宗教和神秘哲学对大自然的理解。《天才时代》出版后赢得全球的赞扬。史蒂文·卡罗尔（Steven Carroll）在《悉尼早晨论坛报》的书评中说：“《天才时代》不是学术著作而是面向普通读者的历史著作，就像一系列的演讲或电视纪录片。在谈及关键方面如思想家本人及科学和哲学的互动方式等时，论述非常有说服力。格雷林是一流的阐述者和澄清者，他对核心观点尤其是对洛克和霍布斯的评论与阐述非常精彩。对渴望了解西方思想演变过程中特殊时刻的读者来说，该书可读性强、信息量大、充满明智而犀利的见解。”* 东安格利亚大学历史教授马尔科姆·加斯基尔（Malcolm Gaskill）在《金融时报》上的书评中说：“格雷林支持历史学家和政治学家安东尼·帕格顿（Anthony Pagden）的《启蒙及其重要性》（2013）。两人都认为启蒙是宏大工程，格雷林强调17世纪是‘人类思想的里程碑’，坚

* Steven Carroll, The Age of Genius: A.C. Grayling on when thinking left behind the medieval times, *The Sidney Morning Herald*, 2016-04-14, http://www.smh.com.au/entertainment/books/the-age-of-genius-ac-grayling-on-when-thinking-left-behind-the-medieval-times-20160414-go6mi9.html.

定相信进步，相信理性在法律和哲学中地位上升，相信科学技术的实证方法和文学艺术的新敏感性。格雷林毫不隐晦地宣称西方取得了胜利，思维方式推动了我们世界发生的几乎每个有重要意义的东西……是一本引人入胜的知识渊博的书，文笔带着热情和自信。”[*]《尖刺评论》编辑蒂姆·布莱克（Tim Black）在书评中说《天才时代》中有很多值得钦佩之处。17 世纪末世界进入现代时代，地球不再是宇宙的中心，君王被脱去王袍、被砍头、不再被视为神圣，讲究方法的实证性的科学不再受到魔法和迷信的束缚。[**] 译者在翻译过程中也深刻感受到作者渊博的学识和举重若轻、信手拈来的那种轻松自然的优美文笔，但愿译者的译笔不至于令文章失色到不堪卒读的地步。

不过，在译者有限的阅读范围内还是发现作者的有些观点遭遇挑战，其中多数批评与作者对待宗教的态度有关。我们知道，格雷林是著名的无神论者，他曾经与理查德·道金斯（Richard Dawkins）、克里斯托弗·希钦斯（Christopher Hitichens）、萨姆·哈里斯（Sam Harris）一起并称当今西方四大无神论者。格雷林在接受萨姆·哈里斯的采访谈及《神论证：反对宗教支持人文主义》(2013) 时说，他通过学习历史得知宗教分裂和教派冲突给个人和社会带来的破坏，赢得摆脱宗教束缚的自由是人权问题。他认为宗教和人文主义格格不入，人文主义是世俗的哲学，是没有宗教信仰或承诺的人的道德观。人文主义是反思如何生活的哲学起点，基本要

---

* Malcolm Gaskill, Review of The Age of Genius, *Financial Times*, 2016-03-11, https://www.ft.com/content/f716cf96-e5e1-11e5-a09b-1f8b0d268c39.

** Tim Black, The enlightment according to Grayling, *Spike-online*, 2016-03, http://www.spiked-online.com/spiked-review/article/the-enlightenment-according-to-ac-grayling/18202#.WGd7YNJ94dU.

点是基于自己的才干和兴趣，尊重他人，不对他人造成伤害，允许他人追求个人的幸福生活。*

剑桥大学冈维尔与凯斯学院（Gonville & Caius College）历史研究员约翰·加拉格尔（John Gallagher）在书评中写到，格雷林坚持认为宗教是思想的敌人，宗教（天主教）被视为17世纪前的思想，是人类幼稚阶段的症状。他对宗教的攻击因为信息不准确而使说服力遭到削弱。如他对加尔文派救赎的观点的简单化理解是主日学校学生都能看出的错误。** 蒂姆·布莱克也谈到作者对宗教的仇恨使得该书不堪重负。在评论者看来，格雷林认为政治和神学权威的崩溃让曾经依靠火刑柱审查的观点自由传播，这观点有些过于乐观。他之所以花费庞大篇幅描述三十年战争就是出于他对宗教的仇恨。他急于将此战争描述为“欧洲最后一场因为宗教引发的全面的国际冲突”，他对《威斯特伐利亚和约》之前的抢劫强奸的描述就是对宗教的控诉。《天才时代》的背景是信仰时代，是“麻烦的、难对付的敌人”，问题不仅在于他对信徒的“17世纪前心态”的探讨令人厌烦或他推崇的科学家牛顿和笛卡儿的理论核心有神的存在，真正的困难在于将启蒙变成反宗教的运动扭曲了启蒙充满生命力的精神。这些思想家并没有宗教问题，洛克曾写著名的书信定义民众的良心自由，并为之辩护。在这些人看来，有问题的是宗教权威用社会强制性的外在力量限制个人的思想自由或者信仰自由。天才时代也是

---

* Sam Harris, Interview of Anthony on his new book *The God Argument: The Case against Religion and for Humanism*, 2013-03-30, http://www.samharris.org/blog/item/the-god-argument.

** John Gallagher, Review of The Age of Genius, Irish Times, 2016-03-19,http://www.irishtimes.com/culture/books/the-age-of-genius-by-ac-grayling-review-bloody-strife-and-a-heady-rush-into-reason-1.2578525.

自由迅速扩大的时代，可悲的是，启蒙本身也充斥着自己的狂热。*

美国哲学家，威斯康星大学麦迪逊分校犹太研究教授史蒂文·纳德勒（Steven Nadler）在书评中也批评格雷林的宗教观点。他说教会反对神秘哲学和科学，自然探索遭到罗马天主教会的强烈反对的这个观点不符合事实。伽利略的教会审判官贝拉明主教不是自然探索的敌人，只是在自然哲学破坏基督教教义时才坚决反对。该评论者对格雷林将现代哲学的开端归结于笛卡儿及其《第一哲学沉思集》（1641），将笛卡儿在《谈谈方法》（1637）中提出的“我思故我在”看作发现现代自我的起点，将笛卡儿称为“现代哲学之父”也有不同看法。他觉得在著作中用优美的文笔第一次将自 12 世纪以来就支配哲学的很多形而上学问题和认识论问题表达出的说法不仅适用于笛卡儿，也适用于霍布斯、培根和蒙田。虽然笛卡儿有不容置疑的独创性，提出对新亚里士多德主义学院派模式的开创性批判并建立了自然哲学新范式，但他与更激进的思想家斯宾诺莎、洛克和大卫·休谟等相比则稍逊一筹。笛卡儿将物理学放在新的形而上学基础上，确立科学辩论的术语，但反对这个时代的思想文化中想当然地所认为的一切则是另外一回事。笛卡儿更像最后一位中世纪哲学家而非第一个现代哲学家。斯宾诺莎 1670 年出版的《神学政治论》（*Theological-Political Treatise*）否认存在先验性的神，否认奇迹，否认《圣经》是神学的形而上的历史的科学的真理来源，批评有组织的宗教，捍卫思想宽容和言论自由，认为民主是最好的政治制度。1677 年死后出版的《伦理学》更确定了他无神论者的声誉。

---

* Tim Black, The enlightment according to Grayling, *Spike-online*, 2016-03, http://www.spiked-online.com/spiked-review/article/the-enlightenment-according-to-ac-grayling/18202#.WGd7YNJ94dU.

如果要找现代思想起源的话，则非斯宾诺莎莫属。这位评论者感到纳闷，格雷林花费几十页的篇幅谈论炼金术、神秘主义、占星术、和犹太神秘智慧卡巴拉，却闭口不提理性主义者的鼻祖斯宾诺莎，也很少谈到 17 世纪后半叶最具深刻见解和进步思想的笛卡儿哲学批评家莱布尼茨。斯宾诺莎没有对格雷林叙述的焦点——自然科学做出显著贡献，但莱布尼茨是他那个时代最聪明和多才多艺的思想家，对现代科学发展的贡献要远远超过笛卡儿。现代哲学到底从何时开始？当然是 17 世纪的某个时候，但这个故事远比格雷林的标准答案复杂得多，因而也有趣得多。*

除了主要观点遭受挑战外，作者的材料选取也让某些评论家感到不以为然。对人类历史上是否存在一个值得被描述为天才时代的时代或 17 世纪思想发展的独特性基础到底如何，瑞士洛桑大学政治思想史教授比安卡玛丽亚·丰塔纳 (Biancamaria Fontana) 并不像作者那样自信。她认为过去几十年来，思想史一直试图从两个诱人但误导人的观念中解脱出来，一是强调有意义的断裂，标志新时代的转折点或另一个时代的终结；一是想象历史事件与思想发展之间存在直接联系。两种姿态都看似有理：人类文化中的确出现新的思维方式，假设战争、革命或其他重大事件可能与集体观念的重大变革有关的确有道理。与此同时，这些联系可能不过是修辞手段，事件行为和观念之间不可能建立直接的联系。因此，历史学家在使用这些说法时已经非常谨慎，尽可能将焦点集中在具体而确切定义的背景上。格雷林描述了 17 世纪的动人画面，从欧洲的三十年战争到

* Steven Nadler, Imaginary spaces, *The Times Literary Supplement*, 2017-04-05, http://www.the-tls.co.uk/articles/public/imaginary-spaces/.

各种科学和哲学发展，从英国革命到洛克和霍布斯的政治观点。其核心焦点是社会转型，多亏了新一代先驱性哲学家和科学家，实现了从教会支配和迷信与魔法支配的社会转向现代思想占主导地位的社会。格雷林承认甚至在今天，17 世纪前的思想仍然“积极地控制了人们的生活”，但他没有尝试解释这一现象。世俗遗产的复杂性、多样性和矛盾如果被粉饰掩盖的话，哲学就难以发挥格雷林希望的那种积极和有用的作用。*

荷兰格罗宁根大学（University of Groningen）讲师杰西 · 范 · 阿梅尔斯福特（Jesse van Amelsvoort）在书评中谈到本书的若干缺陷。《天才时代》旨在论证 16 世纪到 17 世纪的欧洲科学和思想进步对塑造现代思想至关重要，但格雷林花费三分之一的篇幅描述三十年战争的历史，却没有解释战争如何导致了革新——这些联系只是隐含性的。进步是真实的，17 世纪不再相信魔法和神秘哲学而是相信科学和哲学，欧洲进入现代，但《天才时代》没有成功地用细节描述这个变化是怎样产生的。他的叙述集中在科学和哲学上，而且讲述得很凌乱。培根、霍布斯、笛卡儿、洛克不断出现，有些章节详细描述了他们的成就和新鲜观点，但中间穿插了荷兰战争革新议题、现代邮政服务等问题。格雷林说，他想描述科学哲学和理性如何在 17 世纪取得进步，但书中章节指向很多方向，让叙述常常迷失方向偏离既定轨道。最终，格雷林没有清晰解释该世纪与之前和之后世纪的关系。若没有宗教改革和启蒙，当代西方社会不可能是当今这个样子，但格雷林为什么选中两者之间的这个世纪，他并没有清楚

* Biancamaria Fontana Review of The Age of Genius, *Times Higher Education*, 2016-03-24, https://www.timeshighereducation.com/books/review-the-age-of-genius-a-c-grayling-bloomsbury.

说明。现代思想离不开 14 世纪意大利诗人彼特拉克和 18 世纪德国哲学家康德，离不开 17 世纪之外的哥白尼和达尔文，离不开文艺复兴和启蒙哲学家，更离不开工业革命，但这些都被排除在作者的论述之外。这些缺失破坏了格雷林的叙述。再比如，在书中提到低地国家只是反对西班牙的战争和当地画家，根本没有提到如荷兰船长、将军、海盗袭击，掠夺葡萄牙、西班牙船只，在美洲、非洲和亚洲占据贸易据点等。格雷林忽略了这一历史阶段的殖民地活动，欧洲通过海外征服进入现代的庞大研究领域。欧洲中心的思想更少些，范围更小些，组织更严密些则会更好。*

有关本书的结构安排，作家、《哲学家杂志》的创办人朱利安·巴吉尼（Julian Baggini）在 2016 年 4 月的《卫报》上发表的书评有类似看法。巴吉尼认为格雷林是有关启蒙的传统观点的旗手，17 世纪是人类历史上的转折点，从“思想屈服于宗教正统思想的要求”经过“解开宇宙秘密的神秘的或魔法的捷径的希望膨胀时代”转变到“更加准确的数学和实证探索方法的胜利”。不怎么吸引人的地方是作者花费三分之一的篇幅详细描述三十年战争。因为没有提供必要的背景，很多名字和事件的罗列可能令读者莫名其妙。作者的学问渊博令人印象深刻，但是他似乎没有进行充分的整理过滤和编辑以便阐明其核心论证。**

对本书的结构安排感到困惑不解的还有剑桥大学历史研究员约

* Jesse van Amelsvoort, Review of The Age of Genius, *Nexus-Institute*, 2016-03, https://nexus-instituut.nl/nl/reviews/452-the-age-of-genius.

** Julian Baggini, Review of The Age of Genius, *The Guardian*, 2017-05-02, https://www.theguardian.com/books/2016/apr/10/the-age-of-genius-ac-grayling-review-the-seventeenth-century-and-the-birth-of-the-modern-mind.

翰·加拉格尔。该评论说作者用将近100页详细描述了1618—1648年的三十年战争，追踪了来来回回的结盟和冲突，只有个别段落概述思想史的发展。此后带领读者游览神秘哲学史和科学史，游客只能在最著名的景点浮光掠影地走一遭，此后是对社会和政治的反思（主要通过名人的观点）。作者花费15页的篇幅论述“语言与信仰”，但这两个话题被普遍认为与17世纪历史没有多大关系。*

我们相信读者并不会因为本书有引起争议的观点或论述就否认它的价值。在民粹主义大行其道、新自由主义市场价值观盛行的当下，反思的重要性再怎么强调也不过分。人们之所以不愿意思考就是因为思考令人恐惧，它可能打破偶像，令人感到绝望和无助，但思考和反省能给生活带来比希望和一厢情愿更多的东西。在贫乏、空虚、喧嚣、狂热的当今时代，《天才时代》的确不大可能成为热点话题，但它似乎比从前任何时候都更有助于我们反思现代人的本质，避免让自己沦为生活在21世纪而思想观念依然停留在17世纪之前的伪现代人。

本书是吴万伟和肖志清合作翻译的成果。吴负责除3、6两章外其余所有章节的初译，肖负责3、6两章的初译以及所有章节的审校修改。鉴于译者知识水平和中英文功底有限，书中差错在所难免，译者真诚希望读者不吝指教。

译者在翻译过程中参考了若干译作，如弗朗西斯·培根《学术的进展》（刘运同译，上海人民出版社，2007年）、笛卡儿《谈谈方法》（王太庆译，商务印书馆，2000年）、洛克《政府论》（叶启

* John Gallagher, Review of The Age of Genius, *Irish Times*, 2016-03-19, http://www.irishtimes.com/culture/books/the-age-of-genius-by-ac-grayling-review-bloody-strife-and-a-heady-rush-into-reason-1.2578525.

芳、瞿菊农译，商务印书馆，2011 年）、霍布斯《利维坦》（黎思复、黎廷弼译，商务印书馆，1986 年）、帕斯卡尔《思想录》（张志强、李德谋译，重庆出版社，2006 年）等，对这些译者表示感谢。同时译者要感谢重庆第二师范学院梁本彬老师的信任和推荐，感谢中信出版集团有限公司的热情支持，感谢为本书付出辛勤劳动的编辑老师。

译者

2017 年 8 月于武汉黄家湖

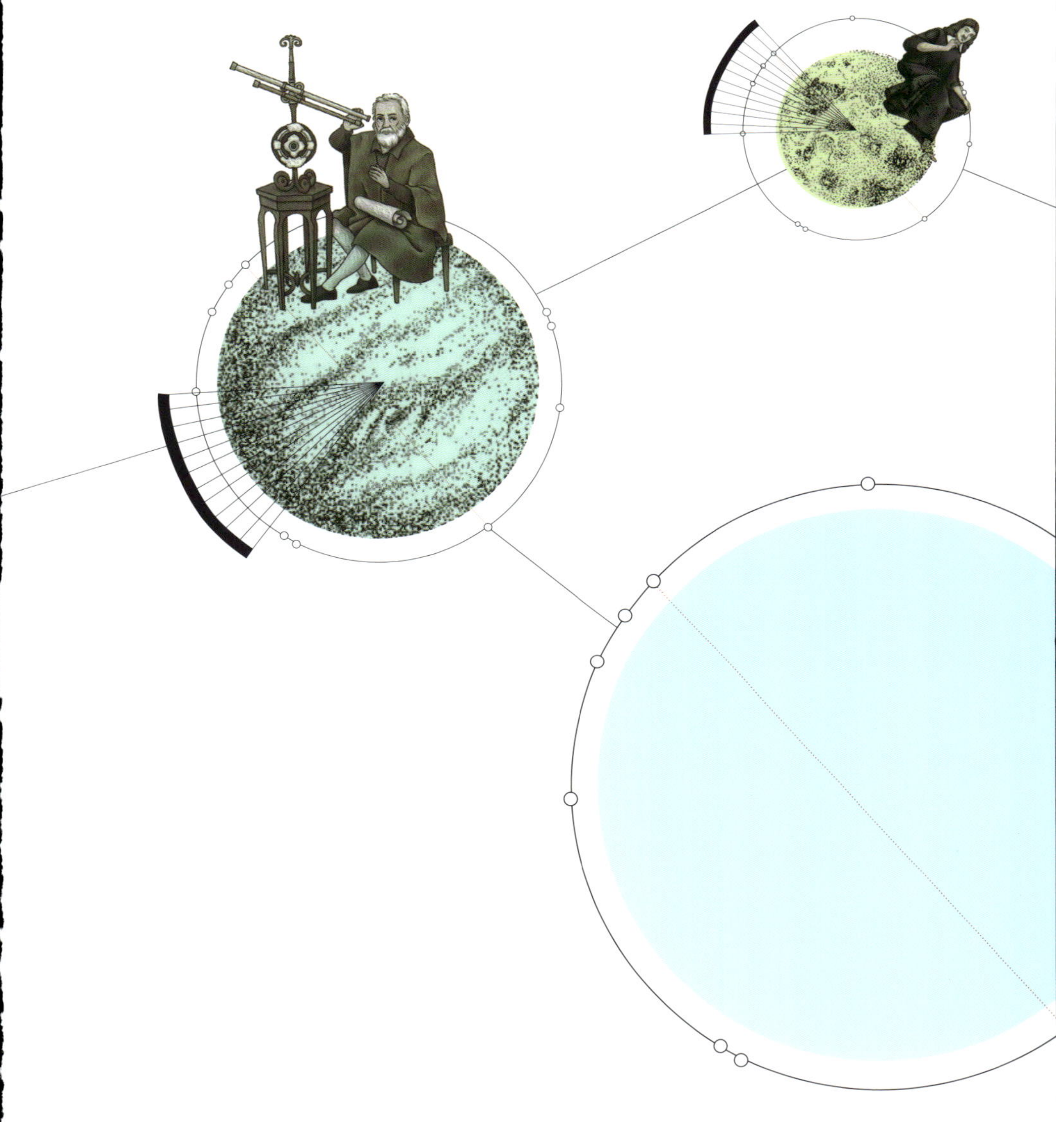